匡亚明 主编 中国思想家评传丛书

张衡评传

许结 著

南京大学中国思想家研究中心
南京大学出版社

中国思想家评传丛书

张衡像

（中国历史博物馆供稿　蒋兆和作）

地动仪模型

（甘肃地震博物馆复制）

明代浑仪

（现存南京紫金山天文台）

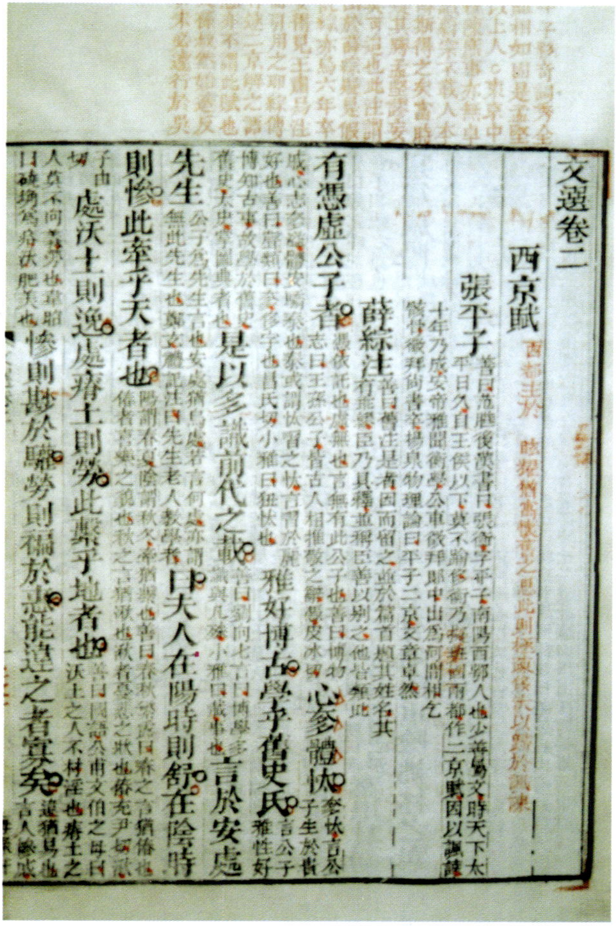

《文选·西京赋》首页

（清乾隆三十七年长洲叶氏海录轩刊朱墨套印本）

《中国思想家评传丛书》序

匡 亚 明

伟大的中华民族在长达五千年连绵不断的曲折发展过程中，像滚滚东流的长江那样，以磅礴之势，冲破了重重险阻，奔腾向前，现在更以崭新面貌，雄姿英发，屹立于世界民族之林。这是人类历史上的一个奇迹。产生这一奇迹有诸多原因，其中十分重要的一点，就是我们勤劳、勇敢、智慧的各族人民，在长期的生产活动、社会活动、思维活动和对外交往以及抗击外来侵略过程中，逐渐创造、积累、发展了具有以生生不息的内在思想活力为核心的优秀传统思想文化。这是一种伟大、坚强的精神支柱，是我们民族凝聚力和生命力之所在，是历史留给我们所有海内外炎黄子孙引以自豪的无价之宝。

当然，和各国各种不同传统思想文化一样，在中华民族的思想文化传统中，也是既有精华，又有糟粕，因而全盘肯定或全盘否定，不对；一知半解、信口开河或裹足不前、漠然置之，也不对。郑重而严肃的态度应该是对它进行实事求是的科学的研究和分析，取其精华，弃其糟粕，继承和弘扬这份瑰宝，振兴中华，造福人类。人类历史发展的连续性，就是在不断去粗取精、继往开来和改革创新过程中实现的。继往是为了开来，开来不能离开继往。民族虚无主义和复古主义，都是违背历史发展的辩证规律的。

现在我们国家正处在一个新的继往开来迈向四化的关键时刻。继往就是继民族优秀传统之往，开来就是开社会主义现代化建设之来。对中国传统思想文化从广度和深度上进行系统研究，实现去粗取精的要求，正是继往开来必须完成的紧迫任务。我认为这是中国各族人民，首先是文化界、学术界、理论界义不容辞的光荣职责。但面对这一时间上长达五千年，内容上涉及人文科学、自然科学等各个领域的传统思想文化，将从何着手呢？毛泽东同志早在 1938 年就说过："从孔夫子到孙中山，我们应当给以总结，承继这一份珍贵的遗产。"①这是很有远见而又切合实际的英明建议。从孔子到孙中山这两千余年是中国历史上思想文化最丰富的时期，如果总结了这段历史，也就基本上总结了五千年传统思想文化的主要内容。当然，基本上不等于全部。孔子以前和孙中山以后的情况，可以另行研究。因此，我认为首先最好是在时间上从孔子开始到孙中山为止，方法上采取《中国思想家评传丛书》的形式作为实现这一任务的开端。这就是从这段历史的各个时期、各个领域和各个

① 毛泽东《中国共产党在民族战争中的地位》，《毛泽东选集》第 2 卷，人民出版社 1952 年版，第 522 页。

学科(包括文、史、哲、经、教、农、工、医、政治等等)有杰出成就的人物中,遴选二百余人作为传主(一般为一人一传,少数为二人或二人以上合传),通过对每个传主的评述,从各个侧面展现那些在不同时期、不同领域中有代表性人物的思想活力和业绩,从而以微见著、由具体到一般地勾勒出这段历史中中国传统思想文化的总体面貌,揭示其积极因素和消极因素的主要内涵,以利于开门见山、引人入胜地批判继承、古为今用,也为进一步全面系统地总结中国传统思想文化打下基础。自从毛泽东同志提出上引建议后,半个世纪以来,不少专家学者已从各个方面做了许多工作,但对全面完成这个任务来说还远远不够,还要在深度和广度上继续努力。作为"抛砖引玉",本《丛书》只是这个继续努力所应完成的工作的一部分。《丛书》凡二百部,约四千万言,自1990年开始陆续出版,争取十到十五年全部出齐。

《丛书》所以用"中国思想家评传"命名,主要是考虑到中国传统思想文化中的核心是生生不息的内在思想活力,而历史事实也反复证明,凡是在各个不同时代不同领域和学科中取得成就者,大多是那些在当时历史条件下自觉或不自觉地认识和掌握了该领域事物发展规律的具有敏锐思想的人。他们取得成就的大小,取决于思想上认识和反映这些规律的程度如何。思想并非先验之物,它所以能反映和掌握这些规律,主要是通过社会实践和对前人思想成果的借鉴和继承。思想一旦形成,反过来在一定程度上又对实践起决定性指导作用。

韩愈说的“行成于思，毁于随”[①]，列宁说的“没有革命的理论就不会有革命的运动”[②]，这些话，虽所处时代和所持立场不同，所要解决的问题的性质也不同，但就认识论中思与行、理论（思想的高度概括）与实践的关系而言，确有相通之处，即都强调思想对实践的指导意义和作用。因此我们以“中国思想家评传”命名，就是力图抓住问题的核心，高屋建瓴地从思想角度去评述历史人物，以便对每个传主在他所处时代的具体情况下，如何在他所从事的领域中，克服困难，施展才华，取得成功，做出贡献，从思想深处洞察其底蕴。历史上各个时代富有思想因而能在有关方面取得成就的人，直接阐述自己思想观点的论著虽亦不少，但大量的则是其思想既来自实践（包括对前人、他人实践经验的吸取）、又渗透在自己创造性实践之中，集中凝聚在他自己的业绩和事功上，而没有留下论著。另一些人却只留下著作而无其他功绩，对这些人来说，他那些有价值的著作就理所当然地是他的伟大业绩和事功。如果论述一个人的思想而不联系他的业绩（包括著作），必将流于空洞的抽象；同样，如果只讲一个人的具体业绩而不结合他的思想活动，又必将成为现象的罗列。评价思想和评价业绩，两者不应偏废。而不断在实践中丰富和深化的思想活力则是经常起主导作用的因素，强调这个因素，引起人们的正视和反思，正是我们的主旨和目的。当然，思想和思想家，思想家和实践家，都是既有区别又有联系的不同概念，忽视这一点是不对的。《丛

① 韩愈《进学解》，中华书局《四部备要》东雅堂本《韩昌黎全集》卷十二第3页。

② 列宁《怎么办》，《列宁选集》第1卷，人民出版社1976年版，第241页。

书》的重点则是放在两者的联系和结合上。至于如何使两者很好联系和结合而又着意于剖析其思想活力，各占多少篇幅或以何种方式表达，则自当由作者根据传主的具体情况创造性地作出妥善安排。

自从人类历史上产生了马克思主义，不仅全人类解放和发展有了划时代的明确方向，学术研究也有了更严密的科学方法，即辩证唯物主义和历史唯物主义的世界观和方法论。根据这一科学方法，在研究和总结中国传统思想文化，特别是联系到《丛书》的撰著时，我认为下列几点应特别引起重视。

一、坚持实事求是的原则。实事求是是贯串在马克思实际活动和理论研究中的主线，离开了它也就离开了马克思主义。只有切实掌握了客观情况，才能得出正确的认识和判断。前者为“实事”，后者为“求是”，二者相结合，就叫实事求是。事不实则非夸即诬。为了弄清情况，就必须对情况的本质与现象、整体与局部、真与伪、精与粗，作出区别、梳理和取舍，这样才能掌握情况的实质，达到“实事”的要求；然后进一步加以分析研究，找出事物本身固有的真相而非主观臆测的假象，并验证其是否符合人民利益和人类历史前进方向，是否反映科学、技术、文化、艺术的发展规律，这样才能得出正确的认识和判断，达到“求是”的要求。实事求是是治学的基本功夫，是对每个传主的功、过、是、非作出公正评价的必要前提。不论古今中外，对历史人物过高或过低的不公正评价，大都由于未能认真坚持实事求是原则的缘故。

二、坚持批判继承的原则。马克思主义学说就是批判的学说，而批判是为了继承、发展和创新。这就需要我们在实事求是的基础上，既要继承发扬传主业绩和思想中的积极因素，又要批判清除其消极因素。凡传主业绩和思想中体现了诸如爱国主义、民主意识、科学见解、艺术创造和艰苦奋斗、克己奉公、追求真理的精神，即在符合历史前进要求的“立德”、“立功”、“立言”诸方面有显著成就等积极因素者，必须满腔热情地加以继承和弘扬，并紧密结合当前社会主义建设实际，使之深入人心，蔚然成风；凡反映有诸如封建迷信、专制独裁、愚昧落后、丧失民族尊严和违背科学进步等消极因素者，必须以历史唯物主义的观点加以批判，清除其一定程度上至今尚起作用的消极影响，而消极因素经过彻底批判后可转化为有益的教训；凡积极因素和消极因素相混者，更当加以认真清理和扬弃，既发扬其积极因素又摒弃其消极因素。我们力求一点一滴、切实认真地探索各个传主思想和业绩中珍贵的积极因素，使之成为全国各族人民正在从事的继往开来伟大历史工程的组成部分。

三、坚持“百花齐放”、“百家争鸣”的原则。“百花齐放”和“百家争鸣”，是发扬学术民主、促进学术繁荣的正确原则和巨大动力。前者强调一个“齐”字，后者强调一个“争”字，是表示学术上平等、民主和自由的两种不同状态；前者突出的是统一与和谐，后者突出的是区别与争论；两种状态又统一于不断地相互促进和相互补充、转化的持续发展提高过程之中。“百花齐放”、“百家争鸣”的原则体现在撰著评传时，应从“齐放”和“争鸣”出发，综合中外各个时期对有关传主的不同评价，吸取符合客观存在的对的东西，摒弃其违反客观存在的不实的东西，然后创造性地提出经过自己独立思考的、赶前人或超前人的一家之言。同时，对整个《丛书》而言，也有个共性、个性又统一又区别的问题。这就是一方面作者应把“实事求是”、“批判继承”和“百花齐放”、“百家争鸣”这几点作为大家的共性(统一与共识);另一方面,对每部评传的立意、结构和行文(文体、文风和文采等),则主要是作者的创造性思维劳动和雅俗共赏的文字表达艺术的成果,是彼此的个性(区别),不宜也不应强求一律。评传作者都有充分自由去发扬这一个性,力求在对每一传主的评述中探索和展示其积极因素,使之和正在变革中国面貌的伟大社会主义建设实践融为一体,丰富其内容,促进其发展,而不是仅仅停留在对传主思想业绩的一般性诠释上。

我认为,以上三点大体上可以表达《丛书》所遵循的主要指导思想,但也不排除用其他思想和方法得出的有价值的研究成果。

感谢所有关心和支持《丛书》工作的单位和个人,特别感谢《丛书》的名誉顾问和学术顾问。他们的热情关心、支持和指教,使《丛书》工作得以顺利进行。更要感谢所有承担评传撰著任务的老中青学者,他们都以严谨的治学态度,作出了或正在作出对学术,对民族,对历史负责的研究成果。没有他们的积极合作,《丛书》工作的开展是不可能的。《丛书》副主编和中国思想家研究中心、南京大学出版社,在制定《丛书》规划,约请和联系国内外学者,审定书稿以及筹划编辑出版等方面,克服重重困难,做了大量工作,他们的辛勤劳动是《丛书》能按预定计划出版的必要前提。

现在《丛书》开始出版了,我作为年逾八旬的老人,看到自己迫于使命感而酝酿已久的设想终于在大家支持合作下实现,心情怡然感奋,好像回到了青年时代一样,体会到“不知老之将至”的愉悦,并以这种愉悦心情等待着《丛书》最后一部的问世;特别盼望看到它在继承中华民族传统思想文化的珍贵遗产方面，在激励人心、提高民族自尊心和爱国主义思想方面，在促进当前建设有中国特色的继往开来的社会主义现代化物质文明和精神文明的历史性伟大事业中，能起到应有的作用。我以一颗耄耋童心，默默地祝愿这一由一批老中青优秀学者经长年累月紧张思维劳动而作出的集体性学术成果能发出无私的熠熠之光，紧紧伴照着全民族、全人类排除前进道路上的各种障碍，走向和平、发展、繁荣、幸福的明天！

热诚欢迎国内外同仁和各界人士不吝赐教，以匡不逮。是为序。

1990 年 10 月 7 日

内容简介

张衡是东汉中叶著名的思想家、科学家和文学家。他不拘于汉代经学的门户之见和浓重的神学困扰，能以自己的人格与方式处世治学，既博且精，在哲学、政治学、天文学、地震学、气象学以及机械制造、诗赋创作诸方面均作出卓越的贡献，成为中国文化思想史上罕见的“通才”。本书改变昔人偏于一隅（科学或文学）之研究方法，而是着眼于东汉史实与张衡人生，通过对他在科学、文学等多方面所取得之成就的全面考察，作既综合融通、又擘肌入理的探讨，以透视其思想特色，并厘定其历史地位。本书具体论述戒矜躁，以避免对张衡学术成就褒贬失衡；研究视角求新创，以阐发张衡处经学与玄学之间所表现的新思想、新精神。

A Brief Introduction

Zhang Heng was a famous thinker, scientist and writer in the middle age of the Eastern Han Dynasty. He has no sectarian bias in the study of Confucian Classics, no perplex of Theology. He conducts himself in society with his own personality and persue his studies with his own method. With a learning both extensive and profound, in the realm of philosophy, government, astronomy, seismograph, meteorology, machine-building and the writing of poetry and 'fu', he has all made great contrubutions, and becomes a rare universal genius in the history of Chinese Cultures and Thoughts. This book changes the former scholars' one-sided method of study (they laid particular stress on either sciencer or literature), and views from the angle of the historical surroundings of the Eastern Han Dynasty and Zhang Heng's life. Through a complete study of his scientific and literary attainments, a research both comprehensive and deepgoing, we can grasp the essential character of his thoughts, and determine his value in the history. On every specific topic, an impartial view is used to shun both overpraise and depreciation. It's a completely new study to expound the new ideas and spirit which reflect in Zhang Heng's thought during the evolution from Confucian Classics and to the Metaphysics.

目　次

A CRITICAL BIOGRAPHY OF ZHANG HENG

CONTENTS

引　言

在汉代乃至整个中国古代文化史上，张衡均具卓越的地位。历史上最早对张衡作出高度评价的是他的同庚友人崔瑗的《河间相张平子碑》："是以道德漫流，文章云浮，数术穷天地，制作侔造化；瑰辞丽说，奇技伟艺，磊落炳焕，与神合契。"近代学者站在新的历史高度审视张衡的成就，尤多美誉。然而作为研究，目前尚无对张衡作全面考察之论著问世，因为学界对其认知仅限于两方面，即科学家的或文学家的张衡，且各成壁垒，互无干犯。就"传记"来看，1938 年孙文青曾撰有《张衡评传》，仅依他本人 1932 年所作《张衡年谱》资料分类综合而成，内容较少，且流传也不广；俟其 1936 年《张衡年谱》出修订本时，孙氏《再版序言》对此有简略说明。由他的说明看，其《评传》是史料较多而评论较少，内容多不轶出《年谱》(详 1956 年商务印书馆《张衡年谱》)。自此以后，笔者所见建国后六本有关张衡生平及科学成就的小册子和介绍其科技或文学成就的单篇文章,[①]均重其科学和文学勋绩,而本世纪出版的多种思想史论著和思想家评传,鲜及张衡,实令人疑惑。我认为,作为既是科学家,又是文学家的张衡,他首先是位思想家,这既是本评传的着眼点,又是理当先予辨明的问题。

一、作为思想家的张衡

思想早已先期存在于一切学科分化之前,然作为思想家,我们又可从他对各学科的贡献中汲摄出思想,并透视到他所存在的那个活生生的世界。东汉中叶的思想家张衡,他的成就首先是以广博而称著于世的。根据现有的史料和文献,张氏的思想学术成就主要表现在这样几方面:一是政治学,其贡献在反对东汉宦官政治与谶纬神学,资料见张氏《请禁绝图谶疏》、《应间》、《思玄赋》。二是哲学,其贡献在对汉代元气论的发展和关于宇宙生成、无限的理论假说,资料见张氏《灵宪》等文章。三是天文学,其贡献在集汉代"浑天说"之成,以及恒星观

① 笔者所寓目建国后出版的六本介绍张衡的小册子分别为澄明《大科学家张衡》,上海四联出版社 1954 年版;曹增祥《张衡》,中华书局 1961 年版;赖家度《张衡》,上海人民出版社 1979 年新版;谭一寰《张衡》,贵州人民出版社 1980 年版;王兆彤《张衡》,江苏人民出版社 1983 年版;邓文宽《我国古代的伟大科学家张衡》,书目文献出版社 1984 年版。按:有关张衡评传类的单篇文章甚多,如 1924 年张荫麟的《纪元后二世纪我国大科学家张衡》,载《东方杂志》第 21 卷第 32 期;1983 年龚克昌的《张衡赋论》,原载山东教育出版社 1983 年版《中国历代著名文学家评传》,后收入山东文艺出版社 1990 年版《汉赋研究》;其一谈科技,一述文学,亦甚明显。

测、行星运动和关于日食、月食的见解等，资料详见《浑天仪注》与《灵宪》。四是由天文学产生的数学与历法方面的贡献，其对圆周率的计算和参与修订四分历的讨论，具见《开元占经》与《后汉书·律历志》的记载。五是机械学，其贡献主要在浑天仪、候风地动仪与木器制造等方面，情况见载《后汉书·张衡列传》。六是由机械制造产生的地震学与气象学思想，关于前者已见《后汉书》本传，后者学界颇多争论，允后阐述。七是文学的贡献，其突出表现在诗赋创作方面，特别是赋学，张氏与西汉马、扬（司马相如、扬雄），东汉之班固合为汉赋四大家。除上述主要成就外，张衡还在古文经学、史学、绘画诸方面皆有声誉①。可以说，在汉代学术思想史上，张衡无疑是最全面的人才。

然而，全面的人才未必就是卓越的思想家，因为任何一个卓越的思想家的思想不仅具有历史性、时代性，而且更富有先进性。因此，就张衡而言，他学术的“全面”性亦当分为两个层面：一是古代学术共通的层面，即中国古代学者之思想多为

① 关于古文经学与史学成就，当于论述张衡学术时探讨，兹不详述。至于张衡的绘画成就，史料略有数则，引述于次：其一，《后汉书》本传引张衡《请禁绝图谶疏》以“图纬虚妄”，提出“譬犹画工恶图犬马而好作鬼魅，诚以实事难形，而虚伪不穷也”。郑午昌《中国画学全史》认为张氏这一见解“是论画之发端”。其二，唐人张彦远《历代名画记》卷三（见《津逮秘书》本）著录“张衡《地形图》一卷”，并谓“张衡性巧，善画”，列为汉四大名画家之一。其三，张氏《历代名画记》卷四又引郭氏《异物志》中故事一则，谓张衡在建州浦城时“山有兽，名骇神，豕身人首，状貌丑恶，百鬼恶之，好出水边石上。平子往写之，兽入潭中不出。或云此兽畏人画，故不出也。可去纸笔，兽果出。平子拱手不动，潜以足指画兽，今号为巴潭兽”。张衡画虽无存，且上述数端，或虚或实，然其深谙画艺，似宜可信。

一“百科全书”，所谓治教未分、文史相通、知行合一，似为通则。[①] 二是思想家独造之境。章学诚《文史通义·博约中》云：“博学强识，儒者所有事也。以为自立之基，不在是矣。学贵博而能约，未有不博而能约者也。”张衡思想之时代性与先进性首先在“博”，又不仅在其“博”，而在“博而能约”，即于广博的成就上显现出具体的学术个性，并由此汇成一思想整体：一种对社会、人生的思虑，一种对历史发展和未来学术富有创造性的原动力。因此，张衡作为一位思想家，其最鲜明的个性正通过他对各学科的建树表现出以下三方面的基本特征：

第一，植根于现实的社会意识，是张衡人生观中致用思想和忧患心理极为强烈的重要原因。这使他一则绝少汉代经学家重师法、家法传统之泥古心态，一则又不同于后世玄学家之清谈风尚，而是一生忠于职守，勤勉为学，故其文化思想多出自独立思考，根源于对历史的反思与对现实的体认。

第二，在一定领域内对自先秦迄东汉文化学术之总结与开拓，使张衡给后世留下了极为宝贵的思想财富。虽然张衡在各学科之领域中的成就或参差不齐，甚至得失互见，但他于天文学之“浑天说”理论的总结、制造仪器实证天文的方法，和对文学创作中大赋艺术之推扩与对汉代诗赋艺术新变之作用，在当时又具有无与伦比的独造地位。

第三，具有与汉代神学文化主潮相对抗的科学精神，是张衡成为东汉思想界卓然大家的重要原因。他的科学理论（包括

① 章学诚《文史通义·原学中》云：“古人之学，不遗事物，盖亦治教未分，官师合一，而后为之较易也。”此虽就三代学术而言，然其博通之学，理论与实践契合之质，却为后世学术所本。

一些关于宇宙生成的假说）和科学实践（尤其是天文仪器的制造与利用）的交通、融贯，不仅在当时享有无可非议的先导性，而且充分显示出坚实的科学思想基础。

明此三者，方能进一步发现张衡的思想个性与贡献。

二、文理兼综的典范

作为一位在中国历史上罕见的通才，张衡的思想固然表现于如前所述的那样广阔，但若视其为处于特定时代的思想家，则必须把握他在汉代文化思想界的主要贡献，这便是科学的和文学的成就；而此两类成就构成的两条线索，不仅辐射于张衡思想的方方面面，而且形成相互交融之态势，使之成为文理兼综的典范。

从文、理两条线索着眼，我们很容易处于两个张衡之间徘徊，一个是极为理性而严谨的科学的张衡，一个是极为夸张而浪漫的文学的张衡，这或许正是历来学界分别为科学的或文学的（没有哲学的或思想的）①张衡立传的原因。换言之，如果我们从文理兼综这一视角入手，则不难发现在上述两个张衡间并无扞格，而活现在人们面前的应该是既植根现实、朝夕忧患，又充满理想、好奇求新的人物。梁启超在其《中国近三百年学术史》中认为近代学术主潮是“厌倦主观的冥想而倾向于客

① 按：从目前出版的有关汉代的哲学史著作和思想史著作看，鲜有论及张衡，更无专章评述，其中《中国古代著名哲学家评传》（齐鲁书社 1982 年版）和《中国历代思想家传记汇注》（复旦大学出版社 1993 年版）评介汉代人物均未及张衡，即为明证。

观的考察”。事实上,在漫长的中国历史上,学术思潮或趋于主观冥想、或趋于客观考察亦为常有现象,张衡所处的东汉中叶正是对神学冥想作深切反省且偏重客观考察的时代,而对这位极为重视客观考察的思想家作进一步的客观考察,势必先期阐明笔者为其立传的思想方法。

首先,将张衡置放于历史与现实、政治与人生的因果链上去认知,是至为重要的。尽管这一方法同样适应于对任何一位历史人物的研究,但就本书传主张衡来说,由此视角契入,尤为关键。因为:就当代的历史评价而言,张衡的科学史地位在某种程度上颇类似屈原的文学史地位,即屈子作为中国古代一面爱国主义旗帜,其人生与作品的局限性被明显略去;而张氏作为我国古代科技发达的标志,在膺获应有之荣誉的同时也被戴上了如发明“地圆说”这样超越时代的桂冠,即为缺乏客观考察所致。相反,置张衡于特定时代(东汉中叶)之历史坐标加以研究,在标明张氏学术文化受制于时代的同时,亦可勘破其思想符合时代需求的先进性。19世纪美国学者摩尔根在其巨著《古代社会》的《序言》中指出:“在人类进步的道路上,发明与发现层出不穷,成为顺序相承的各个进步阶段的标志。”而在该书“卷首引语”中,惠特尼对作者的著述精神作了同义的阐发:“近代科学要求我们对人类和人类的成就进行细心透辟的研究,以证明我们人类之生存于地球上并不是从最高级开始,而是从最低级开始,逐渐向高级上升的。”本此进化论思想,我们也就易于阐发张衡处于两汉浓厚的神学氛围中的科学思想,凝重的摹拟风气中的文学创新思想,以及复杂的政治态度、矛盾的人生精神。

其二,根据传主张衡的思想特点及其贡献,笔者在研究中力求重视其几种关系的交互。一是文与理(即文学与科学)的关系。这又包括两个层次,即抽象的与具象的:就前者而论,诚如上述张衡对文学和科学两方面的精通;就后者而言,又表现于张衡科学论著中渗合着文学创作精神(如《灵宪》作为科学论文所具有的雄辩与想象)和文学创作中充满了科学的理性(如《思玄赋》中大量的天文学思想)。二是道与技的关系:这在张衡天学与地学思想中表现最为明显,即他一方面重视形而上的文化理念(包括哲学的和科学的),一方面亦重视形而下的实践工具(如浑天仪、候风地动仪),且于思想上将两者融为整体,这在汉代学术史上是不多见的。三是博与约的关系:就广博而论,张衡不仅是文理渗透的典范,而且从任何一端来看,也是涉猎甚广。以科技为例,他的知识范围就涉及到天文、地理、历法、数学、机械等各个方面。但就精深而论,我们又应由博返约,以发现真正属于张衡的思想贡献。如其科技思想之核心,当以浑天理论为主,且于《灵宪》中颇有发明,余则多延承前人,似无特殊贡献。又如文学创作,张衡以赋学最著,而在他的十余篇赋作中,唯《二京》(大赋之极轨)、《思玄》(文理渗透之典范)、《归田》(抒情小赋之佳构)三篇尤为重要,据此觇测其文学思想成就,自得要领。四是通与变的关系:刘勰《文心雕龙》论文以为"文律运周,日新其业;变则其久,通则不乏"[①](《通变篇》),"文变染乎世情,兴废系乎时序"(《时序篇》),亦可借作评述张衡思想之通与变问题。概括地说,张衡天文思想、文学思想的贡献,首先是先秦两汉天文理论与文学创作

---

① 杨明照《文心雕龙校注》(古典文学出版社 1958 年版)以"变则其久"之"其"疑作"可"字。

的积累，而其变化则无疑决定于他所处之“世情”，亦即由对汉代神学的反思和改历思潮以及传主本人担任“太史令”之职务，而完成其天文理论的推演与贡献；由对衰世的体认以及对社会、人生的忧患意识，又使他的赋作在大篇中灌注了与前贤颇异的讽刺思想，在小赋中表现对个人生命与情感的关注，形成了东汉赋学理论的变化。

虽然张衡的文化学术成就以天文与文学为主，但他在取得其成就的艰难历程中，又始终未能超脱他所处的由盛而衰的时代、日趋浑噩的政治和入世与出世交织的矛盾的人生，所以本传拟于介绍传主时代、生平之后，分别通过其人生、政治、哲学、天文、机械、文学多方面的展示，以期对张衡的思想成就作出与时空相副的解释和评价。

第一章 政事渐损 人灵多蔽
——张衡生活的时代

从张衡的生卒时间看，他是东汉前期到中期的人物，但如果从他 18 岁游三辅、入帝京，开始步入社会、政治、学术领域的时间来计算，又属于意界非常严格的东汉中叶。① 张衡一生虽历经东汉章帝、和帝、殇帝、安帝、顺帝五朝，然其于章帝时只经历 11 年的童年时代，殇帝又仅享国一年，所以他

① 东汉王朝自光武建武元年即公元 25 年始，至献帝建安二十四年即公元 219 年终，共计历时 194 年，张衡生于章帝建初三年即公元 78 年，距东汉立国仅 53 年，然若按其 18 岁时即和帝永元七年(公元 95 年)计，则东汉已立国 70 年，而其卒年为顺帝永和四年，即公元 139 年，距东汉灭国 80 年，所以将他 18 岁到终年 62 岁这 54 年，归属于东汉王朝由盛而衰之中叶，是确乎无疑的。

的人生历程或思想之发生与完熟，则在和、安、顺三帝。[①] 这一时期最基本的特征，就是已不同于东汉初期光武帝、明帝、章帝时代的中兴气象，也不同于东汉后期桓帝、灵帝时代之颓衰，而恰置其中，经历着一种历史性的过渡和衍变。作为时代的承负者，张衡以其个体的人生经历，同样承负了这一时代极为明显的双重衰变：社会政治的衰变和学术文化的衰变。

一、东汉中叶的社会政治状况

对任何一个特定时代社会政治状况的评估，均必须注重历史发展自身的逻辑规律，马克思在《资本论》“序言”中即认为：“我的观点，是把社会经济形态的发展，理解为一个自然史的过程。”本此，我们来看张衡所处的东汉中叶的社会政治，既有一些如自然灾害、权力介入、高利贷盘剥等非主观因素所造成的社会疲弱，也有如经济窳败、政治腐化等人为因素造成的社会紊乱，导致了东汉中叶多重矛盾的激化。

（一）内忧外患

在范晔《后汉书·张衡列传》中记述张衡于顺帝永建五年

① 按：自和帝永元元年至元兴元年计16年，为张衡12岁至28岁阶段；自安帝永初元年至延光四年计18年，为张衡30岁至48岁阶段；自顺帝永建元年至永和四年计14年，为张衡49岁至62岁阶段。又按：安帝刘祜于延光四年三月崩，阎太后及后兄阎显立幼童北乡侯刘懿，是为少帝，然其于是年十月即病死，历时七月，史书多不著录。

《上陈事疏》时的政治状况谓“时政事渐损，权移于下”，其“政事渐损”颇能概括当时政治之普遍现象，然“权移于下”则集中反映的是朝政委移外戚、宦官问题。应该说就个人而论，张衡因限于所处的政治氛围和生存环境，故上疏论事往往以自己所接触的问题为议政焦点（如宦官问题），而从社会来看，东汉中叶所表现出的内忧外患，则无疑具有更为久远的历史感与广阔的社会面。

东汉中叶的“内忧”，突出表现于官僚政体的矛盾和外戚、宦官专政两方面。从官僚政体的矛盾来看，在东汉中叶已经显露出帝王与官僚地主、官僚地主与一般地主、地主与自耕农及佃户的多重矛盾，而了解这些矛盾，又当追溯秦汉政体建构本身的内在矛盾。在我国漫长的政治制度史上，西周初年建立的以血缘关系为纽带的宗法制度，为一大变，它不仅意味着周王朝的创建者在文化方面始以“礼制”取代“天命”或“神喻”，完成了由“神”向“人”的主体演变，而且在政治制度方面形成了天子与贵族（包括宗亲贵族和异姓贵族）的专制体系和“任人唯亲”的用人方式，所谓“溥天之下，莫非王土；率土之滨，莫非王臣”（《诗·小雅·北山》），“立爱惟亲，立敬惟长，始于家邦，终于四海”（《尚书·伊训》），皆明其史实。随着春秋、战国时代周天子权力旁落，政教失衡，礼崩乐坏，我国政体又发生一大巨变，这便是秦汉时代官僚政治制度的形成。与西周相比，秦汉制度有两大根本差异：一是土地私有制，亦即土地商品化特征，从而在政治上打破了旧有贵族世官制的格局，取代之以新兴地主阶级的官僚制，这便是中国封建时代至刘汉完成的以丞相为首的行政、太尉为首的军政、御史大夫为首的监察之三大统系的设官分职制（详《汉官仪》）。二是以法制取代礼制，此乃秦汉以来新兴地主阶级在政治上反对“惟亲”主张“惟贤”用人之思想与约制贵族特权之方针。这一点早在秦孝公时商鞅变法已见端倪，历经秦汉两代王朝，成大趋势，故司马谈在《论六家要旨》中反省法家之利弊时尚谓“不别亲疏，不殊贵贱，一断于法”。[①] 以上两点，无论是经济还是政治，无疑属于符合历史发展的制度的进步。[②] 但是，也正因这一制度建构本身所具有的不可避免的内在矛盾，已决定了汉帝国的兴衰（甚至造成了整个中国封建社会政治制度与政策的不断调协、冲突与循环）。概括地说，在汉代，由于土地商品化的深入发展，使最高统治者的帝王处于一种尴尬境地，即为了发展生产、增殖资本，势必允许和鼓励“治产”，这也必然产生新的封建贵族（门阀世家），于是由帝王培植的官僚地主在西汉后期已形成强大的势力，反过来削弱帝王的权力，尤其是不断侵蚀中小地主以及广大农民的利益，直接危害了专制帝国赖以生存的小农经济基础。在此形势下，汉代帝王又在土地方面进行保护小农经济的对策，在用人方面进行察举制度，在学术方面推崇今文经学，于摧抑豪强的同时，也在客观上阻碍着土地商品化的历史进程。尽管如此，自西汉倾覆，经王莽代汉，东汉光武帝又必赖门阀豪强、士族大姓之宗族武装重夺政权，这层深刻的矛盾虽在东汉初叶得到调协，然至章、和之后则暴露无遗，成为东汉衰落以至覆

① 引自严可均《全汉文》卷二十六，中华书局 1958 年据广雅书局刻本重印《全上古三代秦汉三国六朝文》。

② 关于这一点，可参刘斯翰《汉代经济政治原论》（《学术研究》1996 年第 11 期），以及刘文所引证的林甘泉主编《中国封建土地制度史》、陶希圣等《秦汉政治制度》、王亚南《中国官僚政治研究》等著述中的论点。

亡的一大危机。在另一方面，因秦汉时代试图以法制取代礼制的官僚政体建立之本身，就是不可能割断血缘关系的君主制，所以一旦在法治与专制相对抗时，总是法治屈服于专制，异化为人治，于是"尊君卑臣"被奉为与天地阴阳并齐的自然规律和不祧信条。同样，官僚政体的异化也使官僚地主成为超"法"越"制"的一种极腐朽的势力，其于王朝盛时与皇权同流，于其衰时，又在同皇权的排拒中构成一大乱因。这种情势也就形成了皇帝(或皇后)依靠身边亲信抑制官僚的局面，张衡所亲历的东汉中叶相继交互的外戚擅权、宦官专政，正此严重后果。

外戚擅权、宦官专政，固为以血缘为纽带之宗法制的产物，如周朝即有"寺人"干政的例证；但从秦汉政治制度来看，秦始皇之用赵高，汉武帝创中书制，东汉光武帝不任三公、政归台阁，又显然与前述官僚政体的内在矛盾切切相关。而始终困扰刘汉政治的"外戚"与"宦官"这两大"毒瘤"，衍至东汉中叶已可谓腐化至极。对东汉外戚擅权，《后汉书·皇后纪》载："东京皇统屡绝，权归女主，外立四帝，临朝者六后。"由于家天下之帝国为注重血统的纯正性，故立幼而不立贤，幼主登基，太后临朝，权柄自归外戚。东汉六后之中，以窦、邓、阎、梁四太后擅权时外戚之祸尤为酷烈，以致史家有"窦替梁兴，而东汉遂大乱，三公为宫闱妒争之吠犬"(王夫之《读通鉴论》卷七)之喟叹。张衡生逢其时，多次表达出的对皇权潜移的忧虑，他不应身为外戚的大将军邓骘征召，[①]其态度非常鲜明。相对而

① 按：在对外戚的态度上，张衡与当时学者马融颇为不同。据《后汉书·马融列传》载：融早岁即应邓骘召仕："融既饥困，乃悔而叹息，谓其友人曰：'古人有言："左手据天下之图，右手刎其喉，愚夫不为。"所以然者，生贵于天下也。今以曲俗咫尺之羞，灭无赀之躯，殆非老庄所谓也。'故往应骘召。"

论，张衡对宦官专政之危害，认识更为清晰，批判尤为激切。这一则缘于张衡受宦官猜忌、排诋、压抑的生存处境（详《后汉书》本传），一则当推究于东汉政治现实之发展，宦官较外戚之祸害更加严重。可以说，宦官、外戚在利用帝王（实质亦为帝王之敌体），打击官僚政体方面沆瀣一气，而在浑噩的政治斗争中，一旦触及各自的利益，又是针锋相对，殊死较量。如果说在东汉章、和时代外戚势力比较强盛，那么到安帝死后，北乡侯即位，阎太后临朝，阎显掌权，旋即北乡侯病故，宦官孙程等十九人杀阎显，立顺帝，经此事变，宦官势力已明显压倒了外戚。尽管顺帝之后，桓帝初梁太后临朝、梁冀执政，外戚之势复炽，然仍勾结拉拢宦官，且至公元159年，桓帝又与宦官一同诛杀梁冀，所谓"桓、灵之间，主荒政谬，国命委于阉寺"（《后汉书·党锢列传序》），信而不诬。虽然张衡没有经历桓、灵时期由宦官导演的两次"党锢之祸"，但他在世变日棘的忧患中表现的"反宦"思想，①诚为抚膺时代脉搏而阐发的敏锐见解。

东汉中叶的"外患"，来自于周边少数民族（特别是北方游牧民族）对中原农耕民族的干犯，而这又在很大程度上决定于因内乱而造成的国家之积弱。揭开秦汉时代的民族史册，可谓征伐与和亲两种政策交替使用，然"夷夏大防"仍为主旨。仅就征伐而言，西汉民族矛盾以汉、匈为最，因自汉高祖刘邦受平城之围，耻辱积怨，汉武帝取《春秋》"报三世之雠"之意，与匈奴大战十六，小战无数，迨至东汉，北匈奴远遁、南匈奴内附，长城内外曾有一段平和时期。故至东汉中叶衰弱，外患再起，已非汉、匈之事，而变为首羌族，次鲜卑，再次南蛮的多重患

① 关于张衡对宦官的看法和批判，详见本书第四章第一节。

扰。对此，吕思勉勘究“羌乱”之因云：

> 祸莫大于纵弛。后汉政治之宽纵，盖自章帝以来，邓氏女主，虽知诗书，颇存俭德，而督责之术，非其所知。降羌隐患，遂以决裂，几至不可收拾焉。羌兵不若匈奴之强，众不逮鲜卑之盛，而患转甚于匈奴、鲜卑者，以其居塞内故也。故东汉羌乱，实晋代五胡之乱之先声也。（《秦汉史》第十章《后汉衰乱》第三节《后汉羌乱》）

事实上，早在两汉之际，羌族已有内犯之心，所以班彪即有上疏请立“护羌校尉”之举；而羌乱之生，固与久居塞内相关，然究其本，仍在内政颓衰。羌乱如此，当时鲜卑、南蛮之侵扰，又何尝不是！张衡在《日蚀上表》曾以“朔方觉日蚀，此郡惧有兵患，臣愚以为可敕北边，须塞郡县，明烽火，远斥候，深藏固闭”（见《后汉书·五行志六》“阳嘉四年”注引），以提醒人主因灾自省，提高对鲜卑等北部边患的警觉。而在他的《四愁诗》创作中共排列有“四思”，其间除了诗开篇“一思曰：我所思兮在太（泰）山”之“太山”喻指盛世封禅之“帝德”，其余“三思”皆寄“外患”。如“二思曰：我所思兮在桂林”，按：安帝、顺帝时郁林郡（秦时名桂林，今属广西）蛮夷多次掳掠边境，汉兵惮远役不战而返（详《后汉书·南蛮西南夷列传》）；“三思曰：我所思兮在汉阳”，按：安、顺时汉阳郡（今属甘肃）“羌乱”不断（详《后汉书·西羌传》）；“四思曰：我所思兮在雁门”，按：安帝时雁门郡（在今山西西北部）时遭鲜卑人攻略，掳掠人马无数（详《后汉书·乌桓鲜卑列传》）；综此可见张衡对当时外患频仍的忧思感愤。

（二）天灾人祸

对一个时代的社会状况优劣的考查，固然要首先评估其人为的因素，但自然灾害阻碍社会的作用，却不可忽略，特别是周期性大面积自然灾害对东汉中叶王朝政治环境、经济基础的冲击，不能不说是加速其衰亡的一大要素。从东汉时代自然灾害的情况来看，和帝、安帝、顺帝三朝最甚，仅据《后汉书》和、安、顺三帝本纪和《五行志》所录，自和帝永元元年至顺帝汉安二年计 54 年，其间 46 年均有较大的天灾（仅永元三年、六年、十一年、十六年、永建元年、二年、永和六年、汉安元年 8 年无大灾记录），约计 113 次，包括水灾 28 次，风（含“雹”）灾 17 次，旱灾 18 次，蝗灾 13 次，地震（含“山崩”）灾害 47 次。[①] 在诸多灾害中，以地震最为突出；地震又尤盛于张衡入京师供职后的安、顺两朝，且震中常在京城。如《后汉书》记录，安帝延光元年“六月，京师及郡国十三地震”；延光二年“十一月，京师及郡国三地震”；延光三年“京师及郡国二十三地震”；延光四年“十一月，京师及郡国十六地震”；顺帝永建三年“正月，京师地震，汉阳地陷裂”；阳嘉二年“四月，京师地震”；永和二年“四月，京师地震……十一月，京师地震”；永和三年“二月，京师及金城、陇西地震，二郡山岸崩，地陷”；“四月，闰月，京师地震”；永和四年“三月，京师地震”；永和五年“二月，京师地震”（均引自《安帝纪》、《顺帝纪》）。如此之多的灾害对人民生活造成的灾

① 此统计参照孙文青《张衡年谱》附表二《东汉和、安、顺世灾荒统计表》。

难也是十分严重的。如安帝永初三年三月“京师大饥，民相食”；顺帝时多次大灾毁伤极重，故在阳嘉二年四月京师地震时，顺帝下诏即有“地动之异，发自京师，兢兢祗畏，不知所裁”（引自《册府元龟》卷一四三《帝王部·弭灾一》）的惊叹。正因当时天灾至多，危害极大，所以身历其境的张衡，一则受其触发而献身科学以拯灾（如创制“候风地动仪”），[①]一则又因官职（时任太史令）所在，[②]感天灾而谈人政，表现出对国计民生的关注。如其在顺帝永建元年因前年（即延光四年）京师大疫，《上顺帝封事》开篇指出：“臣窃见京师为害，兼所及，民多病死，死有灭户，人人恐惧，朝廷燋心，以为至忧。”即为一例。

在天灾给人民带来深重灾难的时候，如果朝政昌明，赈哀恤下，既能减轻灾情，亦可消弭由此引起的政治隐患，这在西汉“京师之钱累巨万，贯朽而不可校；太仓之粟陈陈相因，充溢露积于外”（《史记·平准书》）的景、武之世，则较明显。[③]然至东汉中叶，朝廷虽也延承历代赈恤之举，[④]但因政治腐败，财力不支，恤民亦犹杯水车薪，故由天灾而孕滋人祸，屡出不穷。当时较著名的由天灾引发的民间乱事即有安帝永初三年七月

① 关于张衡科学事业如对地震的研究等与东汉中叶灾害频仍的关系，详见本书第七章第三节的论述，此不复赘。

② 按：《后汉书·百官志》：“太史令……凡国有瑞应灾异，掌记之。”

③ 详参徐天麟《西汉会要》卷三十八“举贤观风”条。

④ 据《册府元龟》卷一四六《帝王部·恤下一》载：如安帝延光元年“京师及郡国二十七雨水，大风杀人。诏压溺死者年七岁以上钱人二千。其坏庐舍，已失谷食，粟人三斛。若一家人皆灾害，而弱小存者，郡县为收敛之”。又如顺帝永和三年“京城及陇西地震，山摧地陷。遣使按行三郡，赐压死者七岁以上钱人二千；一家皆被害，为收敛之”。

海贼张伯路等寇略缘海九郡，元初三年苍梧、郁林、合浦等地叛乱，顺帝永和五年扶风、汉阳等地内乱，阳嘉元年二月海贼曾旌等寇会稽，杀句章、鄞、鄮三县长等。也正因此，范晔在《后汉书·张法滕冯度杨列传》“论曰”中有“安顺以后，风威稍薄，寇攘浸横，缘隙而生，剽人盗邑者不阕时月，假署皇王者盖以十数。或托验神道，或矫妄冕服。然其雄渠魁长，未有闻焉，犹至垒盈四郊，奔命首尾”的分析与喟叹。这一时期众“盗贼”频繁起事，尚无渠魁（大盗），然其乱势则至汉末渐演为大规模的农民起义，直接导致东汉王朝的灭亡。倘若推究安、顺之世“盗贼”缘起，皆与天灾有关：如《后汉书·陈忠传》“安帝即位以后……百姓流亡，盗贼并起”，《李固传》“顺帝永和中，荆州盗贼起，弥年不定”，无不可从史著中对照出自然灾害的重大影响。然而，如前所述朝廷内政之腐败，又显然与自然灾害构成“盗贼”兴起的双重原因。试以顺帝时广陵太守张纲劝降“广陵贼”张婴为例：《后汉书·张纲传》载：“时广陵贼张婴等众数万人，杀刺史、二千石，寇乱扬、徐间，积十余年，朝廷不能讨。……纲独请单车之职……径造婴垒，以慰安之……乃譬之曰：‘前后二千石多肆贪暴，故致公等怀愤相聚。二千石信有罪矣，然为之者又非义也。’”此为豪门侵凌百姓而致盗贼丛生之明证。

对东汉中叶“内忧”“外患”之“人祸”，司马光《资治通鉴》于“顺帝永建二年”阐发议论云：“其或礼备而不至，意勤而不起，则姑内自循省而不敢强致其人，曰：岂吾德之薄而不足慕乎？政之乱而不可辅乎？群小在朝而不敢进乎？诚心不至而忧其言之不用乎？何贤之不我从也？苟其德已厚矣，政已治矣，群小远矣，诚心至矣，彼将扣阍而自售，又安有勤求而不至者哉！”如何“厚德”，如何“治政”，实为当世志士之所忧，却非当时帝王所可求，因为“人祸”“天灾”交织而成的现实，已构成政治总体颓废的大趋势；在此情势下出现的包括张衡在内的政治改良思想，以及稍后的如王符、仲长统等人的政治批判思想，正是具有主体自觉意识的回应。

二、经学交争与儒道互补

汉代文化学术有两个基本特征：一曰解释性；二曰综合性。就前者言，汉承春秋、战国、嬴秦之变，周代文化典籍一经私学之散乱，二经秦皇之焚毁，三经项羽阿房之火，损失綦钜，故汉人的重大功绩在收拾余烬，对先秦典籍（特别是五经）进行整理、解释，于是产生了代表汉世文化学术之盛的“经学”。就后者言，汉代虽至武帝时儒学独尊，然建构汉文化体系过程却表现出一种更具综合性的宏阔态势：从地域看，汉初即有齐、鲁、楚诸文化之交互；[①]从学派看，司马谈已有“六家”之分，刘（向、歆）班（固）更为“十家”之说；从性质看，一则科学兴盛：如天文、历法、数学、医学之发达，一则神学风行：由燕齐方士到经学谶纬之猖獗；从时序看，有汉初之“黄老”政治、中岁之儒经独盛、末年之老庄复兴的变迁；从经学自身看，又有今古之争、各家之说（如今文《诗》学之齐、鲁、韩；《春秋》学之公羊、谷梁等），盛时“传业者浸盛，支叶蕃滋，一经说至百万余

① 邓以蛰《辛巳病余录》论秦汉文化之异认为“秦之文献虽至始皇力求变革，终属于周之系统也。至汉则焕然一新，迥然与周异趣者，孰使之然？吾敢断言其受楚风之影响无疑”。刘师培《国学发微》云：“近代学者知汉代经学有今文家、古文家之分，吾谓西汉学派只有两端：一曰齐学，一曰鲁学。”

言,大师众至千余人”(《汉书·儒林传赞》),可窥一斑。然在此博杂的学术体系中,论其要则,与汉世文化政治变迁相始终的是经学,与其文化哲学变迁相始终的是儒道两家;而历至东汉中叶社会之衰变,经学之交争与儒道之绌补又成为学术思潮,张衡的政治态度与人生品格极为典型地烙下了这一时代印记。

(一)经学神学化与圣学世俗化

经学作为汉世的圣学,[①]可谓与一代政治文化相始终,而从张衡所处的时代回顾其盛衰隆替,经学在东汉中叶的衰变,却在很大程度上取决于其自身经历着的漫长的“神学化”与“世俗化”之过程。

在汉初,经学的发生一在传学,一在文治,如田何传齐《易》于关中,伏胜授《尚书》于齐鲁,高堂伯述《礼》于鲁中,其实与当时盖公传“黄老”于齐地一样,并无特殊的神圣意味。只是在经学取代黄老之学的政治地位定于一尊,汉武帝立“五经”博士官时,经学之神学化方大张其帜。考察汉代学术史迹,经学的神学化依其发展时段分为三个层次:

一是战国、秦汉兴于燕、齐之地的方士文化渗合于经学,使汉代经学充斥着“阴阳五行”、“五德终始”等神学内涵。[②] 根

① 按:无论西汉经学偏重孔子与《春秋》,还是东汉经学更重周公与《周礼》,抑或今文经学家视孔子为托古改制的政治先觉,古文经学家视孔子为整理周朝典籍的历史学家,经学在汉代的“圣学”地位,是确乎无疑的。

② 按:“阴阳五行”虽为中国古老的宇宙观,然张大于燕齐方士;“五德终始”创立于与方士文化最为密切的邹衍学说(见《史记·孟子荀卿列传》载邹衍事迹),二者对董仲舒《公羊春秋》学影响至巨。

据顾颉刚的考论，汉代政治文化制度中的“五德终始说”、“三统说”、“封禅说”、“改制说”以及“郊祀”“求仙”等一切与儒经相关诸问题，无不与方士相连。所以他在《秦汉的方士与儒生》第一章《阴阳五行说及其理想中的政治制度》开篇即言：“汉代人的思想骨干，是阴阳五行。无论在宗教上，在政治上，在学术上，没有不用这套方式的。”[①]前此，章太炎论汉晋学术之变时即谓“董仲舒以阴阳定法令，垂则博士，神人大巫也”（《检论》卷三《学变》）。尽管方士在东汉已经衰落，但与之维系甚密的阴阳五行的神学模式，仍在很大程度上影响着诸如“星占”“风角”“六壬”“太一”“九宫”“建除”等领域。

二是由天人之学演为天人感应的“经学·神学”思想体系的完成。如果说西汉经学独盛时以董仲舒为代表的思想家倡导的天人感应观正借用“阴阳五行”思维结构排比天人关系，那么勘究其内涵，仍是早在《周易》中就阐发的“观乎天文，以察时变；观乎人文，以化成天下”（《贲卦·象传》）、“立天之道，曰阴与阳；立地之道，曰柔与刚；立人之道，曰仁与义。兼三才而两之”（《说卦》）的天人思想。汉儒在经学中贯彻的天人观不可避免其内在矛盾，即一则发扬先秦儒家的人本观念，参与建构帝国大文化图式和人文精神，其间必然包括“颂德”（讴歌帝王的文治武功）与“讽谏”（对帝王有违民本思想的规正）两方面；一则又假借“天”的威势或约制帝王、体达民意，或比附皇权、抑压民情，致使《诗》学之言“美”“刺”、《春秋》《尚书》之谈

---

① 此据上海古籍出版社1978年新1版。按：此书原名为《汉代学术史略》，初有《民国丛书》本，1954年重版。

“灾异”“祥瑞”，充满了“神喻”。假如说在西汉之世儒者以《春秋》断狱（如董仲舒说）、以《诗》为“谏书”（如王式），往往也用“灾异”警世，其间更多的是人文思想，则随着帝国专制的强化、朝政的腐化以及经学自身的疲弱衰颓，这种始作“俑”的神氛至东汉在其人文精神不断丢失后变得愈加虚伪泛滥，张衡的政治、哲学、科学思想的卓越和局限，均与此学术氛围紧密相连。

三是兴起于西汉末（哀、平时期）、至东汉初（光武、明、章时期）奉为国教的谶纬之学，使经学神学化达到了登峰造极的地步。而张衡对“图谶”之说的坚决反对和对纬书中部分思想的汲取，既是当代在经学神学化过程中反神学思潮的突出反映，也标明了他出于特定时期之文化心理的某种选择（详本书第四章）。

与经学神学化同步的是汉代“圣学”的世俗化道路。汉代统治者在推行“罢黜百家，独尊儒术”政策、将儒学纳入帝国政治轨道的同时，也使先秦儒家“夫子贤于尧舜”（孟子语）的崇高品格与超世情怀失落，逐渐蜕变为谋身干禄的工具。据《汉书·儒林传赞》：“自武帝立五经博士，开子弟员，设科射策，劝以官禄，迄于元始，百有余年，传业者浸盛，支叶蕃滋，一经说至百余万言，大师众至千余人，盖利禄之路然也。”又，《后汉书·儒林传论》：“自光武中年以后，干戈稍戢，专事经学，……经生所处，不远万里之路，精庐暂建，赢粮动有千百，其耆名高义开门受徒者，编牒不下万人，皆专相传祖，莫或讹杂。至有分争王庭，树朋私里，繁其章条，穿求崖穴，以合一家之说。”此两说虽多为前贤引论西汉重师法、东汉重家法之例证，然经学因御用性、功利性而世俗化，已十分明显。缘此“通经”为利禄之途，传延既久，至东汉中叶经学之败坏、学风之骤变，势成必然。而当时圣学世俗化造成的弊端，有三点最为突出：

一曰“经学谀政”，此风气启于西汉，而至东汉极盛。钱穆于《东汉经学略论》中指出：“章句今学出于博士，博士为官学，故治章句者必媚上谀政。光武好图谶，诸博士章句尽言图谶，乃曰章句内学，此犹元明以来朝廷科举一遵朱子，则为八股者自必阐述朱义也。”这种经学之士“谀政”与“今文经学”、“章句之学”、“图谶之学”的结合，至和、顺时期虽渐趋解体，但其对时政的败坏作用仍深深刺激着有识之士，张衡不习今文经、不好章句、反图谶等，皆具药石聋俗之意。

二曰“选制腐化”，此与经学为利禄之途相关，而至东汉中衰尤为显明。汉代立“察举”之制，目的在推举贤才，东汉实行“四科”征辟，①其理亦同；然因名不副实，贿赂公行，张衡少时“举孝廉，不行”(《后汉书》本传)，毕生潜心科学，当与其“欲巧笑以干媚兮，非余心之所尝”(《思玄赋》)的心态相关。到汉桓帝时王符指出“今世主之于士也，目见贤而不敢用，……众小朋党而固位，谗妒群吠啮贤”，以至“以面誉我者为智，谄谀己者为仁，处奸利者为行，窃禄位者为贤”(《潜夫论·贤难》)，为此腐化现状的写照。

三曰“学风败坏”，致使蝇营逐利之徒，托经学以饰虚名，

---

① 据《后汉书·百官志》注引应劭《汉官仪》：“世祖诏方今选举，贤佞朱紫错用。丞相故事，四科取士：一曰德行高妙，志节清白。二曰学通行修，经中博士。三曰明达法令，足以决疑，能案章覆问，文中御史。四曰刚毅多略，遭事不惑，明足以决，才任三辅令。”又，《顺帝纪》引《汉官仪》：“建初八年十二月，诏书辟士四科。”

成东汉文化衰落之大弊。此类学风，举要有二：一是受利禄驱使，斤斤于文字之末，而无世用。这在西汉末扬雄已有“呱呱之子，各识其亲；诡诡之学，各习其师”（《法言·寡见》）之讥，迨至东汉中后期“学者劳思虑而不知道，费日月而无成功”（徐幹《中论·治学》）更是司空见惯。缘此，张衡在《应间》中批揭时风云：“君子不患位之不尊，而患德之不崇；不耻禄之不夥，而耻智之不博。”而他一生公奉职守，孜孜于天文之学，是有箴时意义的。二是游谈干谒之风盛行，尤使东汉学术堕入世俗之途。范晔在《后汉书》本传中称张衡“虽才高于世，而无骄尚之情。常从容淡静，不好交接俗人”，正内含对东汉时风的认识而颂赞传主的异俗情怀。

（二）古文经学的兴盛

东汉中叶经学仍为政治文化主流，当时学术主要变化，亦在经学内部，即今文经学的衰落与古文经学的兴盛，张衡思想的形成与此发展大势契合。

自汉武帝立五经博士、于“金马门”讨论经学异同，至张衡所处的时代，中经四次大规模的学术会议，即昭帝始元六年“盐铁会议”、宣帝甘露二年“石渠阁会议”、平帝元始元年“未央宫会议”（王莽召集）和章帝建初四年“白虎观会议”，皆重点讨论五经异同及其相关的政治经济问题。在此过程中，洎宣帝“石渠”之后，古文经学开始登上汉代学术舞台，向今文经学夺统。历述其要，从西汉末到东汉末亦经四次较大规模的论争：一是西汉哀帝时刘歆与太常博士争立《左传》、《毛诗》、《古文尚书》及《逸礼》[①]；二是东汉光武时韩歆、陈元与范升争立《左传》、《费氏易》；三是章帝时贾逵主《左氏传》与李育主《公羊传》之争；四是东汉末郑玄与何休争论《左氏传》、《公羊传》之优劣。张衡虽然不能算经学家，或古文经学家，但前述四次今古文之争中有三次为其熟知，且他的师承与交游又多为古文学家（如贾逵、马融），思想受古文经学影响当属无疑。为便于说明，兹结合张衡的学术观点对东汉古文经学之兴盛原因作几点分析：

首先，经学在东汉的复兴以广博而异于西汉，此是古文经学赖以生存、发展的重要原因。对此，晚清属今文派的学者皮锡瑞也在《经学历史》（四）——《经学极盛时代》中认为后汉经学盛于前汉原因有二：一曰广博兼通，二曰撰述之风。就前一点而言，他指出："前汉多专一经，罕能兼通。……后汉则尹敏习欧阳《尚书》，兼善《毛诗》、《谷梁》、《左氏春秋》；景鸾能理《齐诗》、施氏《易》，兼受河、洛图纬，又撰《礼内外说》。何休精研六经，许慎五经无双，蔡玄学通五经。此其盛于前汉者一也。"皮氏此就学者兼通今、古论，而事实上东汉学重兼通的往往是古文学家或受古学影响者，绝非谨守家法、趋时干禄的今文博士系统中人物。也正因为东汉古文经学变今文经学而表现出学风由"狭"而"广"的发展趋势，一方面不仅以经学著称

① 按：在刘歆倡古文经学之前，其父刘向已用"中古文"校《尚书》欧阳氏、大、小夏侯三家经文。关于"中古文"，前人如顾炎武、皮锡瑞、王国维、刘师培均指实即孔安国所献；龚自珍《说中古文》认为二刘（向、歆）伪托；近人任铭善《经传小识·中古文》则谓自有其书，与鲁壁古文不同（见《中华文史论丛》创刊号，中华书局1962年版）。今人蒋善国《尚书综述》亦认为系与鲁壁来源不同之古文，论列甚详。

者如马融“才高博洽，为世通儒”（《后汉书·马融列传》），而且不因经学名世者如张衡，也以“通人”闻见于时；另一方面，在东汉所谓“通儒”者固以古文学派为主，所谓非纯儒者的“通人”，亦同样受到古文经学之影响，张衡即此一例。张氏虽无经学著作传世，但从其著述中引证经典来看，显然偏好古文。如其《二京赋》引用经典即很少今文，而以古学之《周礼》和《左传》为主。试举其中用《左传》而不用《公羊》数例：

左暨河华，遂至虢土。（《左传》作“虢”，《公羊》作“郭”。）

魑魅魍魉，莫能逢旃。（见《左传·宣公三年》周王孙满对楚庄王辞。）

慕贾氏之如皋。（此用《左传·昭公二十八年》叔向“昔贾大夫恶，娶妻而美，三年不言不笑，御以如皋，射雉获之，其妻始笑而言”语。）

苌弘魏舒，是廓是极。（事迹见载《左传·昭公三十二年》、《定公元年》，不见《公羊》。）

且夫挈瓶之智，守不假器。（此本《左传·昭公七年》“虽有挈缾之知，守不假器，礼也”之语。）

昔长恨《三坟》、《五典》既泯，仰不睹炎帝、帝魁之美。（语见《左传·昭公十二年》楚灵王谓左史倚相“是能读《三坟》《五典》”云云。）①

① 详参曹道衡《略论〈两都赋〉和〈二京赋〉》，《文学评论》1992年第3期。

而在他的《思玄赋》中引《五经》约五十处，古文占四十七(今文仅三处)处，亦可见一斑。

其二，今文经学之弊端的日益显露，是东汉古文经学兴盛的又一条件。考今文之弊，要在两点：一是迷信，这在汉光武帝宣布图谶于天下、汉章帝白虎观会议将经学与谶纬结合而完成其国教化神学体系，已臻极致。如《白虎通义·封禅篇》所云"德至天则斗极明，日月光，甘露降。德至地则佳禾生，蓂荚起，秬鬯出，太平感。德至八表则景星见，五纬顺轨。德至鸟兽则凤凰翔，鸾鸟舞，麒麟臻，白虎到，狐九尾，白雉降，白鹿见，白乌下"，即全然录自纬书《孝经·援神契》中的一段话。受其影响，作为官学代表的班固，他的作品更多地充斥着如对"宝鼎出"、"甘露降"、"黄龙见"、"凤凰集"、"致麒麟"、"醴泉涌"(《两都赋》)类"祥瑞"的虚妄礼赞。相反，受古文经学更多影响的张衡，其著述思想要在对衰政的讽刺与虚妄的批判。如其《东京赋》中多引《左传》以寄讽当世之奢泰侈丽，且故用"今舍纯懿而论爽德，以春秋所讳而为美谈"语与今文相左，寓意尤深。[①] 二是烦琐，这是东汉今文经学重家法、重章句而轻拓展、轻实用的结果。由于两百年来今文经学被立学官，其恪守师法、家法本身也扼制了今文经学的发展，所以在东汉官方只许十四家博士严守陈说、各依家法教授的情况下，像贾逵、卢植、马融等大师一则聚徒讲授今文，一则又标榜古文经学，形成今古合流

① 按：《春秋》所讳，《文选》李善注引《公羊传》："大恶讳之，小恶书之。"考何休《公羊解诂》："因见臣子之义，当先为君父讳大恶也。"张氏所赋，明讳而实讽，故轻《公羊》之微言大义，而多用左氏之重史特征隐写现实。

趋势。侯外庐等著《中国思想通史》认为:“两汉经学的结束的显明的表现,就是经今古文学的合流。而时代思想的主流,则已经开始向着玄学方面潜行了。在这一点上,马融恰是这一时代思潮转捩的体现者;而郑玄则为综合今古文学的经籍注疏的殿军。”[①]而从张衡师从贾逵、与马融交游的史实以及其大量引证古文经学典章故事考虑,张氏一贯反对烦琐、虚陋而主张征实致用、清通简要之学风,与古文兴盛之现实的关系,也是不言而喻的。尽管终汉之世古文经学未确立官学地位,今文经学在东汉仍居学统之正,但“东汉诸儒,多压今文以尊古文”(皮锡瑞《经学通论》(一)《书经》),已成风尚。

其三,《周官》一书在东汉的隆盛,是为古学崛起又一标识。如果说西汉今文经学昌盛是以《春秋》学为代表,尤以《公羊春秋》之“灾异”说最典型,则东汉作为古文经学重要典籍之《周官》重“礼”思想的崇扬,极明显地展示了这种学风的衍替。《周官》是谈周代政治制度的书,据荀悦《汉纪·成帝篇》“刘歆以《周官经》六篇为周礼”说,《周官》在西汉末亦称《周礼》。在汉代关于《周礼》的传述,今见《汉书·艺文志》著录《周官传》四篇,不明撰人。东汉初刘歆弟子贾徽、郑兴、杜子春皆明习其学,至汉章帝建初八年,《周官》与《古文尚书》、《毛诗》同置弟子,传业渐盛。东汉大儒郑兴郑众父子、贾徽贾逵父子、卫宏、马融、郑玄等均有《周官传》、《周礼注》,而张衡作《周官训诂》亦凿凿可考。《后汉书·张衡列传》载:“(衡)著《周官训诂》,崔瑗以为

① 侯外庐、赵纪彬、杜国庠、邱汉生著《中国思想通史》第二卷《两汉思想》,人民出版社 1957 年版第 328 页。

不能有异于诸儒也。”又范传《集解》惠栋引胡广《汉官解诂》云：“顺帝时平子为侍中，典校书，方作《周官解说》。”张书虽不传，但根据他的著述引用经籍颇重《周礼》，尚可窥其与当时儒者同好此经之痕迹。以《东京赋》为例：

经途九轨，城隅九雉。度堂以筵，度室以几。（语本《周礼·冬官·匠人》“室中度以几，堂上度以筵”；“城隅之制九雉，经涂九轨”。）

旌六典之旧章。（语出《周礼·天官·大宰》“大宰之职，掌建邦之六典”。）

然后百辟乃入，司仪辨等，尊卑以班，璧羔皮帛之贽既奠，天子乃以三揖之礼礼之。（语见《周礼·春官·大宗伯》、《秋官·司仪》所载礼制。）

命膳夫以大飨。（语本《周礼·天官·膳夫》。）

方相秉钺，巫觋操茢。（语出《周礼·夏官》“方相氏”的有关记载。）

由此可知，张衡好引古文经语及偏嗜东汉显学之《周官》，当自不诬；而他“重礼”思想的形成，又不能不先明乎此。

（三）自由学派的壮大

汉世学问在武帝时因“独尊儒术”始为经学之一统天下，然自西汉后期以迄整个东汉王朝，文化学术则存在着四股思潮的交叉、碰撞、融汇：一是博士系统（官学）今文经学及其派生的谶纬神学；二是以私学身份不断壮大的古文经学；三是不守师法、家法，不拘于经学今古文之争的“自由学派”[1]；四是不断复苏的道家思想(此着重指西汉末至东汉不断复苏的老庄思想，非西汉初占政治文化主导地位的“黄老之学”)。如果以张衡所处时代为历史坐标，在这四股思潮中，恰是第一股衰落，第二、三、四股兴盛且相激相荡时期。而对张衡学术思想影响较大的应该是刘歆、郑众、卫宏、贾逵、马融等古文学家和扬雄、桓谭、王充等自由学家，论其偏重，张氏更宜归于自由学派中人。因为，自由学派中人虽多倾向于古文经学，但有几点特征尤为鲜明，即：第一，反对谶纬神学最为坚决，这在扬雄、王充与神学对抗，桓谭、张衡对图谶批判之见解和思想中均有极为突出之表现。第二，由儒经旁及诸子之学，在通经之外更企自立学术思想，是自由学派中人的共同理想。考察汉代学术，汉初尚有诸子余风，如陆贾之《新语》、贾谊之《新书》、贾山之《至言》以及《淮南鸿烈》之宏论皆是，惟武帝之后经学昌明，诸子声息，而纵横之流，亦竞为辞赋(章学诚、章炳麟皆持此说)。于是在西汉末年扬雄仿《论语》作《法言》，仿《易》作《太玄》，当世即受到“非圣人而作经”(《汉书·扬雄传》)的呵斥；只是稍后同以著书自立成一家之说的桓谭(著《新论》)和王充(著《论衡》)，方称誉扬雄之独创为“子云亦东道孔子”(《新论·启寤》)，“非庶几之才，不能成也”(《论衡·超奇》)。而张衡一则深好扬氏《玄经》，一则创制如《灵宪》类引《经》而不拘泥于经典的论著，实与东汉“子学”的复兴

① “自由学派”提法从徐复观说，见其所著《两汉思想史》卷二。按：徐说称为“儒家自由学派”，拙意以为宜稍作拓展，可不尽拘于儒家。

是潜符默契的。第三，与"子学"复兴相关的是老、庄自然与人生哲学的明显抬头。自扬雄师事道家学者严遵，继作《太玄》"以道家之言说经"（刘师培《国学发微》），王充更以道家自然论为其哲学本体，以对抗自董仲舒以来今文经学建立的神学目的论，道家思想已不断渗融于汉文化机制，并起着越来越大的作用。这种思潮发展到东汉中后期，张衡、崔瑗、蔡邕以及一批注经学家范升、马融、郑玄等兼习《老》、《庄》，杂糅儒、道，风行一时，论其发轫，诚由自由学派而波及于经学（主要是古文经学）之士的。

从自由学派之特征观其于东汉中叶文化思想演变之作用，最主要的是进一步打破经学一统局面的"儒道互补"，然此又绝非仅属自由学派中人的孤立现象，而是深契于当时社会文化心理的。在汉文化建构伊始，代表先秦北方文化的儒家与代表南方文化的道家的并存，即决定了以"教化"为中心之儒家思想和以"自然"为旨归的道家思想成为通贯汉代文化的两大思潮。值得注意的是，儒家思想以其政治的、伦理的、道德的力量既能襄助盛世文化的建设，又能以其仁义观、礼乐观、致用观对衰世进行社会干预或批判；然在汉代，则因其于西汉盛世形成了一种"儒经文化"模式，儒学在此模式中亦因帝国专制的强大压力和神学化、世俗化的处理，也就渐渐淡退了人文内涵及抗争精神，很大程度成为盛世的涂饰与附庸。与之相比，道家思想对汉文化的渗透显出时代疲弱、衰落的特征，这一则与道家文化哲学观起于乱世的历史渊源有关，一则因道家思想对汉文化的影响是以儒经文化整体衰颓为前提的。所以除了汉初重黄老之外，汉代道家思想的崛起主要在西汉末和东汉中、后期。特别是东汉和、顺以降文化人在对政治教化的负重心境中、在衰乱世道难以自保的处境中，为排解命途舛迕的困惑，或心冀玄远，颐养天年；或抽身远翥，逍遥游适，无不受道家人生观的审美浸染。换言之，正因为汉儒积极参与建构国力雄张、物质繁盛的外部世界，致使强烈的功利思想掩压了人生品格的内塑，故随国力的衰萎，士子为了寻找人生与自我，道家思想作为一种反拨和补充作用则愈来愈显。张衡哲学观中的儒道互补，文学创作中如《思玄赋》之并美孔老、《归田赋》之逍遥境界、《髑髅赋》之庄学渊源，折映的恰是这一时代精神和文化心理。

三、神学氛围中的科学与文艺

汉代神学由早期之原始崇拜的泛神观念到与政治紧密结合的神学文化体系之建构，大略以三个阶段最为显著：一是汉武帝时立天地五方（东西南北中）之祠、祀“泰（太）一”之神，将与东方蓬莱仙话关系渊深的方士思想和政治化的经学连结起来，并使阴阳五行学说成为神学之基础。二是西汉末至东汉时代的经学谶纬化，它一则存留了原始宗教信仰，一则进一步将原始神话经转换而成为荒诞的政治工具。三是东汉中叶道教的兴起和佛教的传入，为汉世神学开一新局。综此可见，时至东汉中叶恰是神学思潮最为浓重、亦最为复杂的阶段，即在汉代植根极深的方士神学尚未完全淡退，谶纬神学的国教化又引起强烈的争锋（提倡与反对），而道教与道家思想的渊承和对东汉“老庄”之学复兴的促进，以及佛教已为包括张衡在内的学者了解，[1]这些都给东汉中叶复兴的科学与文艺带来极大的影响。

（一）创造与依附的纠葛

从整个汉代社会的发展看，至东汉中岁，无论在科学方面，还是文学方面，均进入一个繁荣而又趋向衍变的时期，张衡可以说是位杰出代表。但是，由于汉代形成的经学神学化思想模式，也造成任何一位卓越的思想家在作出创造性贡献的同时，又无不受其文化自身内含的蹈虚性和凝重性的束缚，而表现出创造与依附的纠葛，张衡也是如此。

在科学方面，有汉一代于天文历法、数术、医学、地理、建筑、造纸等领域均取得了长足的发展，特别是天文理论的成就使其在整个中国科技史上居有举足轻重的地位；然而在此成就取得过程中，又始终存在着科学创造与神学比附杂糅的现象。这又可以从两方面考虑：一是源于经学与神学“阴阳五行”理论模式的作用，使汉代科学和神学在基础理论上的沟通或杂糅。清人赵翼《廿二史札记》卷二“汉儒言灾异”条云：“汉兴，董仲舒治《公羊春秋》，始推阴阳为儒者宗。宣、元之后，刘

① 关于东汉道教的兴盛与道教早期典籍《太平经》的出现，《后汉书·襄楷传》有三处记载，至于道教渊承道家思想，各类有关中国古代宗教、哲学史著作已言之凿凿，兹不复赘。而张衡对佛教的认识，仅见《西京赋》描述长安“佳丽”有“展季桑门，胡能不营”一语，其中明确言及浮屠术语“桑门”，故汤用彤《汉魏两晋南北朝佛教史》第五章《佛道》（中华书局 1983 年版）并引《后汉书·方术列传》（汤著引作“方技”）中“中世张衡为阴阳之宗”语认为：“考汉代学人，仅张衡、襄楷述及佛教。……二人之知佛教，固又可证浮图方技关系之密切也。”

向治《谷梁》，数其祸福，传以《洪范》。而后天之与人，又渐觉亲切。观《五行志》所载，天象每一变，必验一事。”考前、后汉书《五行志》，不仅经学之儒言阴阳灾异，即可归于自由学派之人，在属于自然论之哲学范畴或反对神学，然于现实政治论中，又不时出现阴阳灾异之论，探究其因，则在以阴阳为基础的天人感应思想的高度成熟。易言之，汉人研究科学往往基于天人关系以体察天象、验明人事，所以像张衡这样在当时罕有匹对的科学家，也被《后汉书·方术列传》奉为“阴阳之宗”，因为他在进行极具实证性的科学研究的同时，又将“律历”之学与“卦候、九宫、风角”诸方术并列，以为“数有征效”（详范书本传）。而他每每因灾异言政事，也明显带有天人交感、人神杂糅的思想印记。二是科学与神学界域模糊，此亦造成汉人科学创造与神学附会纠缠不清的又一要素。朱熹曾云：“汉儒专以灾异、谶纬，与夫风角、鸟占之类为内学……反以义理之学为外学。”（《朱子语类》卷一三五《历代二》）“内学”一词见范书《方术列传》，而观其《方术列传》中选人及载事，又显然是实证性的科学和先验性的神学混杂一起，“科技”与“方术”在当时几为同义词语。特别是东汉以“明经”教育为主的私学，传经者或多兼传方术，如樊英“少受业三辅，习《京氏易》，兼明五经，又善风角、星算、河洛七纬，推步灾异。隐于壶山之阳，受业者四方而至”（《后汉书·方术列传》），显然对此风气起了推波助澜的作用。由于这种科学与神学界域不明确源自汉代文化的根本，所以汉人的科学论著往往夹杂着神意，张衡《灵宪》中穿插了许多神话，即为一鲜明例证。同样的原因，属于神学论著的如东汉兴盛的经谶（即纬书）等，其中极大比例是天文占验，而剔除其占验的神学部分，又有着大量的天文学理论，张衡天文观受《易纬》的影响，也是最为突出的。

在文学方面，汉赋为一代之胜，[①]其以完整的规模、雄张的气势与汉壁画之奇谲奔放、汉石刻之浑厚稚拙构成一代文艺的基调。然从汉赋文学的发生发展来看，它的崛兴显然又与汉代政治文化之隆盛相关，清人王芑孙《读赋卮言·导源》谓“赋家极轨，要当盛汉之隆”，取意甚明。也正因此，当西汉盛世构建其经学思想新体系之时，赋家亦以其纵横捭阖的气势、体国经野的风貌取代了表现个人心曲、意趣缠绵的楚骚体，崭露出时代的创新精神；同样，与西汉盛世帝国规模相适应的神学化经学模式的形成，以及形成后表现出的虚诞和凝重，在赋学领域也有相应的表现，即赋家在应合帝国需要的创作中，以神学与政治杂糅之内涵、描写事类物态之形式亦构成一种类型化、图案化模式，并以其虚诞与凝重造成了汉文学自武、宣之世到东汉中后期长达近三百年的依附性和摹拟化特征。[②] 而作为汉赋衍变期代表作家的张衡，应该说并没有摆脱这种依附与创造的纠葛。撮要而言，在张衡文学创作内涵方面，他一则以征实的文风（如《二京赋》）和抒写情志（如《四愁诗》、《归田赋》），力求改变前人（如司马相如、班固）虚张的赋风，一则又仍沿袭汉大赋那种充斥神氛、堆积典籍的特性。而在其文学创作形式方面，张衡也是摹拟前人的依附和独具匠心的创造并存：如其耗精劳神创制的《二京赋》、《南都赋》、《思玄赋》及《七

① 清人焦循《易余龠录》卷十五、王国维《宋元戏曲史·序》皆持汉赋为“一代之胜”、“一代之文学”的说法。

② 关于汉代文学摹拟化特征，以及汉赋的发展和在东汉的状况，详本书第八章。

辩》、《应间》等大文，皆由摹仿前人而来，而其感兴之作如《四愁诗》、《同声歌》、《归田赋》，却因遁作它体而开风气之先。近世评论家多因其摹拟，于张氏大文颇为轻视，复因其创新，对他的小文如《归田》者，盛加赞誉；倘就作者投入的精力来说，此评不啻反讽，若从东京文学史迹发展着眼，洵为至论。

（二）情志与政教的矛盾

对东汉奉为国教的谶纬神学，章炳麟认为“伏生开其源，仲舒衍其流。……以推验火灾，救旱治雨。……以经典为巫师豫记之流，而更曲《春秋》，云为汉民制法，以媚人主而棼政录”，故“谶纬蜂起，怪说布彰”（《文录》卷二《驳建立孔教义》）。然追溯汉儒以灾异言经义之源，同具与社会抗争之个人情志和服务于社会的政治教化意识，刘师培说汉儒处专制之朝，尚能于政治“伸民权之公理”、于伦理“立个人之人格”（引见《两汉学术发微论》中《两汉政治学发微论》、《两汉伦理学发微论》），当不乏例证。可是问题在于，随着汉世神学之强化与政治之隆替，政教思想在不断地虚化而导致异化的过程中，人文情志亦存在着不断失落和不断自拯的现象；而这种政治文化意义上的政教与情志的矛盾，也自然辐射于科学和文学领域。

自东汉初光武帝宣布图谶于天下，谶纬神学成为上层文化意识，大批学者歌颂“祥瑞”作虚妄礼赞之时，对日益严重的“人主自恣”“后党擅权”“女谒乱公”“佞臣持位”“宦竖专政”等政治社会现象也予以揭露，然因其完全依附于天的意志，所以还是表现了神对人的控制。而到章帝时编纂《白虎通》使神学进一步政治化、制度化，超凡神学与世俗经学的二重结合，一则将一切现实虚幻为神性特征，一则又内含着三纲、五常、天文、地理以及儒家政治思想的社会内容。因此在东汉之世，神学思想反映于科学或文学，已失去了民间神话巫风原始的创造和饱满的热情，剩下的只是皇权政治的化身。就科学而论，如汉代天文学思想的发展始终处于科学家发自个人情志的创造和附会神学化政教意识之间，他们对天文的观测和历法的修订常常缘于取则天象的政治因素，东汉中叶围绕应符图谶引起的修历之争，是为典型例证。而研究张衡科学思想的先进性和局限性，又必须首先了解此特定之历史文化结构，方能由此勘破。

同于此理，汉代的文学艺术也在此神氛中表现出情志与政教的矛盾。这种矛盾早在西汉盛世已见端倪，如董仲舒在为帝国建构理想图式(《春秋繁露》、《天人三策》)时写出《士不遇赋》，司马迁完成"究天人之际"的《史记》同时复有《悲士不遇赋》，而司马相如既创作了与帝国同呼吸的《子虚》、《上林》之大赋，又写下了借情抒心的幽怨之篇《长门赋》，这种士子在雄阔的气象中流露出的淹蹇感慨，形成了汉赋文学"二体"之传统(继后如扬雄之《长杨》与《反骚》，班固之《两都》与《幽通》，张衡之《二京》与《思玄》等)。如果说西汉盛世这种矛盾较多地表现在士子依违于强盛帝国与专制压抑之间，那么经西汉末谶纬神学的兴起，再到东汉中期谶纬神学进一步趋向宗教化(还包括黄老思想、老庄思想向道教的转化)，政教与情志的矛盾又内涵了儒道绌补的性质和衰世文化的精神。

首先，天人同构决定了神学与文学关系的比附，这在儒经体系呈倾颓情势的东汉中叶，现实内涵中积极精神的丧失更使这种神意涂饰转换为对人之主体情志的凌压，显出虚妄审美的蒙昧性。如王延寿《鲁灵光殿赋》描绘汉景帝时鲁恭王营造殿宇所留壁画“图画天地，品类群生”一段文字，即将光怪陆离的荒诞神意落实于现实的道德训诫，使神话、历史、现实、政治浑然一体，此与当时文学作品中大量借用前兆、谶纬的神秘性营造政治神话一样，同是虚妄审美的表现。在张衡的文学创作中，他一方面继承王充“疾虚妄”的思想，诗赋更重求实，宣寄情志；而另一方面又自觉或不自觉地在创作中以当世盛行的术士得道成仙历程宣发神氛，如《西京赋》“要羡门乎天路”、“东海黄公赤刀粤祝，冀厌白虎”之语，皆用仙道、方术典事，特别是当代宗教迷信传说，也时出笔端。

其二，强烈的政治进取意识和摆脱世俗痛苦意识的矛盾，是当时宗教神学自身的矛盾，也是神学对文学起巨大作用的一个方面。如当时道教代表著作《太平经》一则讲“天、地、人”三者合一广嗣兴国的统治术，一则又讲“精、气、神”三者混一长生不死的神仙术，正集中表现了这种矛盾。而从当时宗教倡导的“兴善止恶”、“尊道重德”、“均化”、“济穷”的思想看，是对衰世政治危机的一种拯救意识，这在文学创作表现进取情感、真实审美中亦有曲折映示。从另一面看，由于世俗政治意识向超俗宗教意识升进，那种充满神奇的宗教想象和由此创造的长生之境，却反过来成为文士调节专制压抑下精神、行为的“圣地”或“逃薮”；在《太平经》《老子想尔注》等道教著作中的离俗遁处、修陶心性的人生哲理，也能转换为文士创作中超拔时俗的人格精神。张衡一生创作出大量积极入世的诗赋，却在晚年写出像《髑髅赋》这样的仿效庄子遁世异俗的文字，似宜兼顾政治和神学考虑的。

其三，由于东汉宗教思想中存在着神秘性（神学的基本特征）和自然性（源于道家气论思想）的内在矛盾，其对文学的影响又在政教与情志的冲突中增添了一层神秘和自然的矛盾，这较为明显地体现在当时文人崇尚的“玄境”。可以认为，东汉中叶文人创作思想中的“玄境”，一方面仍表现出汉代神学虚妄审美的延续，而另一方面又当辨别这种神秘性不尽同蒙昧的神怪意识，其中内含的有某种人格的超升和神灵的自觉。由这层意义考虑，其时宗教神性对文学艺术的影响并非全然消极或虚妄，而是可从宗教想象和悟性睿智极为接近人类思维中活跃的艺术因子的关系中，看到宗教之“神”对文学神思的激活与启迪。区分张衡科学与文学受神学影响所产生的不尽相同之效应，当作如是观。

第二章　勤勉向学　三才理通
——张衡的生平、著述、学养

张衡是位不慕世荣而孜孜以求的学者和文士，《后汉书》本传范氏“赞曰”称誉他“三才理通”，可谓一生勤勉向学的结果。

关于张衡的生平事迹与学术成就，可依凭的文献并不甚多，其主要资料见于四方面：一是有关张氏生平史料的书籍，古代有后、续《汉书》等史著、类书（如《太平御览》及《玉海》中有关张氏资料等）和其它传记（如《河南通志》、《南阳府志》、《南阳县志》以及阮元《畴人传》中张氏传记等）；近人有张荫麟《张衡别传》、孙文青《张衡年谱》[①]，以及多种介绍传主的小册子

① 张氏此《传》极为简略，后有附录《张衡著作考》，见载《学衡》第四十期。孙《谱》材料丰富，至今仍为最翔实可信的著作，初刊 1932 年《北师大月刊》、1933 年《金陵学报》，1935 年 9 月由商务印书馆初版，1956 年 9 月复出“修订本”。

《张衡》。二是有关张氏诗文汇集笺注之书籍，此类除萧统《文选》等总集和一些选集收有其作品外，现存收录最勤者依次为明人张溥辑《张河间集》、清人严可均辑《张衡文》、丁福保与逯钦立相继所辑《张衡诗》和今人张震泽《张衡诗文集校注》数种。[①] 三是有关张氏事迹、著述诸方面的评论，如崔瑗《河间相张平子碑》、祢衡《吊张衡文》等古代的单篇诗文评价，一些“诗话”“赋话”中的评论以及近代对张氏进行研究的专题论文。四是有关张氏作品著录，如《隋书·经籍志》、《唐书·艺文志》、《宋史·艺文志》以及《开元占经》、《通志》、《文献通考》诸典籍中有关张衡的文献。综此，张衡的生平、著述与学养大体可观。

一、生平事迹

有关张衡生平事迹的记载，古以范晔《后汉书》最详，近以孙文青《张衡年谱》最备。范传记叙张氏一生行事，有以下几则材料：

> 张衡，字平子，南阳西鄂人也。世为著姓。祖父堪，蜀郡太守。
>
> 衡少善属文，游于三辅，因入京师，观太学。
>
> 永元中，举孝廉，不行；连辟公府，不就。……大将军邓骘奇其才，累召，不应。

① 张辑见《汉魏六朝百三名家集》本；严辑见《全上古三代秦汉三国六朝文》本；逯辑张衡诗较丁辑更备，今见中华书局 1983 年 9 月版《先秦汉魏晋南北朝诗》；张震泽校本今有上海古籍出版社 1986 年 6 月第 1 版。

安帝雅闻衡善术学，公车特征，拜郎中，再迁为太史令。

顺帝初，再转，复为太史令。

后迁侍中，帝引在帷幄，讽议左右。

永和初，出为河间相。……视事三年，上书乞骸骨，征拜尚书。年六十二，永和四年卒。

除上述主要线索之外，范传还记载了张衡好玄、造候风地动仪、上疏陈政、反图谶、校书东观以及其它著述情况。尽管如此，张氏生平尚有诸多模糊或空白处，孙谱正基于此，参照各种史籍和近人成果（如吴光荣《历代名人年谱》等），以时为经，逐年考证其生事著述，用功至勤。然对张衡这样一位史料比较缺乏的人物做如此系统的梳理，其于开创之同时也就难免舛误、疏漏，所以继孙谱之后，又有一些论著可以补遗拾阙或相互参照，其中如张震泽《张衡诗文集校注》（简称张校）、陆侃如《中古文学系年》（简称陆系）、杨清龙《张衡著作系年考》（台北《书目季刊》第九卷第三期，1975 年 12 月；简称杨考）、廖国栋《张衡生平及其赋之研究》（台北政治大学中国文学研究所硕士论文油印本，简称廖文），皆可资参考。

（一）家世与童年素养

对张衡家世的记载，远则依据崔瑗《张平子碑》“河间相张君，南阳西鄂人，讳衡，字平子。其先出自张老，为晋大夫，纳规赵武，而反其侈，书传美之”；近则依据范传所载“世为著姓。祖父堪，蜀郡太守”，其中衡为“南阳西鄂”人，并系南阳郡望著姓，似无疑义；唯其先世之“张老”与“祖父堪”，仍可作进一步推究。

夷考张姓所出，略有二说：一谓出于“姬姓”，如宋人邓名世《古今姓氏书辩证》依据《风俗通》、《元和姓纂》认为“出自姬姓，黄帝子少昊青阳氏第五子挥为弓正，始造弓矢，实张罗以取禽兽，主祀弧星，世掌其职，赐姓张氏”；①一谓出于先秦晋国公族解张，郑樵《通志·氏族略》云：“晋有解张，字张侯，自此晋国世有张氏，则因张侯之字以命氏。”宋濂《张氏图谱序》进一步认为“张以字为氏，出于晋之公族……而谱家谓少昊第五子挥为弓正，则姓为张，则非也”。按第二种较切实可考的说法，则据《左传》成公二年载：是年六月“癸酉”齐师陈于鞌，“晋解张御郤克”，身负重创仍力战败齐师，以勇猛传于世。崔碑所云“张老”，据《唐书·宰相世系表》以为张侯之子，其事迹见载《礼记》、《左传》、《国语》等典籍，可知为晋大夫，悼公时为元侯，徙师徒、司马，平公时为上将军，曾因讽赵文子为室僭礼和晋悼公时辞“卿佐新军”以让魏绛，令人称述。而根据邓名世《古今姓氏书辩证》考，张老生君臣，君臣生趯，趯生骼，至三卿分晋，张姓仕韩，韩相张开地生平，平生良（即汉留侯张子房），良生不疑（见《汉书·张良传》）。倘崔碑云衡“其先出自张老”着实，则衡之先世谱系可考者为：

解张（张侯）——张老——君臣——趯——骼……

张开地——平——良——不疑……

张堪——（父辈缺）——衡

① 弧星，一作张星；岑仲勉《元和姓纂·四·校记》考证当为“张星”。

按:此谱系有两段缺失,一为张骼后三卿分晋,故世系不明;一为张不疑父死袭侯,至"孝文帝五年坐不敬,国除"(《史记·留侯世家》),[①]以至世系不载史册。

范传所云衡"祖父堪",多无质疑,唯张堪是否即为包括范书在内诸多史书皆记录的张堪(字君游),颇生疑问。据范书卷三十一、列传第二十一载:"张堪字君游,南阳宛人也,为郡族姓","年十六,受业长安","世祖(光武帝)微时,见堪志操,常嘉焉",后诣大司马吴汉伐公孙述,于建武十三年拜蜀郡太守,两年后破匈奴复拜渔阳太守。缘于君游名堪,曾任蜀郡太守,正与衡传吻合,故后世学者将其叠合应契,几为定谳。至清人何焯《义门读书记》卷二十三于《后汉书》衡传"祖父"条作按语云:"此又一张堪,非张君游。君游宛人,后为渔阳太守。"何氏质疑,有两大证据:一为君游为南阳宛人,平子为南阳西鄂人,[②]范书分属两地,似难混同;二为君游先为蜀郡太守,然卒为渔阳太守,且东汉当世官修史书《东观汉记》卷十五论君游政绩,主要记录的即是"为渔阳太守,有惠政,开治稻田八千余

① 《史记集解》引徐广曰:"文成侯立十六年卒,子不疑代立。十年,坐与门大夫吉谋杀故楚内史,当死,赎为城旦,国除。"

② 按:汉时南阳郡有宛、杜衍、博望、雉、西鄂诸县,宛秦时即为郡治,汉承其制。而西鄂作为县名,亦汉置,《汉书·地理志》注引应劭曰:"江夏有鄂,故加西云。"考其沿革,三国时属魏,晋因之,南朝宋省,齐因之,后魏复置,北周废,西鄂之名遂寝。而关于西鄂旧址,汉桑钦《水经》、后魏郦道元注、唐李吉甫《元和郡县图志》、范书本传李贤注、明《一统志》、清康熙《南阳府志》、清雍正《河南通志》、清嘉庆《重修一统志·南阳府》、清光绪《新修南阳县志》,皆凿凿可考,大略故址在今南阳县北五十里,石桥镇之西南。孙谱因之,谓"石桥镇西南二里有鄂城寺,即汉西鄂城故址"。其虽与郡治宛城相近,然不可淆自明。

顷，教民种作，百姓以殷富”，而后出之范书衡传仅云堪“蜀郡太守”，不提“渔阳”，倘为一人，似乖史书体例。对第一条证据，钱大昕《廿二史考异》卷十二于范传下案语云：“彼云南阳宛人，此云南阳西鄂人，县名小异耳。何屺瞻谓别一张堪，非是。”而黄山《后汉书集解》卷五十九《校补》复谓：“案张君游虽曾官蜀郡太守，而终于渔阳太守，不应以前官称，衡果即其孙，则廉吏有后，虽别为传，应于书祖父堪蜀郡太守下声明已见前传，《君游传》末亦不应不附及之，况又县名各异乎？以此推之，何说未可非也。”此于复述何氏两大证据外又另加一条证据，即平子与君游皆先后为当世闻人，若果为祖孙，虽可不作附传处理（如班固之附班彪，崔瑗、崔寔之附崔骃），然无丝毫互见呼应（如班超、班勇另传，但与彪、固皆有说明，其关系一目了然），殊不可解。尽管有此三方面疑问，清代学者钱大昕、王先谦仍主“祖孙说”，近人研究张衡有成者如张荫麟、孙文青、张震泽因之不疑，唯廖国栋《张衡生平及其赋之研究》（未刊稿）复从时序详加考索，以为君游长于平子近八十岁，虽难成否定其为祖孙之确证，然商榷增疑，颇有价值。

由上可知，有关张衡先世的文献支离，颇多疑问，特别是到张衡父辈败落，家世亦难尽考，但从范传所称的“世为著姓”，“永元中，举孝廉，不行；连辟公府，不就”，“大将军邓骘奇其才，累召，不应”来看，一则说明张氏生性淡泊，一则也说明其家世非凡。而根据目前可征文献，张衡童年之造化及对一生成就之影响，又有外部环境与个人修养两方面值得注意。

从外部环境看，张衡童年所处之乡里南阳，为汉世荆州大郡，至东汉时人文之盛，除京都之外，非他邑堪与比肩。据《汉书·地理志》,西汉时南阳郡凡36县,359116户,1942051人;而至《后汉书·地理志》载,凡37城,有528551户,人口亦增至2439618。就人物而论,西汉时郡中人杰或有如张释之(文帝时廷尉)、直不疑(景帝时御史大夫)等,然至光武起于南阳,中兴功臣多南阳之人,以至东汉官吏籍贯分布,南阳已居全国之冠①。至于各色人等,潘守廉总纂《新修南阳县志》卷十一《人物》于"周"仅举百里奚、范蠡两人,于"西汉"则举陈恢、直不疑等七人,于"东汉"列举"卓茂"等四十六人,并推述其盛美云:

> 盖方是时,宛为陪京,帝业所基,英俊之伦,应运而起:卓茂孔休,以德行重,洼丹宗意,以经术显;吏治则任诞、张堪、宗均;强直则左雄、朱季;文学则张衡、朱穆;独行则李善、董班;将帅则吴汉、陈俊、任光、李通;星历则李守;医术则张机,并皆卓卓见于传记,可不谓盛欤!

所谓人杰地灵,南阳自光武中兴,首拔宛城,将相云起,而学校艺文,也一时极盛,观崔瑗《南阳文学官志》、张衡《南阳文学儒林书赞》,可睹概况。至于张氏作《南都赋》开篇即谓"于显乐

① 据李泉《东汉官吏籍贯分布之研究》(载《秦汉史论丛》第五辑)以东汉永和五年行政区划为准,对东汉六百石(含六百石)以上官吏分布作定量统计,数额最高即为荆州之南阳郡,计122员(其中初年53员,中叶51员,末年18员);而居第二位的则是司隶校尉部的右扶风(计89员),至于东汉一代仅有六百石以上官吏一名的就有荆州桂阳郡、武陵郡,幽州代郡、上谷郡、乐浪郡,并州雁门郡、云中郡,交州南海郡等。

都，既丽且康，陪京之南，居汉之阳。割周楚之丰壤，跨荆豫而为疆。体爽垲以闲敞，纷郁郁其难详”，亦为实录。而从张衡对家乡的赞美，也可反证其乡梓文治对他童年素养的熏陶。

从个人修养来看，张衡童年天纵英才，好学敏求，更是他平生成就卓著的一大要因。据史料推论及对张衡生平的考论，张氏自章帝建初三年（公元 78 年）生，[①]到和帝永元五年（公元 93 年）始游三辅，其间十五年皆为早年乡居期。这一阶段虽于张衡生平史迹无考，然通过崔碑所誉“君天姿浚哲，敏而好学，如川之逝，不舍昼夜”，范传所称“少善属文”，亦可略窥其天资聪颖，自幼好学的童年素养。

（二）游三辅　入帝京

张衡行迹可考者自青少年时代离开家乡南阳，负笈远游，观三辅之形胜，入帝京而求学始。对此，范传有“游于三辅，因入帝京，观太学，遂通《五经》，贯六艺”与“永元中，举孝廉不行，连辟公府不就”的简略记载。孙谱根据有关文献将张氏游三辅、入帝京的阶段划定于和帝永元五年到永元十一年（公元 99 年）（传主 16 岁到 22 岁）七年间，其中游历三辅之地约二年，居京师达五年，基本可信。在此七年间，对张衡一生影响较为显著的事

---

① 关于张衡生年，可依据范书本传有关衡“年六十二，永和四年卒”上推至建初三年为其生年。近人论著如孙谱、张校、陆系、杨考皆持此说。唯张荫麟《张衡简谱》作建初二年，然他另作《张衡别传》又复署建初三年，可见为一时推究之误。

件主要有这样几方面：一是初离家乡，开始广泛接触社会，从而为今后居京为官治学奠定了基础。二是游历三辅之地，[①]观西京之胜概，览山川之锦绣，为其后完成的《西京赋》搜集了丰富的资料并积累了实地考察的经验。三是首人当时帝都洛阳，一则进太学深造，遂习经学，并得到一批儒学大师的直接或间接的指点；一则熟识京都物态人情，为《东京赋》创作进行了大量的考察和研究工作。四是在京师交结了一些有志于学的朋友，其中包括他的终生挚友崔瑗。五是创作并完成了如《温泉赋》、《七辩》等作品。六是有范传所云"举孝廉不行"、"连辟公府不就"事，表现出他青少年时代有志于实学而无心于虚名的冲淡情怀。对这一阶段张衡的人生行事，诸家之系年、考证也有一些争议，其中两点宜复述和辨析：

第一，《温泉赋》系年颇有差异，如"陆系"在游三辅之初年（即永元五年），而"孙谱"则系于第三年（即永元七年），当从"孙谱"。理由是今存《温泉赋·序》云："阳春之月，百草萋萋；余在远行，顾望有怀；遂适骊山，观温泉。"而作者永元五年从故乡南阳至三辅当道出武关，至永元七年（公元 95 年）复由三辅赴京师方途经骊山，赋作于是年春月，当无疑问。

第二，范传有关"举孝廉"、"辟公府"的记载仅署"永元中"，崔碑有"初举孝廉，为尚书侍郎，迁太史令"记录，故对张

① 杨侃《两汉博闻》卷十"三辅"条引录《后汉书·光武纪》注"谓京兆、左冯翊、右扶风，共在长安中，分领诸县"。又引《汉书·百官表》"内史，周官。秦因之，掌治京师。景帝二年，分置左内史、右内史。武帝太初元年，更名京兆尹；左内史更名左冯翊；又更名主爵都尉为右扶风，治内史右地，与左冯翊、京兆尹是为三辅"。可知所谓三辅之地，指包括西汉京师（长安）在内的今陕西中部地区。至东汉虽移都洛阳，然三辅为秦、汉旧京所在，物态人文之盛尤为当时士人关注。

衡举孝廉年岁也有歧议，如各持永元七年、九年、十三年诸说。[①] 考《后汉书·和帝纪》，永元间举孝廉事仅两见：一为永元七年（公元95年）"夏四月辛亥，朔，日有食之。帝引见公卿问得失。令将、大夫、御史、谒者、博士、议郎、郎官会廷中，各言封事。诏曰'元首不明，化流无良，政失于民，谪见于天。深惟庶事，五教在宽，是以旧典因孝廉之举，以求其人。有司详选郎官宽博有谋才任典城者三十人。'既而悉以所选郎出补长、相"[②]。二为永元十三年（公元101年）冬十一月"丙辰，诏曰：'幽、并、凉州户口率少，边役众剧，束修良吏，进仕路狭。抚接夷狄，以人为本。其令缘边郡口十万以上岁举孝廉一人，不满十万二岁举一人，五万以下三岁举一人'"。据此可知，十三年之举为边郡事，南阳非是，张衡自不在其列。所以张衡被举只有七年，"辟公府"当即指出补长、相之职。然永元七年之诏举，是因旧典"孝廉"之举而详选"郎官"，故"孙谱"或疑为所选为郎官而非孝廉，或疑为"郎官之孝廉"被举，并根据范书《和帝纪》永元五年注引《汉官仪》所载"建初八年"四科辟士诏书，推测张衡被举以"德行高妙，志节清白"一科为近，亦颇圆通。

（三）勤劬的南阳主簿

自京师返南阳，张衡曾担任南阳太守鲍德主簿约九年，初

---

① 按：诸说中或考论有据，如孙文青《张衡年谱》定"永元七年"；也有假设其词，如陆侃如《中古文学系年》定"永元九年"，以为"永元共十六年，此事不知在何时，假定入京后一二年，故系于此"，甚难凭依。

② 李贤注："长，县长；相，侯相也。《十三州志》云：'县为侯邑，则令、长为相，秩随令、长本秩。'"

入仕途，颇见为政之勤劬与才干。考鲍德为南阳太守史事，见载《后汉书·鲍永传》附《鲍德》：

> 修志洁，有名称，累官为南阳太守。时岁多荒灾，唯南阳丰穰，吏人爱悦，号为神父。时郡学久废，德乃修起横（亦作“黉”）舍，备俎豆黻冕，行礼奏乐。又尊飨国老，宴会诸儒。百姓观者，莫不劝服。在职九年，征拜大司农，卒于官。

而张衡为南阳太守主簿事，则见《衡集》之《绶笥铭》“引语”[①]：

> 南阳太守鲍德，有诏所赐先公绶笥，传世用之。时德更治笥，衡时为德主簿，作铭曰……

张衡自鲍德始任南阳太守到离任征拜大司农期间一直担任南阳主簿，为研究家共识，然对其任职始末之时间，又颇有差异。举凡其要，如张荫麟《张衡别传》认为衡任主簿在“永初六年”（公元 112 年）至“元初二年”（公元 115 年）期间；陆侃如《中古文学系年》定于“永初三年”（公元 109 年）；孙文青力辩张荫麟氏推断太迟之非，根据范书《鲍德传》“在职九年”说定为“永元十二年”（公元 100 年）至“永初二年”（公元 108 年）期间系张氏任主簿之“九年”。比较观之，张说与孙说时差竟长达十数

① 按：《绶笥铭》并见《初学记》二十及二十六、《太平御览》六百八十二及七百十一，张辑、严辑均收录，前有说明铭文为鲍德而作之“引语”，当为后人所加。

年，乃因鲍德何年始为南阳太守无考，故唯有依据“在职九年”之第九年拜大司农向前逆推，所以孙氏驳张氏之误即建立在考定鲍德拜大司农年岁的基础上。据孙谱考证，鲍德拜大司农不可能在“元初元年”九月以后，理由有五，其中两点极为雄辩：一为“衡拜郎中，在永元中，居三年，迁尚书侍郎，一年再迁太史令；凡六年。退居公车司马令五年。事迹甚明。若德于元初元年拜大司农，则终永初时代，衡当为德主簿，不当为郎中及尚书郎也”。二为引《后汉书·安帝纪》“永初七年九月，调零陵、桂阳、丹阳、豫章、会稽租米，赈给南阳、广陵、下邳、彭城、山阳、庐江、九江饥民”史事，认为“若德于元初元年拜大司农，是此年德仍在南阳太守任也。在任而饥，与《传》不合”。（结按：即德《传》所云“时岁多荒灾，唯南阳丰穰”。）由此，孙谱复提出四条理由（与前驳张氏理由多有重复）论定鲍德拜大司农为“永初二年”。也正因为考实鲍德拜大司农时间为推定张衡任主簿时间的前提，且为明确张衡早期生事的关键，廖国栋《张衡生平及其赋之研究》又核查万斯同《历代史表》、钱大昕《后汉书补表》以及华湛恩《后汉三公年表》有关大司农资料，加以考证，认为孙谱确定德拜大司农时间为“永初二年”系延承“万表”诖误，[①]并提出若干新依据，定鲍德于“永初六年”拜大司农，由此逆推，则张衡任主簿时间（即鲍德任太守时间）为永元十五年

① 按：“万表”于“永初二年”下有大司农“何熙迁车骑”语，“钱表”则在“永初三年”下仍有“十一月大司农何熙行车骑将军事”语，廖文考《后汉书·梁慬传》“（永初）三年冬，南单于与乌桓大人俱反，以大司农何熙行车骑将军事”和《后汉书·安帝纪》“（永初三年）十一月，遣行车骑将军何熙讨之”，互证永初三年何熙仍为大司农，故疑“孙谱”承“万表”之误以鲍德继何熙为大司农。

(公元 103 年)至永初五年(公元 111 年)。廖说与孙说比较切近,而更为周备。然若依廖说,则张衡于永初五年即鲍德拜大司农之当年便被安帝征召“拜郎中”,似无确证,又与诸家认为张衡任主簿与拜郎中间有家居读书时间不合。此外,永初二年邓骘召张衡,是在张衡仍在主簿任内(依廖说),还是家居赋闲(依孙说)更为合理,也不乏疑窦。

如前所述,南阳乃东汉大郡,鲍德又是世宦之家(曾祖鲍宣,哀帝时为司隶校尉;祖鲍永官至兖州牧;父鲍昱,建初四年为太尉),治事练达,极具经世致用之才干。张衡以淡静薄俗之心,却乐受其召,为其僚属,一则缘于慕鲍德之治才与人品,他所写《绶笥铭》云“冠缨组履,文章日信”,“服其令服,鸾封艾民”,“天祚明德,大赉福仁”,“周公惟事,七涓有邻”,以颂鲍氏之德,亦非曲意谀词;二则缘于与鲍德之交甚厚,有知遇情怀,这也是张氏不应同乡权贵邓骘之召,而应鲍氏之邀的重要原因。

根据张衡的职守并参照鲍德的政绩,张氏这一段人生历程可谓是比较舒心惬意的时期,其间有几方面值得称述:第一,作为南阳郡太守的属官“主簿”,在汉代仅为掌管文书之职,马端临《文献通考》谓“古者官府皆有主簿一官,上至三公及御史府,下至九寺五监,以至郡县多置之。所职者簿书,盖曹掾之流”,可见官阶甚微。但是,张衡以“少善属文”之名闻于乡里,故其担任属于文职之主簿既是用合其人(其代鲍德作《绶笥铭》、《司徒吕公诔》又非仅属掌管文书,乃鲍德爱其文才颇加重用之例),也是命运使他不自觉地开始将文事与政事结合起来,并预示了他一生作为学者型与政治型叠合之人物的存在价值。其二,鲍德治政清平,志洁行廉,与张衡可谓意气相投,且鲍氏宰郡期间好“儒”、崇“礼”、重“教”,对张氏一生思想之影响不可忽视。张衡作于当时的《南阳文学儒林书赞》即有“南阳太守，上党鲍君，愍文学之弛废，怀儒林之陵迟，乃命匠修而新之，崇肃肃之仪，扬济济之化”的记述；而其在鲍氏逝后作《大司农鲍德诔》盛赞其“守约勤学，克劳其形。浚哲之资，日就月成。业业学徒，童蒙求我。舍厥往著，去《风》即《雅》。济济京河，实为西鲁”之政教勋绩，诚非虚誉。其三，此数年宜为张衡孜孜苦读、潜心向学的重要时期：他一方面勤于职守，协助鲍氏卓有成效地推行廉政文治，并写下了诸如《绶笥铭》、《司徒吕公诔》、《司空陈公诔》等应用文；另一方面，他致力于文史和天文、阴阳、历算的研究，既完成了如《二京赋》、《南都赋》这样的博学骋才之大赋创制，而且全面探求天文、历法、术数诸学，尤好扬雄《太玄经》，亦因其学识积累丰厚，知名度的提高，才为汉安帝“公车特征”提供了坚实的基础。

（四）家居治学

在张衡应安帝特征再次赴京师洛阳之前，应有一段归乡西鄂、家居治学时期。根据前引诸家系年，倘依“张（荫麟）传”、“陆系”、“廖文”，皆于任鲍德主簿与赴京师间根本不可能有离任家居这一过程；若依“孙谱”、“杨考”，均系永元十二年（公元100年）至永初二年（公元102年）任主簿职，则于永初二年至永初五年（公元105年）三到四年间为家居治学期。虽然“孙谱”所系张衡任主簿时间也无铁证，且颇多疏漏，但张衡在自少年出郡游学后再次返回南阳，必有无职赋闲、刻苦攻读之年岁。其理由有三：

一、张衡约于十六岁时离乡出游，依据行迹，游三辅二至三年，入京师、观太学四至五年，合七至八年时间，故“孙谱”定于永元十二年张衡二十三岁时由京师洛阳返回故里南阳，是比较合理的。而从永元十二年到张衡应特征复入京师的永初五年，其间居南阳有十一年之久，除去鲍德任职南阳太守的九年时间，确有约三年未落实，当系家居治学无疑。至于这三年在任主簿前或后，尚有商榷之余地。

二、张衡广博渊深的学问固然与其童年素养有关，并在“观太学”通五经时打下基础，但能够独立研究博奥之学，既完成“精思傅会”的《二京赋》，又“致思于天文、阴阳、历算”，“耽好《玄经》”（《后汉书》本传），并闻名遐迩，皆厚积薄发之功，此既非十六岁少年的张衡所能达到的境界，亦非无暇潜心数年于学者可堪企望，所以张氏一生学问的积累和基本成就，当在由京师归南阳的十一年间，其中包括任南阳主簿和家居治学两段历程。

三、据《明一统志》与《雍正河南通志》载，“南阳古迹”均有“平子读书台”，并谓位居“西鄂故城西”，据“孙谱”今故址仍在南阳县北之石桥镇西南鄂城寺西。此“平子读书台”究竟指其少年读书之处，还是第二次家居治学之地，抑或出于后世追仰名人之附会，难以稽考。然地方史志所载，多依长期流传之乡梓文献，作为张氏曾家居闭门读书之一旁证，故亦未可轻忽。

总之，张衡家居治学的明确时限甚难详考，但作为一个人生时段的存在，当属无疑；而此阶段的学术积累和思想建构，虽与任南阳主簿时期难以断然划割，但对他一生成就的作用，是至关重要的。

（五）官拜郎中

自汉安帝永初五年（公元105年）张衡应征入京师，约到元初元年（公元114年）的数年间为官拜郎中的时期。据范书本传，衡因“善术学”而为安帝赏识，这一则说明此时张衡在天文、历法方面已颇有成就，且著闻于世，一则又使他“拜郎中”之数年成为其居京开展学术研究的重要阶段。

关于张衡官拜郎中之本事，除见范传，则可参范书《安帝纪》的一段记载：

> （永初五年）戊戌，诏曰：“朕以不德，奉郊庙，承大业，不能兴和降善，为人祈福。灾异蜂起，寇贼纵横，夷狄猾夏，戎事不息，百姓匮乏，疲于征发。重以蝗虫滋生，害及成麦，秋稼方收，甚可悼也。……盖为政之本，莫若得人，……思得忠良正直之臣，以辅不逮。其令三公、特进、侯、中二千石、二千石、郡守、诸侯相举贤良方正，有道术、达于政化、能直言极谏之士，各一人，及至孝与众卓异者，并遣诣公车，朕将亲览焉。”

由此，可推述如下几点：

① 张氏拜郎中时间基本可确定为永初五年。

② 张氏拜郎中须有人推荐，依据其生平，推荐人当为时任大司农的鲍德。

③ 根据范书《安帝纪》所述被推荐人“有道术”、“卓异者”

和《张衡列传》“安帝雅闻衡善术学”,张氏系以道术卓异被举。

④ 由于张氏作为道术卓异而被征召,故在任职期间得以继续他的科学研究,其中包括研究《太玄》作《太玄注》、《玄图》,研究天文、历算,为稍后升迁太史令奠定了基础。

⑤ 安帝下诏求贤之动因系天灾人祸并发,目的在为国祈福、有补政事,这一方面决定于当时科学与神学、政治不可分割的整合的思维形态,一方面又促使张衡逐渐形成其立足现实、不事空谈的实践性极强的科学研究思想体系。这在他以后长期担任太史令之职的过程中得到证明。

从张衡拜郎中的史迹考虑,尚有一问题较为模糊,即“郎中”之职和与之相联系的、崔碑所载“举孝廉,为尚书侍郎”之“尚书侍郎”的关系。对此,孙谱定于安帝元初元年张衡由郎中迁尚书侍郎,并认为“郎中”、“尚书郎”、“尚书侍郎”殆“一官之三级”,其依据为蔡质《汉官典职仪式·选用》所云“尚书郎初从三署诣台试,初上台称守尚书郎中,岁满称尚书郎,三年称侍郎”。由此得出的结论是“衡之由郎中(即尚书郎中)而迁尚书侍郎,适三年也”。孙氏在颇似合理的推论中未经详考而转换了一个概念,即缩小了“郎中”内涵,直视其为“尚书郎”。[①]事实上,郎中在汉代虽为郎官之一种,居侍郎下,多为皇帝近臣,亦甚荣贵,[②]但郎中任职范围非常广泛,是不言而喻的。比

① 按:孙说有一依据,即胡广《汉官篇解诂叙》所云“(刘珍)与邑子通人郎中张平子参未定,而刘君迁为宗正卫尉,平子为尚书郎、太史令,各务其职,未暇恤也”(引自严可均《全后汉文》卷五十六)。然胡氏所述既先云“通人郎中”,继曰“尚书郎”,自有先后之异;且“尚书郎”或为“尚书侍郎”之阙,亦未可知。

② 详参黄本骥《历代职官表》及瞿蜕园《历代职官简释》“郎中”条,上海古籍出版社 1980 年版。

如有“以赀为郎”(如司马相如)、以“学术”或“异才”为郎(如张酺、贾逵、朱晖),至如应劭《汉官仪》所谓“郡国举孝廉以补三署郎,年五十以上属五官,其次分在左右署;凡有中郎、议郎、侍郎、郎中四等,无员”,即指官秩最低的“三署郎”,非“尚书郎”。又,徐坚《初学记》卷十一《职官部上·侍郎郎中员外郎第八》“故郎中侍郎之名,犹因三署本号也”下注云:“西汉言郎者,多非尚书郎,唯田蚡少为诸曹郎是也。其文帝代冯唐为郎中署长。直不疑盗同舍郎金。武帝代颜驷为郎,三世不迁;成帝时扬雄为侍郎,及诸言以赀为郎、父仕为郎,皆三署郎。至东汉犹难分,有尚书及曹名冠首者即尚书郎,直言为郎亦三署郎。魏以后即无三署郎。”廖文据此并参照范书本传仅言“拜郎中”和《后汉书·百官志》“郎中,比三百石”。《集解》谓“郎中,见质、灵、献《纪》……张衡、马融”例,断言张氏为“三署郎”。比较“三署郎”与“尚书郎”,确有权职轻重之别,然非不可逾越,应劭《汉官仪》即有由三署郎试补尚书郎的说法:“尚书郎初从三署郎选诣尚书台试,每一郎缺则试五人,先试笺奏,初入台称郎中,满岁称侍郎。”而查考《后汉书·百官志》,三署郎比三百石,尚书侍郎亦仅四百石,悬殊并不甚巨;此与张衡后任之“太史令”六百石,“侍中”比二千石相较,秩禄亦薄,故四年之间由郎中(假定即为三署郎)升迁尚书侍郎,也在情理之中。况作为同时代的胡广于其《汉官篇解诂叙》先言“通人郎中张平子”,继云“为尚书郎”,亦或正透露出迁转之迹。

在这一阶段,张衡尚有三件事值得陈述:一是约于永初六年(公元 106 年)与刘珍参议汉家礼仪,虽未定而各自迁转他职(详王隆《小学汉官篇》引胡广《叙论》),但亦说明张衡任郎中时亦参与制定东汉礼仪,并对他一生的崇“礼”思想的形成有一定影响。二是与崔瑗相交愈密，作有《与崔瑗书》(详后)，比较明确地阐述了他对《太玄》的态度和治玄的经历。三是约于永初七年作《大司农鲍德诔》，表达了他对鲍德人品、政绩的钦仰和知遇之情的感激。

(六) 初迁太史令

张衡平生历职以"太史令"最久，据孙谱考证，他自安帝元初二年(公元 115 年)到建光元年(公元 121 年)初迁太史令，以及顺帝永建元年(公元 126 年)复职太史令，再到阳嘉二年(公元 133 年)迁侍中，十余年间，均守其职；而这一阶段又正是张氏科学创造最为旺盛、科学成就最为丰硕的时期，故尤值重视。关于张衡初迁太史令的确切时间，或有不同看法①，然观其史实，亦凿凿可考。兹举数则史料如次：

> 初举孝廉，为尚书侍郎，迁太史令，实掌重黎历纪之度，亦能焞耀敦大，天明地德，光照有汉。(崔碑)
>
> 平子迁为尚书郎、太史令。(胡广《汉官篇解诂叙》)
>
> 安帝雅闻衡善术学，公车特征，拜郎中，再迁为太史令。遂乃研核阴阳，妙尽璇机之正，作浑天仪，著《灵宪》、《算罔论》，言甚详明。顺帝初，再转，复为太

① 如孙谱、杨考皆系于"元初二年"，陆系定于"元初六年"，然因诸家均未提供确证，故有较笼统地定于"元初中"，如廖文即是。

史令。(范传)

张衡性精微,有功巧艺,特留意天文,由是迁太史令。(虞世南《北堂书钞》五五“张衡留意天文”条注引《文士传》)

据此数则,虽记载颇有不同,但其为太史令之史实已昭然可睹,尤其是范传记述的两度任此职,明确将张衡任太史令分作前、后两个阶段,是基本可信的。

由于张衡尝自谓“不耻禄之不夥,而耻智之不博”(《应间》),故其为官虽久,然无心于爵位之高低、利禄之厚薄,而孜孜于学术研究,终身不倦。他初迁太史令的数年间,已表现出非凡的科学创造才能。据孙文青等依照有关史料系年,此阶段张氏于天文学有《灵宪》,于数学有《算罔论》,于堪舆学有《地形图》,于天文仪器制造有“浑天仪”等多方面的成就。尽管我认为张衡的一些重大成果(包括科学的和文学的)皆非某一阶段或数年间完成,特别是天文学之成就实很难将其两任太史令之贡献予以分割,而宜视为终身成就,但张氏初迁太史令作为他学术成就的重要转捩点和新的发展起点,是理应关注的。

依据史料,张衡是因善天文、阴阳、术数而拜郎中,而迁太史令,然从学术之发展来看,张氏毕生的科学成就又与他担任太史令之职因缘深密。考太史令之职守,推扩而论,渊源甚久,殷商之巫史,即兼有天象、星历、巫术、记史、医药诸任,而至姬周人文兴盛,学归史官,老聃为宫廷“守藏室之史”(《史记·老子韩非列传》),即掌管周室图书。至秦汉为太史令之职,秦有胡毋敬居之,西汉则以司马谈、迁父子世居其职最著。按太史令居在史职,尤多天文、星历、卜占诸学,故史迁有“文史星历,近乎卜祝之间，固主上所戏弄，倡优所畜”(《报任少卿书》)之叹；然典籍之博之重，亦无过太史之掌[①]。东汉太史令固较远于史职，更以天文、星历为主，然职掌仍极为广泛。其职《后汉书·百官志》列“太常”系，总属“掌礼仪祭祀”；而“太史令一人，六百石”，“掌天时、星历。凡岁将终，奏新年历。凡国祭祀、丧、娶之事，掌奏良日及时节禁忌。凡国有瑞应、灾异，掌记之”。刘昭注引《汉官仪》：“太史待诏三十七人，其六人治历，三人龟卜，三人庐宅，四人日时，三人《易》筮，二人典禳，九人籍氏、许氏、典昌氏，各三人，嘉法、请雨、解事各二人，医一人。”综此可知，张衡之所以科学成就卓异于世，学识广博称著于时，实际上很大程度决定于他长时间担任太史令的职务。胪举其要，有以下几方面值得提出：

首先，张氏科学成就之广泛，特别是天文、星历、术算之贡献，皆与其职守相关。

其二，张氏崇“礼”的思想也与太史令总属“太常”系之“掌礼仪祭祀”有关，且其职守本身即内涵“国之祭祀、丧、娶之事”。

其三，张氏信奉科学，然好谈灾异，且于卦候、九宫、风角、卜占皆有研究，实亦其职责范围之内，似不足怪。

---

① 据《汉书·宣元六王传》：“东平思王孚来朝，上书求诸子、太史公书。王凤言：‘诸子书或反经术，非圣人；或明鬼神，信物怪；太史公书有战国纵横权谲之谋，汉兴之初，谋臣奇策，天官灾异，地形阨塞；皆不宜在诸侯王，不可予。’”吕思勉《秦汉史》第十九章《秦汉学术》第五节《史学》“按语”谓：“谈、迁之书无地理志，则凤所言乃太史之官之藏书，而非《艺文志》所著录之《太史公书》也。《太史公自序》言为太史令，细史记金匮石室之书，《史记》正凤所谓战国纵横权谲之谋，汉初谋臣奇策；金匮石室之书，则凤所言天官灾异，地形阨塞者也。”甚是。

其四，张氏重史，好《周官》之学，且后来有上表求合正三史事（详《后汉书》本传），亦与他久居“史职”有一定联系。

其五，张氏学术不泥于经学一途，兼好儒、墨、老、庄诸子之学，当与汉世太史令所掌图书丰富，且内多诸子有关。其中好道家之学与老聃曾任“柱下史”之渊源（后张衡有《与特进书》即有“蓬莱，太史之秘府，道家所贵”之说），好墨家之学（如《思玄赋》谓“殴儒、墨而为禽”）与好为机械制造之关连，尤耐人寻味。

其六，张氏学贵“天文”，兼好“地理”，如因地震之灾造“地动仪”，即为明证；然其于天学集浑天之成，理论卓绝，于地学鲜有理论建树，刘昭《后汉书注补志序》论曰“至于永平，执简东观，纪传虽显，书志未闻。推检旧记，先有地理，张衡欲存炳发，未有成功。《灵宪》精远，天文已焕”，或亦与其后长期担任之太史令职守不含地学有关。

（七）转任公车司马令

在张衡两任太史令之间，范传有“自去史职，五载乃还”的记载；崔碑虽无两任太史令的记录，但却明谓继太史令后迁“公车司马令”，据此，历世学者基本形成张氏继初迁太史令后转任公车司马令这一共识。如孙谱系安帝建光元年（公元121年）至顺帝永建元年（公元126年）为张氏任公车司马令的时期。其理由除上述崔碑、范传的载录，孙氏尚寻出一些其它蛛丝马迹以证其实，其中张衡作于建光元年《与特进书》即为一例。考张衡离史职期间，称“特进”者当指邓骘。据范书《安帝纪》与《邓禹传》附《骘传》：骘妹为和帝皇后，殇帝立，尊为太后听政，延平元年拜骘车骑将军；安帝永初元年（公元107年）封骘上蔡侯。是年六月奉诏讨羌，次年正月为羌人所败，十一月拜大将军征还。永初四年骘母新野君病，骘请侍疾；十月母薨，罢归护丧。后还朝受前封，骘固让乃止，建光元年三月太后（即骘妹）崩，未及大敛，帝复前命封骘上蔡侯，位特进。五月因谗免，寻自杀（不食死）。关于张衡上邓骘书有几点值得注意：其一，张氏居南阳时，邓骘为大将军，虽累召不应，但奇其才诚为事实，二人交往自有渊源。其二，张氏与邓骘为同乡，居京后自宜有来往，其时骘自太后过世虽权力衰落，然身为特进，名望地位仍应很高，张氏所求，也颇合理。其三，邓骘居特进时间仅建光元年三月（太后崩）至五月间（邓骘死），衡之上书定于此时当无疑义。其四，张氏此书已残，现仅存四则（《北堂书钞》一则、《文选》三则），其从《北堂书钞》所辑录之"蓬莱，太史之秘府，道家所贵。衡再得当之，窃为幸矣"一则，可见张氏很不情愿离开太史令之职，并表达了对恢复其职的希冀。这可视为张氏是年离开史职的重要证据。

但是，在此阶段，尚有两件事引起此间任职问题的疑点：一是史载张衡与周兴讨论有关汉世律历之事；二是张衡作《东巡诰》之事。关于前者，见《后汉书·律历志》："安帝延光二年，尚书郎张衡、周兴皆能历。"如果据此，则张衡离史职后宜为"尚书郎"，与孙谱所系龃龉，故孙谱在编系这段史事时据崔碑"为尚书郎，迁太史令。掌重黎历纪之度，迁公车司马令"的顺序，认为《律历志》"乃误以前官称也"。而考诸公车司马令之职，《汉书·百官公卿表》："卫尉所属，有公车司马令及丞。"颜师古注引《汉官仪》："掌殿司马门，夜徼宫中，天下上事及阙下凡所征召皆总领之，令秩六百石。"

又《后汉书·百官志》:“六百石。本注曰:掌宫南阙门,凡吏民上章,四方贡献,及征诣公车者。”据此可见,司马门乃宫城外门,其职自属外官,为汉代宫门的传达官员。所以孙谱对照张衡永建元年上顺帝封事中有云“臣处外官,不知其审”与其“阳嘉元年”《论贡举疏》有“臣每受诏盛化门,差次录第”语,认为衡此间正掌宫南阙门,总领天下征召之事,延光二年仍是公车司马令,而非尚书郎。然孙氏驳《律历志》之非数条亦无确证,如谓张衡阳嘉元年上《论贡举疏》值得商榷(详本章第二节),而尚书郎之职与衡之上封事所云“臣处外官,不知其审”的“外官”实非完全抵触。考尚书郎之职,虽属内朝之官①,然据《后汉书·百官志》,西汉成帝时尚书分“四曹”:“常侍曹尚书主公卿事;二千石曹尚书主郡国二千石事;民曹尚书主凡吏上书事;客曹尚书主外国夷狄事。”至东汉“世祖承遵,后分二千石曹,又分客曹为南北客曹,凡六曹”。其中“二千石曹”、“客曹”谓之“外官”,当或不谬。

另一事即张衡作《东巡诰》问题。《东巡诰》开篇即云:“惟二月初吉,帝将狩于岱岳,展义省方,观民设教。戊寅(诸本作“丙寅”,从张校改)朏,率群宾,备法驾,以祖于东门;乙酉,观礼于鲁而休齐焉;己丑,届于灵宫。是日也,有凤双集于台。壬辰,祀上帝于明堂。”考《后汉书·安帝纪》延光“三年春二月丙子,东巡狩。……辛卯,幸太山,柴告岱宗。……(三月)戊戌,祀孔子及七十二弟子于阙里,……还,幸东平,至东郡,历魏

① 按:尚书郎属“少府系”,公车司马令属“卫尉系”,太史令属“太常系”,分属职守亦多有不同。

郡、河内。壬戌，车驾还京师，幸太学。”此次安帝东巡自二月到三月间，计历时四十七天，张衡兹文作于此时，应无争议。唯据《后汉书·百官志》，尚书侍郎主起草文书，刘勰《文心雕龙·诏策》“两汉诏诰，职在尚书”，公车司马令倘非其职，抑或张氏此时果为尚书侍郎（尚书郎）？于是又有一种可能，即张衡于安帝建光元年至延光元年为公车司马令（按：此据崔碑）；延光二年至元光四年为尚书侍郎（以兼顾《后汉书·律历志》与张氏作《东巡诰》）；顺帝永建元年（公元126年）复为太史令[①]。此说虽亦多推测，然较能兼顾，视他说为优。然无论张氏这一阶段历职如何复杂，根据他的《与特进书》和《应间》所述，诚为其居京为官最拂己意、亦最乖性情的时期，五年复太史令之职，当与他的主观愿望和努力有关。

（八）复职太史令

张衡自顺帝永建元年（公元126年）复太史令任，至顺帝阳嘉二年（公元133年）迁侍中，历职数年，勤守所事，使此阶段成为他生平又一科学创造的旺盛期。而从他受安帝特征入宫廷任职，至此时间已久，故因其亲历、亲闻，使之对东汉自和、安、顺以来经济萧条、政治窳败有了较多的了解，所以在这数年间，张衡的政治改良思想亦趋成熟。

对这一阶段的思想发展趋向，张衡本人在初复太史令的永建元年即创作的设论体文《应间》中就有了清晰的阐述。《后

① 参见廖国栋《张衡生平及其赋之研究》第二章第二节“延光三年”考证。

汉书》本传载:“顺帝初,再转,复为太史令。衡不慕当世,所居之官,辄积年不徙。自去史职,五载复还,乃设客问,作《应间》以见其志云。”观张氏《应间序》即云:“观者观余去史官五载而复还,非进取之势也。唯衡内识利钝,操心不改,或不我知者,以为失志矣,用为间余。余应之以时有遇否,性命难求,因兹以露余诚焉,名之《应间》云。”而从范传之记录与《应间》一文的创作,可说明三个事实和透露两点信息。所谓三个事实,即第一,张氏两任太史令的史实和这一任职与他本人的主观愿望相符,故在二度任职太史令期间之成就较任公车司马令时明显突出。第二,张氏入京师后历职官爵均在四百石、六百石之间,而太史令、公车司马令皆为六百石,故他复任太史令,范传谓之“积年不徙”,时人亦嘲其“非进取之势”,“以为失志”。第三,张氏虽然仕途未达,积年不徙,但他对世人不屑的态度,却能泰然处之,所以虽然在《应间》中也不乏借题发挥的怨愤,可是他所表白的“不患位之不尊,而患德之不崇;不耻禄之不夥,而耻智之不博”,诚为其从容淡静之学者本性的真率表现。由此又透露出两点信息,堪称贯穿这一时期的思想发展之线路:

一是“患德”而不“患位”,使他作为一位清廉的官吏与正直的士人,对当时的政治充满了忧患,并表达了改良的思想。如他在《应间》中发表的历史治乱观,在因自然灾害《上顺帝封事》所提出的恤民主张,在对当时“政事渐损,权移于下”(《后汉书》本传)之现象而《上陈事疏》表达的忧患意识和改良建议,在针对政治与学术领域中谶纬神学甚嚣尘上的局面,上《驳图谶疏》抨击其虚妄思潮等思想学术建树中,均从不同角度明确表现了他这一时期政治改良观的成熟。

二是不“耻禄”而“耻智”,使他作为一位献身科技事业的专职的官吏和清明的学者。他在这一阶段进一步发扬其科学创造思想与科技实证精神，继初任太史令时已开展的天文、历法研究而做出新贡献，特别是缘于其时地震频仍对国计民生造成的灾难性的现实，首创制成"候风地动仪"，其性能也很快就得到了科学的证明。

（九）忧患侍中职

从张衡长期居京任职的情况来看，他虽爵禄不高，且积年未徙，但却一方面勤黾奉公，恪尽职守，一方面在致力于科学研究的同时，亦忧国忧民，关心王朝的政治命运，因受到汉顺帝刘保的重视，故于阳嘉二年（公元 133 年）于太史令任上迁升侍中之职[①]，得侍左右，参议枢密。

考侍中之职，在汉为宫内近侍官，伺应皇帝左右，然多为特任加官，与闻朝政，故张衡时当以史职加任侍中。然侍中因接近帝王，在西汉权力颇重，中兴以后，则有变化，据《后汉书·百官志》"侍中，比二千石。本注曰：无员。掌侍左右，赞导众事，顾问应对。……本有仆射一人，中兴转为祭酒，或置或否"。刘昭注补引蔡质《汉仪》："侍中、常伯，选旧儒高德，博学渊懿。仰占俯视，切问近对，喻旨公卿，上

① 关于张衡迁侍中的时间，崔碑仅谓"又迁侍中"，范传亦仅继衡阳嘉中造候风地动仪以及上疏陈事、上反图谶书谓"后迁侍中"，言其事未明其时。孙谱据引《张河间集》中《论举孝廉疏》注语"汝南谢廉、河南赵建，年始十二，各能通经。尚书令左雄并奏拜童子郎。自是负书来学，云集京师，侍中张衡上疏"，并考范书《顺帝纪》、《左雄传》有关阳嘉元年诏郡国举孝廉、阳嘉二年京师地震等具体事件，考定衡迁侍中当在阳嘉二年六月之前，言之有据，当从之。

殿称制，参乘佩玺秉剑。……又侍中旧与中官俱止禁中，武帝时，侍中莽何罗挟刀谋逆，由是侍中出禁外，有事乃入，毕即出。王莽秉政，侍中复入，与中官共止。章帝元和中，侍中郭举与后宫通，拔佩刀惊上，举伏诛，侍中由是复出外。”根据侍中职守看张衡这一时期的人生行事和思想历程，可以看出这样几个步骤：

第一步，张衡是因长期任职、忠于职守，且博学渊懿、德望甚高，顺帝方使之加职迁升而为侍中的。从顺帝的角度来看，他加职侍中予张衡，一则是作为表其恩泽使之得到一种较高的荣誉，一则又因他本人即因为宦官扶植登基，故多受其牵制和蒙蔽，所以也很需要一些端直之臣的进谏与襄助。从张衡的角度来看，他所获得的在当时只是一个荣誉较高的闲职，但出于其尽职的本性和正直的性格，他于任职期间确实在履行其顾问应对，参讽左右的职责。

第二步，由于张衡尽忠职守，参与政事，所以这一阶段的思想和行为突出表现在继续他的政治改良主张，而于学术却无特殊建树。考此间张氏学术思想，仅有三点：一是阳嘉三年上疏请事东观，收检遗文，事见范传：“永初中，谒者仆射刘珍、校书郎刘騊駼等著作东观，撰集《汉记》，因定汉家礼仪，上言请衡参论其事。会并卒。而衡常叹息，欲终成之。及为侍中，上疏请得专事东观，收检遗文，毕力补缀。”二是上表求合正三史（三史指司马迁《史记》、班固《汉书》与刘珍等撰集未成之《汉记》），事同见范传：“又条上司马迁、班固所叙与典籍不合者十余事。又以为王莽本传但应载篡事而已，至于编年月，记灾祥，宜为《元后本纪》。又更始居位，人无异望，光武初为其将，然后即真，宜以更始之号建于光武之初。书数上，竟不听。”三是范传所云：“著《周官训诂》”，此书虽不传，然作于侍中任上则见胡广《汉官解诂叙》“平子为侍中，典校书，方作《周官解说》”的记载。综此可见，三事均为史职所为，其或无成，或无传，故对他一生学术成就影响不大；而从范传所述，亦可窥破张氏欲返史职作具体研究的心迹。

第三步，正因为张衡居侍中常在帝座之侧参议政事，也就必然引起当时操弄权柄的最腐败的政治集团宦官之怀疑与排斥，加上东汉中官居内而侍中“有事乃入，毕即出”的制度，其日久中谗势不可免，于是在尽职与生存之间，张氏陷入矛盾与苦闷，最终选择了屈势以求生的悲哀之途。对此，范传记云：“后迁侍中，帝引在帷幄，讽议左右。尝问衡天下所疾恶者。宦官惧其毁己，皆共目之。衡乃诡对而出。阉竖恐终为其患，遂共谗之。衡常思图身之事，以为吉凶倚伏，幽微难明，乃作《思玄赋》，以宣寄情志。”由此可窥一斑。

可以说，张衡正是在极度矛盾的心态中度过了他的侍中生涯，直到永和元年在宦官的猜忌与排斥下出为河间相。

（十）凄凉河间相

继忧患的侍中职任，张衡因受宦官的挤斥于“永和初，出为河间相”（《后汉书》本传），迨至永和三年（公元 138 年）因其“上书乞骸骨，征拜尚书”（同前）返回京城，又度过了三年凄凉的外放生涯。而此间张氏的生存状态和思想情绪，《文选》张平子《四愁诗序》（按：此序为后人所加，非衡之作）有段剖白：

> 张衡不乐久处机密，阳嘉中[①]出为河间相。时国王骄奢，不遵法度，又多豪右并兼之家。衡下车，治威严，能内察属县，奸滑行巧劫，皆密知名，下吏收捕，尽服擒。诸豪侠游客悉惶惧逃出境。郡中大治，争讼息，狱无系囚。时天下渐弊，郁郁不得志，为《四愁诗》。

由这段记录，可以看出张衡任河间相时仍处于他一生（尤其是晚年）巨大的思想矛盾之中。即一方面仍以一位清廉官吏的面目恪守其职，范传载衡任河间相期间“国王（刘政）骄奢，不遵典宪；又多豪右，共为不轨。衡下车，治威严，整法度，阴知奸党名姓，一时收禽，上下肃然，称为政理”，足见其崇礼重法，治理有方的效绩。另一方面，他因久历宦海，并亲睹东汉政事之衰，且迭遭打击，晚年羁延邦国，苦闷有加，故在仕与隐、抗争与退避的矛盾中最终选择了后者；他在这一时期创作《四愁诗》、《怨篇》表现出的幽怨情怀，《归田赋》倡扬的“苟纵心于物外，安知荣辱之所如”的超脱和《髑髅赋》内含的虚无意识，是为佐证。

张衡在刘政封地河间视事三年，于永和三年（公元 138 年）上书乞骸骨，恩准还朝，征拜尚书。翌年（即永和四年，公元 139 年），张衡在郁闷与凄凉的晚年心境中卒于尚书任上，终年六十二岁（见范传）。后归葬家乡南阳西鄂，有碑在“墓之东侧”（见后魏郦道元

---

① 按：《文选》张平子《四愁诗》李善注：“永和初，出为河间相，而云阳嘉中，误也。”

《水经注·淯水》)①。

二、著述考辨

作为通才,张衡学术涉及范围极广,除了创制浑天仪、地动仪及其它木器机械外,见诸文字的著述亦博且富,只因流传时久,亡佚严重,所存不多。尽管如此,我们还是可以在今留存不多的文献资料中,探考出张衡的主要思想成就。

(一)著录与整理

有关张衡的著述目录,自范传有"衡乃拟班固《两都》作《二京赋》,因以讽谏"、"著《灵宪》、《算罔论》,言甚详明"、"作《应间》以见其志"、"作《思玄赋》"、"著《周官训诂》,崔

① 关于张衡之墓与墓碑,历代方志载之甚详:明《一统志》卷三十:"张衡墓在南阳县界东北石桥保。有崔瑗所作碑,断石仅存。"清康熙《南阳府志》:"张衡宅在府城北,西鄂城东,其址尚存。西南四里有墓。又有平子读书台。"雍正《河南通志》卷四十九:"张衡墓在府城东北石桥保。"嘉庆《重修大清一统志》:"张衡墓在南阳县北。"光绪《新修南阳县志》:"张衡墓在县北五十里石桥镇西南。墓久堙,明嘉靖中县人周纪重封筑之。"又,明人叶珠《记略》云:"先是朝廷诏求公之墓,卒不可得。岁癸亥(明世宗嘉靖42年,公元1563年)春,吾友周子纪者……与弟纲延访父老得其遗址,用价以归其冢地而修筑之。"由此可见,明代张衡墓已堙没,赖邑人访寻修筑而成,故今墓已恐非原址。按:张衡墓碑原有崔瑗与晋夏侯湛二块并立,元魏时二碑并存。后湛碑堙没,崔碑亦断为二:前段堙南阳县署,后段没向城之野。宋真、仁朝出土,徽宗世后段残碑复出南阳。(事见欧阳修《集古录》、赵明诚《金石录》)其后因墓堙没,石亦不闻。至明嘉靖年间始重封。

瑷以为不能有异于诸儒也。又欲继孔子《易》说《彖》《象》残书者，竟不能就。所著诗、赋、铭、七言、《灵宪》、《应间》、《七辩》、《巡诰》、《悬图》凡三十二篇”的记载，后代史书著录虽或详疏异同，却历世未绝[①]。其中除了一些旧录属于“经”部“子”部的论著外，张衡的主要作品仍在“集”部。而对张氏文集的著录与整理，在范传所述“所著诗、赋……凡三十二篇”后，主要有：

《隋书·经籍志》集部“别集类”：“后汉河间《张衡集》十一卷”；注：“梁十二卷，又一本十四卷。”

《旧唐书·经籍志》丁部“别集类”：“《张衡集》十卷”（《新唐书·艺文志》同）。

郑樵《通志·艺文略》集部“别集类”：“河间相《张衡集》十一卷。”

王应麟《玉海》汉“别集类”：“《张衡集》十一卷”；注：“梁十二卷，又一本十四卷，唐十卷。”

《宋史·艺文志》集部“别集类”：“《张衡集》六卷。”

据此，《张衡集》在梁时有“十二卷”、“十四卷”两种，依《隋志》至唐有“十一卷”，宋人郑樵、王应麟皆沿其目，而实际上五代、

① 按：历代著录张衡著作者史书甚多，举要有：《隋书·经籍志》、《旧唐书·经籍志》、《新唐书·艺文志》、《太平御览》，《通志·艺文略》、《玉海》、《宋史·艺文志》、洪颐煊《经典集林》、马国翰《玉函山房辑佚书》、钱大昭补《续汉书·艺文志》、侯康补《后汉书·艺文志》、曾朴《补后汉书·艺文志》、姚振宗《后汉艺文志》等。

宋初已存"十卷"，乃为旧、新《唐志》载录，到《宋志》著录"六卷"，又为宋、元沿传情形，至此《张衡集》不复见录。①

其后，明人张溥经广泛采集，辑成《张河间集》二卷，计录诗三首，文四十一篇（含残篇）②。清人严可均《全上古三代秦汉三国六朝文》之《全后汉文》卷五二至五五亦辑有《张衡文》四卷，计三十八篇。严辑较张辑有几点不同：第一，严辑仅收文，不收诗。第二，严辑收文较张辑更全，然篇目反而少，实省并之故（如张辑《与崔瑗书》两篇，《与特进书》四则，《司徒陈公诔》二篇，严辑均合为一目）。第三，严辑较张辑少目四篇，分别为《周天大象赋》、《水灾对策》、《请专事东观收检遗文表》、《灵应》。按：严氏以《周天大象赋》非衡赋不录；《水灾对策》严辑附于《阳嘉二年京师地震对策》之后；《请专事东观收检遗文表》严辑附于《表求合正三史》之后；张辑《灵应》即"昆仑东南，有赤县之州，风雨有时，寒暑有节。苟非此土，南则多暑，北则多

① 《后汉书·张衡列传》章怀太子注多引《衡集》，未知所本，据《隋志》著录，或为南朝梁二本之一。又，继《宋书·艺文志》著录衡集六卷，清人如钱大昭补《续汉书·艺文志》集部有"《张衡集》十一卷；有诗、赋、铭、七言、《应间》、《七辩》、《巡诰》、《悬图》，凡三十二篇"的著录，显系杂取《隋志》和《范传》。

② 张溥辑《张河间集》目录：卷之一："赋"：《西京赋》（薛综注）（按；《西京赋》下当有《东京赋》）。卷之二："赋"：《南都赋》、《周天大象赋》、《温泉赋》、《羽猎赋》、《思玄赋》、《归田赋》、《定情赋》、《扇赋》、《观舞赋》、《冢赋》、《髑髅赋》；"诰"：《东巡诰》；"疏"：《大疫上疏》、《陈事疏》、《驳图谶疏》、《论贡举疏》、《论举孝廉疏》；"策"：《水灾对策》；"表"：《求合正三史表》、《日蚀上表》、《请专事东观收检遗文表》；"书"：《与崔瑗书》两篇、《与特进书》四则；"七"：《七辩》；"设难"：《应间》、《应间序》；"议"：《历议》；"说"：《浑仪》、《灵宪》、《灵应》；"铭"：《绶笥铭》、（有引）；"赞"：《南阳文学儒林书赞》；"诔"：《大司农鲍德诔》、《司徒吕公诔》、《司徒陈公诔》二篇；"乐府"：《怨篇》、《同声歌》；"诗"：《四愁诗》。

寒，东则多风，西则多阴，故圣王不处焉”数句，严辑亦归于《灵宪》文中。第四，严辑较张辑多四篇目，分别为《鸿赋序》、《阳嘉二年京师地震对策》、《奏事》、《条上司马迁班固所叙不合事》。按：严辑《鸿赋序》据《太平御览》九百十九补；《阳嘉二年京师地震对策》与《论举孝廉疏》文意有重复，或疑为一篇；《奏事》辑自《初学记》二、《太平御览》十二，仅存八字；《条上司马迁班固所叙不合事》中有两则张辑附于《求合正三史表》内。张衡诗的辑录，具见明人冯惟讷《古诗纪》、清人丁福保《全汉诗》与近人逯钦立《先秦汉魏晋南北朝诗》。逯氏于张诗辑目九篇，较张辑多出残篇六目。今人张震泽《张衡诗文集校注》计辑张诗五篇（含残句），辑张文三十一目（《二京赋》合目）。于诗，张校以逯辑为底本，较张辑多“歌”、“残句”两目，前辑自《太平御览》二十（“歌”四句，前二句亦见《北堂书钞》一五四），后辑自《文选》卷二十四嵇康《赠秀才入军》李善注，皆从逯辑补。然逯辑尚有四目（三“歌”一“叹”），分别系《思玄赋》、《东巡诰》、《舞赋》、《定情赋》中插歌之词，故张校所辑已见诸文，不复别录，于文，张校以严辑为底本，然亦参照张辑而定，如从严辑不录《周天大象赋》，补录《鸿赋》（并序），将张辑《水灾对策》归附《阳嘉二年京师地震对策》后；另从张辑仍将严辑另立的《条上司马迁班固所叙不合事》中两条文字列于《求合正三史表》中。此外，张校也有异于张辑、严辑处，如因收文学作品，对张衡天文论著如《灵宪》、《浑仪图注》、《漏天转浑天仪注》、《玄图》不收（至于《历议》不应作衡文，故未录）；另，张辑、严辑皆著录成篇的《论举孝廉疏》，张校亦附见《阳嘉二年京师地震对策》。至于文章标题，诸本或异，观张校也是多从严辑[①]。

根据诸家之著录整理，张衡所存文字主要可分为“政史”、“文学”、“科技”三方面，兹依类作梳理与考辨。

（二）政史类

张衡因久职宫廷，对时政颇多关注，今存《上顺帝封事》、《上陈事疏》、《论贡举疏》、《请禁绝图谶疏》、《阳嘉二年京师地震对策》、《日蚀上表》，皆或因事、或因灾发表他对当世政治见解[②]。也因为张衡久居史职，所以他对史籍与史学亦有自己的见解，如衡集中《上疏请专事东观收检遗文》、《表求合正三史》、《条上司马迁班固所叙不合事》，以及仅存目而无书的《周官训诂》（旧籍皆列目“经部”，实亦为史学研究著作）[③]，皆

---

① 如张辑之《观舞赋》、《大疫上疏》、《陈事疏》、《驳图谶疏》，严辑、张校均依次作《舞赋》、《上顺帝封事》、《上陈事疏》、《请禁绝图谶疏》。笔者引录从后者。

② 按：凡本节所及诸文之本事与内容，均详见本书有关张衡思想研究之诸章，此处仅列目和考辨其真伪。

③ 《周官训诂》或称《周官解说》。如胡广《汉官解诂叙》：“平子为侍中，典校书，方作《周官解说》。”范传：“著《周官训诂》，崔瑗以为不能有异于诸儒也。”刘昭注《后汉书·百官志》：“顺帝时，平子为侍中，典校书，方作《周官解说》。乃欲以（汉）次述汉事，会复迁河间相，遂莫能立也。”《北堂书钞》卷五十八引《文士传》：“拜侍中，恒居帷幄，从容讽议，拾遗左右，校秘书，作《周官解说》。”此书因佚，《隋志》以下均未著录；后钱大昭《补续汉书艺文志》“经部”、侯康《补后汉书艺文志》“经类”及光绪《新修南阳县志》“艺文类”亦依范书仅存其目。唯侯氏又说明书名之异云：“张衡《周官训诂》，据刘昭《百官志》序注‘平子为侍中时所作也。’书名作‘《周官解说》’，与本传不合。”按：刘昭《百官志》注引即胡广之说。

史籍所录张氏于史学的成绩。在张氏政史类的作品中，诸家基本没有异说，唯《论贡举疏》一文作者之真伪归属，尚需一议。

《论贡举疏》冠以张衡之名立目，始见唐人杜佑《通典》卷十六所引，继后引作张衡之作者多无置疑，如清人王芑孙《读赋卮言·试赋》讨论试赋始何时即引“书画辞赋，当代博奕，以此取士，诸生竞利”数语，前冠“张衡上疏曰”云，且据此认为“疑东汉时或已有试赋之事”。张辑、严辑以及近年出版的张校，皆未置疑词予以收录。孙文青治张衡年谱，于其生平、著述考论极勤，并确认此文作于顺帝阳嘉元年。其理由与依据是下列几则资料：一，《后汉书·顺帝纪》有永建六年（公元131年）九月“辛巳缮起太学”、阳嘉元年（公元132年）七月“丙辰，以太学新成，试明经下第者补弟子，增甲、乙科员各十人。除郡国耆儒九十人补郎、舍人”的记载。二，《后汉书集解》惠栋引郭延生《述征记》：“太学在国学东二百步。学堂里有大学赞碑记曰：‘建武二十七年立太学堂，永建六年制下府缮治，并立诸生房舍千余间。阳嘉元年毕刊于碑。有太尉庞参、司徒刘琦、太常孔扶、将作大匠胡广答制。’”三，《后汉书·顺帝纪》载顺帝即位当年，即“诏公卿、郡守、国相，举贤良方正、能直言极谏之士各一人”之举。由此三则文献，孙谱对照《论贡举疏》中“陛下即位之初，先访经术，听政余日，观省篇章”、“臣每受诏于盛化门差次录第”以及“昔孝宣会诸儒于石渠，章帝集学士于白虎，通经释义，其事优大”诸语，推断是文系张衡作于阳嘉元年（孙氏是推其作年，于作者并无怀疑，故未作考论）。其后对张衡诗文作系年考定的诸家，均从孙说。而根据孙谱所举文献，要在以顺帝好儒重经和阳嘉元年诏试明经两条以论证张衡于是年上疏之可靠性。然有一则基本材料为诸家忽略，即范书在《蔡邕列传》中全文引录其《上封事陈政要七事》之“第五事”与后人辑录的张衡《论贡举疏》文字意思全然相同，[①]所以此《疏》属张或蔡，乃成一大疑问。对此问题，目前虽难有铁证定案，但相较而言，我认为依据现有文献和东汉思潮的衍化情形，将其视为张氏所作，理由尤不充分。试辨析如次：

首先，从范书在“蔡传”收录此文而反于“张传”付诸阙如，可见视为张文值得怀疑。理由是：一，范书早于最先将此文归属张衡的《通典》，后世张辑、严辑沿承杜佑而无视范晔[②]，生此龃龉。二，范书于列传载录传主文章，极为审慎，所录尤重于传主一生行事之要者（此详本书第八章），故其于“蔡传”中叙述蔡邕愤世道之败坏（包括贡举）上疏陈议，而全录此段文字，岂能视而无睹？三，范书于“蔡传”引录此段文字属“七事”中之一事，与其它六事构成整体，似难断割；倘若蔡氏系引述张氏前论，范书张、蔡两传次序相邻（中间仅隔马融），也不可能毫无交待。

其次，从张衡对时政的思想态度来看，将此视为张文，于理亦不尽合适。理由是：一，张衡所关心的时事，主要是政治腐败、佞邪（特别是宦官）当道，权移于下，故上疏论政事或灾异，要在警示帝王归返于礼制清明之道，很少见有类似《论贡举疏》有关经学与辞赋的大小之辩。二，虽然张衡也曾论及贡举诸事，如袁宏《后汉纪》十八所录张衡“自初举孝廉，迄今二百

---

① 按：今见张、蔡二文，仅个别字句略有不同：如文首署名张文者为“古者以贤取士，诸侯岁贡，孝武之代……”，署名蔡文者为“古者取士，必使诸侯岁贡，孝武之世……”；文尾张文为“君子故当致其大者远者也”，蔡文仅少末三字“远者也”而已。

② 按：张辑、严辑均并收张、蔡两文，而未作任何辨析。

岁矣，皆先孝行，行有余力，始及文法”一段文字①，但他所重在孝行，而不是好儒术、重经义，因为他反对当时举孝廉所重的“文法”，正是“能宣章句奏案为限”的章句之儒，以至出现“虽有至孝，犹不应科，此弃本而就末”的结果。对照前引《论贡举疏》之重经思想，自多差异。三，搜检张衡文章，从无明确反对技艺与辞赋的言论，相反在《应间》中却面对世人责其不明大道、不求仕进而习其“孤技”，进行针锋相对的辩解，这与《论贡举疏》中极诋“聊以游艺，当代博奕”也不甚吻合。与之相比，将其视为一贯以“求正定《六经》文字”(《后汉书》本传)为己任，始终反对“智者骋诈，辩者驰说”、“据巧蹈机，以忘其危”、“条去干而枯，女冶容而淫”的蔡邕所作，或更恰当。

再者，从《论贡举疏》所述内容，也与张衡所处之顺帝时期不合，而同蔡邕所处的灵帝时代切近。理由是：一，顺帝时贡举之矛盾要在名实不符，却无经义与书画辞赋的冲突，而《论贡举疏》所云主要内容，正与汉灵帝光和元年“始置鸿都门学生”(《后汉书·灵帝纪》)事实相符②。二，《论贡举疏》所述与顺帝阳嘉诏举经术无相似处，而与蔡邕上疏“七事”所针对的“鸿都门学”完全相同。试作对比：

夫书画辞赋，才之小者，匡国理政，未能有焉。陛下即位之初，先访经术，听政余日，观省篇章，聊以游

① 引自衡集《阳嘉二年京师地震对策》。又，张辑、严辑另有《论举孝廉疏》，同源自袁宏《后汉纪》十八，两段文字意同，后者殆删自前者而成，故张校将后者归附于前文。

② 《后汉书·灵帝纪》李贤注：“鸿都，门名也，于内置学。时其中诸生，皆敕州、郡、三公举召能为尺牍辞赋及工书鸟篆者相课试，至千人焉。”

> 艺，当代博奕，非以教化取士之本。而诸生竞利，作者鼎沸。其高者颇引古训风喻之言，下则连偈俗语，有类俳优。(《论贡举疏》，亦即蔡邕《上封事陈政要七事》之五)

> 初，帝好学，自造《皇羲篇》五十章，因引诸生能为文赋者。本颇以经学相招，后诸为尺牍及工书鸟篆者，皆加引召，遂至数十人。侍中祭酒乐松、贾护，多引无行趣艺之徒，并待制鸿都门下。(《后汉书·蔡邕列传》)

按：孙谱以《论贡举疏》中“陛下即位之初，先访经术”与范书《顺帝纪》相印为一例证①，倘我们对照上引两段话，其与灵帝事迹亦符；且再对比顺、灵二帝所好，史籍所载，凿凿可考，自不复赘。三，因风会所致，倘视此文为张衡作于顺帝时，当有时人同类奏疏相佐证，寻查史籍，殊无其例。相反，视为蔡邕作于灵帝时，则例证亦多，如杨赐在灵帝熹平年间即有“鸿都门下，招会群小，造作赋说，以虫篆小技见宠于时”(《后汉书·杨震列传》附《赐传》)的慨叹。

其四，据严辑所引，以此为张文始于杜氏《通典》，而引为蔡《疏》中一节则依据有《蔡邕集》、《艺文类聚》、《太平御览》。考《隋书·经籍志》有“后汉左中郎将《蔡邕集》十二卷”；注云：

---

① 按：孙谱尚有一例证以此疏为张衡作于阳嘉元年，即文中有“臣每受诏于盛化门”语，与其供职帝王之侧符应。然观蔡邕生平，亦常侍帝侧，《后汉书·杨赐传》即有帝“引赐及议郎蔡邕等人金商门崇德署”诸事，故以此为证，亦难坐实。

"梁有二十卷,录一卷"。可见蔡集梁世即有二十卷,至唐初又为十二卷行世,其较归属张文仅依《通典》,更为可靠。

合此数端,将该《疏》文归属张衡,似嫌武断。

(三)科 技 类

张衡早岁即善术学,研核阴阳,妙尽璇机,又居太史令职十余年,故多有科技发明与创造。只因所作历时已久,亡佚严重,现所存文献也寥寥无几,且多羼杂残乱,以至后世研究者争议尤夥。今观收录较备之严辑,其中属科技类的张氏残文主要有《灵宪》、《浑天仪》、《玄图》、《历议》。另见诸其他史著尚有的《黄帝飞鸟历》、《算罔论》、《太玄经注》诸目,皆属亡佚之作;至于或同篇异名,或另有他篇者如《浑仪》、《浑仪图注》、《仪象篇》、《漏水转浑天仪注》、《悬图》、《玄图序》云云,亦极为紊乱。为便于了解张衡科学思想,有必要先就上述篇目作一简略之梳理。

《灵宪》为现存张衡文字最多的一篇天文学论著,学界鲜有疑义。范传有"迁为太史令……著《灵宪》"语,然未录其文。该文至《后汉书·天文志》上刘昭注始引录,并谓:"张衡天文之妙冠绝一代,所著《灵宪》、《浑仪》略著辰耀之本,今写载以备其理。"后《隋志》、《太平御览》俱有引目,张辑、马辑、钱志、侯志、严辑相继皆录其文。又,新、旧《唐志》及《通志》"天文类"录有张衡"《灵宪图》一卷"或以为《灵宪》之图解,如侯志云:"张衡《灵宪》一卷,《隋书·天文志》上:'张衡为太史令,铸浑天仪,总序经星,谓之《灵宪》,所铸之图,遇乱堙灭,星官名数,今已不存。'康按:《续汉书·天文志》注引《灵宪》。《晋天文志》引衡说,郡国所入十二次宿度,其学本之京房,盖亦《灵宪》

中语也。”按:《文选》李善注引有张衡《灵宪图注》,当即《灵宪》之文。王应麟《玉海》卷四“仪象”列张衡“灵宪图”、“浑天仪”、“瑞轮”、“蓂荚”、“璇玑”(“玑”,亦作“机”),可见均系所制天文仪器,今皆不存。孙谱附《张衡著作年表》认为《灵宪》图、文宋初犹存,南宋后并佚。而今观诸家辑本仅稍或不同,刘昭注引亦当视为可信之原文[1]。至于诸家辑本中文字略有出入,并影响到对张衡思想的认识,容在后叙。

《玄图》,范传作《悬图》,李贤《注》云:“《衡集》作《玄图》,盖玄与悬通。”该文亡佚,严辑据《文选注》与《太平御览》得四十余字。另《太玄经注》当为张氏为扬雄《太玄》作注,与《玄图》皆为其好玄之论。该注今佚,各史志罕有著录,唯侯志“子类”有“张衡《太玄经注》,崔瑗《太玄经注》。并见《华阳国志·蜀郡士女赞》。”

《历议》、《黄帝飞鸟历》、《算罔论》并为历法与术数文字。《历议》系严可均辑自《后汉书·律历志》有关安帝“延光二年”论历(亦称“延光论历”)一段记载,其中固然保存了张衡与周兴的历法思想,但却不宜作为衡文收录,对此,孙谱已有阐述。《黄帝飞鸟历》又称《黄帝飞鸟经》、《黄帝四神历》(见孙谱),存目《隋志》子部“五行类”:“《黄帝飞鸟历》一卷,张衡撰。”又见存新、旧《唐志》。迨至《宋史·艺文志》不列,疑其书亡佚于宋代或稍后。《算罔论》名目见范传,与《浑天仪》、《灵宪》并列,李贤注谓:“《衡集》无《算罔论》,盖网络天地而算之,因名焉。”此书《隋志》以下未著录,至钱志子部有录,亦仅备目,实亡佚已

① 对此,可参考高平子的论述,论见张其昀主编《国史上的伟大人物》之《张衡篇》,台湾中华文化出版事业委员会出版。

久。清洪颐煊《经典集林》谓"《九章算术》刘徽注引张衡算谓"与阮元《畴人传》卷三"《九章算术》注云张衡算"云云,又以为张氏《算罔论》尚留遗文于《九章算术注》,作为一说,颇受研治中国古代数学史家重视。

在张衡科技类论著中,上列《浑天仪》系列篇目和文字的问题较为复杂。据严辑所载,其将有关史书、类书、疏注中引录的张衡有关"浑仪"的资料汇合一篇,统称《浑天仪》,而前此张辑则以《浑仪》名篇。然其所录之文,内容又包括了前人或谓之《浑仪注》、《浑仪图注》、《漏水转浑天仪注》等。考诸史目,范传有"再迁为太史令……作浑天仪"的记载。继后,《晋书·天文志》作《浑天仪注》。《隋书·天文志》、新旧《唐志》、《太平御览》、《通志》、洪颐煊《经典集林》、马国翰《玉函山房辑佚书》以及严辑均作"浑天仪",而其中史志仅录其名目,原指仪器,即《隋志》所云"太史令张衡以铜制浑天仪";后类书及严辑将其名充以文字,则为天文论著名,倘究其实,或为该仪器之图注。略后于范晔的梁朝人刘昭补注《后汉书》,始录大段天文学文字,名曰《浑仪》,定为张衡所作,且仅比范传少一"天"字;其后《宋史·艺文志》延承其名,与隋、唐史志相异,明张辑效法,又成一系。在《隋书·天文志》中记有"浑天仪"之铜制仪象,其《经籍志》则复有"《浑天图》一卷"、"《浑天图记》一卷"(有书目录为《仪象篇》当亦同此),未著撰人,故或疑《浑天图》为张衡"浑天仪"之图,《浑天图记》为张氏注文。缘此,唐瞿昙悉达《开元占经》又有《浑仪注》与《浑仪图注》之说。《开元占经》所录至宋、元时代之《玉海》、《宋志》又不见著录,想已亡佚,明张溥始辑得这些文字,承传至清世诸辑本(以严可均、洪颐煊所辑最全)。另有称《漏水转浑天仪注》者一文,《隋志》、《唐志》皆未著录，其中文字仅存见《初学记》卷二十五两条，其中一条亦见《文选》陆佐公《新刻漏铭》李善注引，严辑则将其附于《浑天仪》后。对此，张荫麟《张衡别传》谓“或疑此即《浑仪图注》。按《初学记》亦有引《浑仪图注》，标名与此不同，知其为二书也”。孙文青《张衡著述年表》同此见，进而认为“按《图记》为制器之说明，此当为用器之说明，宜与《图注》别为二篇，各家混为一篇者，非是”。从所存文字来看，张、孙二说均属合理。

从严辑《浑天仪》内含曾分别有以《浑仪注》、《浑仪图注》、《漏水转浑天仪注》为篇名的三段文字，已见其复杂性；而因其间涉及中国古代天文学中一些重要的理论问题，所以文章之署名真伪，又成为目前天文学史研究界的一个争论焦点。对该文（主要指严辑《浑天仪》中除《漏水转浑天仪注》外的前两部分）属张衡持怀疑态度的主要有两种看法：一是认为刘昭注《后汉书·律历志》引其文并署名“张衡”是最初之误导，后世沿袭莫辨；此观点可以陈久金《浑天说的发展历史新探》、《〈浑天仪注〉非张衡所作考》两文为代表[①]。概括而言，陈文主要从五方面否认《浑天仪注》（按：陈文或为行文方便，略去该文形成过程中名称变化的复杂性，统称之《浑天仪注》）为张衡所作，即“1. 唐初以前的天文和历史著作都不认为此文是张衡的作品；2. 唐初以前的天文学家没有一个人承认此文是张衡所著；3. 张衡《灵宪》中的天文思想与此文大有出入；4.《浑天仪注》的内容证明非张衡所著；5. 如认为是张衡所著，则与浑天说的发展历史顺序不符”（引见前文，后文大意同此）。对此

① 前文载上海科学技术出版社 1978 年 11 月版中国天文学史整理研究小组编《科技史文集》—《天文学史专辑》，后文载《社会科学战线》1981 年第 3 期。

五点，我认为前两点是史料问题，后三点是天文学史理论问题，有关后者将于探讨张衡天文思想时兼及，此处先就前者略作辨析：

首先，陈文题名《浑天仪注》非张衡所作极为模糊，从他文章行文来看，其所指是涵盖了刘昭所注引并冠以张衡之名的《浑仪》和《开元占经》中的所称张衡著之《浑仪注》；而陈文中所述"第一次提到《浑天仪注》的史书是《晋书·天文志》"，然《晋志》引录即为后见于《开元占经》的《浑仪注》，却非刘注之《浑仪》。

其二，如此，则是否陈文所言非张衡作的《浑天仪注》不包括刘注《浑仪》？答案显然不是。因为在陈文第二条理由中就明确指出："只有为《后汉书》作注的刘昭才将《浑天仪注》附会为张衡的文章，将它引入注中"，其混淆十分明显。

其三，既然刘昭被视为误导的始作俑者，而刘昭为南朝梁代人，那么陈文前两条所谓唐以前无人认为是张衡作品又如何解释？

其四，认为刘昭注引之文不可靠，然《灵宪》今存文字亦初见于刘氏《后汉书·天文志》注中，舍取选择，似亦无史料证据。

在《〈浑天仪注〉非张衡所作考》文中，作者进一步阐发了唐初以前无人承认该文系张衡作的问题，并作出该文成于陆绩、王蕃之后，为西晋末年作品的推论。对此，陈美东撰《〈浑天仪注〉为张衡所作辩——与陈久金同志商榷》（载《中国天文学史文集》第五集，科学出版社 1989 年版），作了较为全面的辨析。其中不乏确凿的史证。如陆绩《浑天仪说》有"一百八十二度八分度之五覆地上，(一)百八十二度八分度(度)之五周地下，故二十八宿半隐半见"、"天大地小"、"天裹地"诸说，皆显然取法《浑天仪注》。又，王蕃《浑天象说》提出"前儒旧说"，当指张衡而非陆绩。因为王文在"前儒旧说"后即叙述云："天地之体，状如鸟卵，天包地外，犹壳之裹黄也；周旋无端，其形浑浑然，故曰浑天也"（《晋书·天文志上》），与《浑天仪注》相同，而与陆绩《浑天仪说》"譬如卵白绕黄"诸比喻不侔。至于说唐以前无称《浑天仪注》为张衡著的见解亦多疏漏。如前述南朝人刘昭承认《浑》文为张衡著外，尚有几点值得辨析：一是刘宋时颜延之谓："张衡创物，蔡邕造论。"（《艺文类聚》卷一）按：蔡邕《表志》云："唯浑天者近得其情，……官有其器而无本书，前志亦阙而不论。臣求其旧文，连年不得。"（《后汉书·天文志上》刘昭注）这说明蔡氏之前即有"旧文"，非邕始造浑天之论。隋人刘焯认为："伯喈才不逾张衡，岂别有遗思"；又云："观蔡氏《月令章句》、郑玄注《考灵曜》，势同衡法，迄今不改"（《开元占经》卷一），亦明其源流。二是晋唐间人论及张衡浑天思想，内容多同《浑天仪注》。葛洪曾引述《浑天仪注》（见《晋志》），未明言作者，但他紧接其后即颂赞张衡"求形验天事情，莫密于浑象"，其间颇有关联。又，东晋侍中刘智论天云："（浑天）象天体，亦以极为中，而未（中）规为赤游周环，去极九十一度有奇。考日所作（在），冬、夏去极远近不同，故复画为黄道，夏至去极近，冬至去极远，二分之际交于赤道。二道有表里，以定宿度之进退，为术乃密。至汉顺帝时，南阳张衡考定进退，灵帝时，太（泰）山刘洪步月迟疾，自此以后，天验愈详"（《开元占经》卷一），其说皆与《浑天仪注》文献合契。

另一种说法似能弥补陈文于史料研究之不周密，即认为《开元占经》中引录署名张衡的《浑仪注》一段文字（即"浑天如鸡子”一节)非衡作,而对刘昭注引之文不作质疑;其说如王铁《汉代学术史》所论即是[①]。而王氏之论,理由较零散,概括起来,有两方面:

一是文献问题:王著认为:“刘昭所引的张衡《浑仪》,是《浑仪》的本文,其余文字则是后人的注文(指《占经》中多出刘注的文字)。”其理由主要是:“文渊阁《四库全书》本《开元占经》中[②],这些多出的文字都是以注的形式出现的。严可均所辑《全后汉文》中也录有《开元占经》的这篇文字,而所有注文,包括上引一节(同前),也都明确标明。”王氏之说,可谓出于两个疏忽:其一,文渊阁《四库全书》本《开元占经》录张衡《浑仪注》并无所谓“多出的文字都以注的形式出现”,因为《占经》编者仅以文名为《浑仪注》而异于前人;且其著录排列形式完全等同于继后所引录的张衡《灵宪》。其二,所谓严可均“明确标明”其为“注文”,全然非如王氏理解。其实严辑录文,皆注明先后出处及题目,此于“浑天如鸡子”一节后注明录自“《北堂书钞》一百四十九、《初学记》一、《艺文类聚》一、《开元占经》一、《御览》二、《事类赋注》一。案:《开元占经》作《浑仪注》”云云,很显然,所谓《占经》“作《浑仪注》”,是指所引前后诸书皆作《浑天仪》(按:这也是严辑题名《浑天仪》之因),独《占经》作《浑仪注》罢了。其实可以佐证王文的并不是文渊阁《四库全书》之《占经》,而是宋初编成的《太平御览》有两则《浑天仪》,

---

① 王论详见所著《汉代学术史》第一章《天文与历法》第八节《汉代的宇宙结构学说》,华东师范大学出版社 1995 年 12 月版。

② 按:《开元占经》佚于宋、元间,明万历时由古佛腹中发现一本,后为《四库》所本。

一则不署名张衡者，即《占经》中《浑仪注》部分；一则署名张衡者，即《占经》所谓《浑仪图注》部分，亦即刘昭注引之文字。由此可见，《御览》仍不以“浑天如鸡子”一节视为张作，这是值得思考的；但也没有十足理由推翻《占经》视这段文字出于张衡的结论，或以此证明《占经》编著者并未将此段文字视作张衡所写这一事实。

二是理论问题：王著认为张衡不可能出现如《占经》所录《浑仪注》中的一些先进的天文思想（即地圆思想），对此，同前引陈文说法，详见后述。然对照王氏同书第六章《谶纬》中引用汉代纬书《春秋元命苞》“天如鸡子，天大地小，表里有水。（天）地各承气而立，载水而浮”一节，认为“这就是浑天说，是张衡《浑仪》中关于天体结构的一节文字所自出”；恰恰可以证明的只是《春秋元命苞》所言与《占经》所录一节最为近似。这同样提供了一条针对上述陈文通过天文理论辨伪结果的驳论。

（四）文　学　类

关于张衡诗文的整理，已如前述。从目前收集较为详备、甄别真伪用功甚勤的张校本来看，今存属于文学类（或准文学类的）的张衡诗文（含残篇）计二十七篇。其中“诗”五篇：《四愁诗》、《同声歌》、《怨篇》（亦题《怨诗》）、《歌》（亦称《阳春歌》，或称《定情歌》）、《残句》；另有七言《定情赋系歌》、《舞赋系歌》、《思玄赋系歌》，四言《思玄赋系歌》、《东巡诰系歌》，抽绎出来，又得五首。赋十二篇：《温泉赋》、《二京赋》（包括《西京赋》、《东京赋》）、《南都赋》、《思玄赋》、《归田赋》、《髑髅赋》、《冢赋》、

《舞赋》、《羽猎赋》、《定情赋》、《扇赋》、《鸿赋》。“文”两篇:《应间》、《七辩》(实为类赋之文)。“铭”一篇:《绶笥铭》。“诰”一篇:《东巡诰》。“诔”三篇:《司徒吕公诔》、《司空陈公诔》、《大司农鲍德诔》。“书”两篇:《与崔瑗书》、《与特进书》。“赞”一篇:《南阳文学儒林书赞》。

上见诸目,流传既久,且鲜有疑义,所以是研究张氏文学创作与思想的主要素材。此外,张校未收而有见载目录或残句者,尚有:

1.《逍遥赋》。文残,仅存两句于《北堂书钞》卷109与卷110。

2.《周天大象赋》,原名《天文大象赋》(或简称《大象赋》)。此赋张辑列入张衡文,名《周天大象赋》,严辑未收录,并作案语:“案张溥本有《周天大象赋》,今考是李播所撰,编入隋文。”严氏所据见载《新唐书·艺文志》:“黄冠子李播《天文大象赋》一卷。”又,郑樵《通志·艺文略》“天文类”云:“《天文大象赋》,唐黄冠子李播撰。”迨自元人《宋史·艺文志》始谓:“张衡《大象赋》一卷。”明张溥沿元人之误,以归平子,且更题《周天大象赋》,故为严辑不取。对此,清人辨误之论甚多。由目录学辨者,如丁丙《善本书室藏书志》卷十七《子部》六:“《天文大象赋》一卷,孙星衍抄本,沈肖岩书。隋李播撰,苗为注。”并作《注》云:

> 《宋史·艺文志》载张衡《大象赋》一卷,苗为注。
>
> 赋见于明张溥所辑《张衡集》中,称为《周天大象赋》,《历代赋汇》采其文,而注本失传。钱塘孙之騄手录苗《注》,孙星衍得之,与顾广圻考《新唐书·艺文志》,

定为李播撰。播，淳风父也。苗为无考，盖五代以前人。

按：今据光绪间双梧书屋俞樾校本《历代赋汇》，卷一“天象”录有“汉张衡《天象赋》”一篇，当亦录自张辑，仅变《大象》为《天象》之不同。而从文史角度考之，李调元、顾广圻皆有论辩：

东汉张衡《天象赋》云“双三夹斗，两乙宾门”。双三，泰阶六符也；两乙，天乙大乙也。又云：“毕露云油，箕躔吹发。枢降轩而绕电，景瑞尧而丽月。”撰句工丽，是六朝人语。通篇文气平顺，不似东汉人手笔。且用殷堪识曹公、李郃知汉使二事，其为伪托无疑。（李调元《赋话》卷一）

愚观赋之末曰：有“少微之养寂”云云，则为李播撰无疑矣。播仕隋高祖时，弃官为道士。（孙星衍辑《续古文苑》卷三《天文大象赋》顾广圻“附跋”语）

合观诸家辨析之论，该赋非张衡所作，当为信谳。

3.《叙行赋》。《渊鉴类函》卷一载：“张衡《叙行赋》曰：‘山峥嵘以崄狭，仰青天其如带。’”按：严辑《全晋文》有张载同题赋作，仅“崄”易为“峻”字，可知为张载之作，非衡赋甚明。

4.《四声诗》。顾櫰三《补后汉书艺文志》（《二十五史补编》本）载“《河间相张衡集》十一卷”，在列详目如《同声歌》、《四愁诗》后复云：“此外可考者尚有《逍遥赋》、《叙行赋》，……《四声诗》”，并自注谓所本《炙毂子》。按：《炙毂子》为王叡（一作“王献”）作，唐文宗太和中人，《全唐文》有其文三卷。陶宗仪

《说郛》卷四十三有《炙毂子杂录》，中有“《四愁》，张平子作”，“《同声歌》亦张平子所作”的记录，未知顾氏所见另有他本作《四声诗》，抑或即“同声”之误。

5.《讥世》。刘勰《文心雕龙·论说》有“张衡讥世，韵似俳说；孔融孝廉，但谈嘲戏”语，范文澜《文心雕龙注》：“《讥世》《孝廉》二文佚”（人民文学出版社 1958 年版）；杨清龙《张衡著作系年考》也认为衡于顺帝永建元年（此年作《应间》）另有《讥世》一文，佚。按：考《文心》之论，历谈文风，故或谓“毛公之训诗，安国之传书，郑君之释礼，王弼之解易”，“仲宣之去代，叔夜之辨声”，虽或有专指，而未必举文章之名目。且张文有讥世之意，类俳说之韵，也是东汉文风趋向，视《讥世》为佚文名，尚缺乏证据。

6.《应问》。诸本（如严辑、张校）于张衡《应间》末录引“可剖其孙枝”五字，引自《文选》嵇康《琴赋》李善注引张衡《应问》。按张氏无《应问》之文，此句又与范传全录之《应间》文气不侔，未知所自。

另，张衡《与崔瑗书》今存两篇：一为《太玄经》范望注本载陆绩《述玄》引，即“乃者以朝驾明日，披读《太玄经》，知子云特极阴阳之数也”一段；一为《后汉书》本传所录，即“吾观《太玄》，方知子云妙极道数”一段。前段文字较详，故诸家辑录者多认为范传依陆绩所引删润而成；然观后段亦多异词，二者互见短长，也有相参对照的价值。

在确定为张衡的诗文中，其创作年代也颇有争论，其中有两篇关系张衡生平与思想之发展情状，兹略作商榷。

一是《同声歌》。《同声歌》见载南朝陈徐陵《玉台新咏》卷一，宋代郭茂倩《乐府诗集》卷七十六归入“杂曲”，后张溥、丁福保皆录之，然于写作时间无考。唯《乐府解题》有云："《同声歌》，汉张衡所作也。言妇人自谓幸得充闺房，愿勉供妇职，不离君子。思为莞簟在下，以蔽匡床；衾绸在上，以护霜露，缱绻枕席，没齿不忘焉。以喻臣子之事君也。"到孙文青《张衡年谱》始以诗中有"情好新交结"语着实为与鲍德之关系，定作初任南阳主簿时作品。然古人此类题材创作，多喻"臣子事君"，且张衡中岁长期供职朝廷，尤其是顺帝阳嘉二年拜侍中，为帝从臣，故仍宜从《乐府解题》之说为妥。

二是《归田赋》。《归田赋》见载《昭明文选》，然其作年则有"少时"、"中岁"、"晚年"三种龃龉之见。对兹赋撰著时间的考证，初见《六臣注文选》，如李周翰曰："衡游京师，四十不仕，顺帝时阉宦用事，欲归田里。故作是赋"；李善云："《归田赋》者，张衡仕不得志，欲归于田，因作此赋。"清人张云璈《文选胶言》卷八则云："《后汉书》本传称安帝时迁为太史令，顺帝初再转为太史令，即《应间》所云'曩滞日官，今又原之'是也。又云'所居之官，辄积年不徙'云云①，即注所云仕不得志也。《归田》之赋，意在斯时。"按：李周翰以《归田》作于四十岁时，张云璈定于张衡复为太史令（即永建元年，张衡 49 岁）时或稍前，基本属于"中岁"。明人黄溍为时人黄山李先生《续归田赋》作《跋》云："唐李周翰称'衡四十不仕，顺帝时阉宦用事，欲归田里，故作是赋。'以予考之，殆不然也。衡仕安帝为郎中、太史令，永初中谒者仆射刘珍等请衡参论东观，时衡年未四十，然谓'四十不仕'者非也。顺帝时衡以侍中在帷幄，诸侍共谗之，衡乃仿《离

① 按：张氏所引"所居之官，辄积年不徙"系《后汉书·张衡列传》中语，非《应间》之文。

骚》赋《思元》(元与玄通)。而归田之遣言寄意,无及宦竖者,然则谓衡此赋作于顺帝时,又非也。盖衡初游京师,举孝廉不行,辟公府不就,大将军邓骘奇其才,累召不应,赋之所为作乎!衡后由侍中出为河间相,征拜尚书,终其身未始一日归田也,岂衡少作此赋,晚复悔之焉?"黄氏驳李周翰"四十不仕"说极为有据,然因未言宦事,即谓非顺帝时作,并推测为作于"少时"初游京师,亦无充分证据。而孙文青《年谱》依据赋中"游都邑以永久,无明略以佐时","苟纵心于域外,安知荣辱之所如"之"消极思想",定《归田赋》作于为河间相初作《四愁诗》、继上书乞骸骨之间,亦即顺帝永和三年(衡 61 年),即"晚年"说。根据赋文并结合张衡生平,孙说差近。理由是:其一,赋开篇即谓"游都邑以永久",宜为张氏居职京师已久之证,谓初游京城时作,于文意不符。其二,与《应间》相比,《归田赋》更多避世思想,特别是"感老氏之遗诫"、"苟纵心于物外"的老庄思想,当在张氏中年以后才出现。其三,黄氏以赋中未及"宦竖"而定其非顺帝时代作品,犹如或谓《二京赋》言及宦事必作于顺帝时代一样,皆过于拘泥。① 因为一方面宦官势盛已久,非仅安、顺二帝时情形,张氏早年作品言及宦事未必不可能;另一方面张氏后期作品亦甚多,未必篇篇言"宦",作为抒情小赋,《归田》自多虚化的情境描写,与《思玄赋》长篇言志当不尽同。其四,《归田》所云"俟河清乎未期"与《思玄》"天长地久岁不留,俟河

① 在《二京赋》中,如《西京赋》写建章宫有"内有常侍谒者,奉命当御"诸语,赋中讽谏或涉"宦"事,所以有人认为该赋写于居京官后,亦即安帝时或之后。持此见者有 E. R. Hughes. 具体论述见载 Two Chinese Poets Vignettes of Han life and Thought, p22, Princeton university, 1960.

之清只怀忧”词句、感慨皆似，视为同时或稍后创作，是不无道理的。

三、师承与交游

处于汉代经学重师承，尤其东汉重家法章句的学术氛围中，张衡以其师无专门、勤黾自学而有异于时；在干谒交结，更相驱驰蔚然成风的东汉中后叶，张衡又以其“从容淡静，不好交接俗人”(《后汉书》本传)，而卓立于世，颇为史家称道。但他的自学之诚、淡静之性，却不能成为否认其亦曾交往于社会与学界的理由，因为从张衡的学术成就和他的人生行事来看，他同样有一定的学术师承和交游范围。

(一) 广采博取　不拘一格

张衡才华极高，学殖丰厚，故史家有“三才通人”之誉。刘勰《文心雕龙》着眼文学一途，即谓“平子淹通，故虑周而藻密”(《体性》)；“张衡《二京》，迅发以宏富”(《诠赋》)；“张衡通赡，蔡邕精雅，文史彬彬，隔世相望”(《才略》)，已足见张氏广采博取的胸襟与风格[①]。然论究其渊博之资，实与张氏好学敏求的人格品位，广收博取的治学精神有关。如从学术师承来看，张氏确实没有像汉代多数学者那样有严格的师法家传，故在他多领域的成就中，有的因为史料欠缺，难以清楚地理出其师法

---

① 黄侃《文心雕龙札记》证以范传载张衡“遂通五经，贯六艺，虽才高于世，而无骄尚之情”为其“淹博”之征，甚是。

统绪；但史乘所载，也有迹可寻，能觇测其师承渊源之处。

从学统来看，只有清人唐晏《两汉三国学案》卷七“礼”将张衡归于汉代的“周官礼”派①，并附按语云：

> 汉代治此经者极少，以非时王之制也。惟自王莽篡据，莽好依据古文以附会今事，刘歆乃始治之。其用意无非阿莽所好而已，不意三代古经反因之以传。至郑、贾既兴，而《周官》遂大显于世，至于今不废。

考东汉治《周官》之学始于刘歆弟子杜子春，继后贾徽贾逵父子、郑兴郑众父子、许慎、尹珍、卫次仲、胡广、马融、赵岐、郑玄、李咸、卢植、徐淑、仲长统等皆有述作，而张衡居中治《周官》，事见胡广《汉官解诂叙》与范传，论其渊系，实承贾逵之学，而与胡广、马融相交通。由此也可见张氏学统中的两大因素：即与古文经学之渊契和重“礼”思想之传承。

在学术思想方面，从张衡对扬雄《太玄经》的追慕亦可观其师法之迹。对扬雄《玄》经，当世持否定态度者居多，究其原因，要在扬氏治学有“僭越”之“罪”。班固《汉书·扬雄传赞》谓：“(雄)以为经莫大于《易》，故作《太玄》，传莫大于《论语》，作《法言》。”对此，当世包括异于群儒、大倡古文经学的刘歆，或以为“亶费精神”，仅能“覆瓿”；或以为“非圣人作经”，有“诛绝之罪”。扬雄《法言》，自雄没后“四十余年”而“大行”于世(同

① 按：唐晏系清末民初满族人，姓瓜尔佳氏，名震钧，唐晏为其汉名。

前)，而《太玄》在东汉之世，仅三人最为推崇，即桓谭、王充与张衡。桓谭认为《太玄》“绝伦”，“子云亦东道孔子也”(《新论·启寤》)；王充《论衡》认为“扬子云作《太玄经》，造于眇思，极窈冥之深，非庶几之才，不能成也”(《超奇》)，并谓西汉学者“司马子长、扬子云，河汉也；其余，泾渭也”(《案书》)。如果说桓谭与王充对扬雄的推崇较多在哲学思想，则张衡“耽好《玄经》”已兼括哲学与科学，故《与崔瑗书》云“吾观《太玄》，方知子云妙极道数，乃与五经相拟，非徒传记之属，使人难论阴阳之事”(均见《后汉书》本传)。而从张氏既渊承刘歆以来古文学之《周官》系统，又极好与刘氏观点相左的扬子《太玄》，表现出由扬雄、桓谭、王充到他本人一条学术思想统绪，充分说明了他广采博取、不拘一格的师法精神。

由张衡久居太史令职，又可观其继承前人学术的两大统绪，即天学与史学。关于“天学”，张衡作为卓越的天文学家，他对前人的传承、发展非常明确，我们将在讨论其天文学成就时加以阐述。而对他的“史学”，因其成就不大，故于其传承发展，多付阙如。张氏之于史学，范传明载诸事：

永初中，谒者仆射刘珍、校书郎刘騊駼等著作东观，撰集《汉纪》，因定汉家礼仪，上言请衡参论其事。会并卒。而衡常叹息，欲终成之。及为侍中，上疏请得专事东观，收检遗文，毕力补缀。又条上司马迁、班固所叙与典籍不合者十余事。又以为王莽本传但应载篡事而已，至于编年月，记灾祥，宜为《元后本纪》。又更始居位，人无异望，光武初为其将，然后即真，宜以更始之号建于光武之初[①]。

由此可见，张衡于史、汉旧著之熟谙和对当朝撰史之关注。也因为张衡未能专事东观治史，以致刘知几《史通·覈才》有云“以张衡之文，而不闲于史”。余嘉锡《四库提要辨正》卷五辨张衡未预参撰《汉纪》事甚详，然据刘子玄之论遽证张衡乏史才，是值得商榷的[②]。

再如张衡的文学创作，范传仅有“衡乃拟班固《两都》作《二京赋》”一语论其传承。考诸汉代文学历史，张氏故有新创，如《四愁诗》、《同声歌》、《归田赋》、《髑髅赋》皆是；然其它作品如《思玄赋》之于楚辞《远游》、相如《大人》，《南都赋》之于扬雄《蜀都》，《应间》之于东方朔《答客难》、扬雄《解嘲》、班固《答宾戏》，《七辩》亦跻身于由枚乘《七发》肇始的“七林”，皆渊承之迹可寻（详见有关张衡文学思想的论述）。而张氏好文，同样可从他的交游中看出，如从他的《南阳文学儒林书赞》看早年受鲍德的影响，从其与崔瑗的交谊看与东汉文学世家崔氏的关系。

---

① 有关当时史家聚东观撰集《汉纪》（即后成书之《东观汉记》）事，另见范书《文苑传（刘珍）》、《北海靖王兴传》。按：范书《李尤传》亦有“召诣东观，安帝时为谏议大夫，受诏与刘珍共撰《汉记》”的记载，《三国志·吴志·韦曜传》引华覈上疏有“后刘珍、刘毅等作《汉记》”的记载，其事或有争议，然当时诸家接踵《史》、《汉》续成史乘，当自不诬。又，范传列举张衡言班、马与王莽、更始诸事，严辑立有《条上司马迁班固所叙不合事》，而前此张辑仅录两条于《求合正三史表》注中，张校认为诸条“非在一篇之中”，但大抵皆有关“三史”，姑从张辑编录。

② 对此，参见程千帆《史通笺记》有关辨析，详载辽宁古籍出版社 1996 年版《程千帆选集》（上）第 167 页。

（二）交游唯贤　切磋学术

从张衡人品性格看，因其“从容淡静，不好交接俗人”（范传），故所存有关交游史料极少，亦无人考论。但是，如果由他一生行迹观之，从和帝到顺帝数十年间，不仅受到安帝、顺帝的任用，而且当时的达官显宦、名流贤士也颇多与之交往。考诸今存文献，当时与张衡有直接的交游关系和间接往来关系的约有十余人，其中属于前辈的有贾逵、鲍德、邓骘、杨震、陈宠、吕盖等；属于同辈的有崔瑗、马融、窦章、李尤、刘珍、刘騊駼、李固、左雄、王符、周兴、郎𫖮、许慎、朱穆、蔡伦等。从交往的范围看，有政坛、宗教、学界（包括天文、历法、方术、文学）诸色人等；从交往的性质看，张衡所交重在贤德，而交接之契机，更在学术。试举几位与张衡有来往且具有典型性的人物，以观其交游之特点：

1. 邓骘：张衡与邓骘之交往略有两次：一次见范传载衡早岁“大将军邓骘奇其才，累召，不应”；另一次是张氏于安帝时上书邓骘，请邓氏帮助满足其返回“太史之秘府”之要求（见《与特进书》）。前次为召而不应，后者为上书而有所请，其态度不同，似宜有辨。据范书《邓骘传》：“邓氏自中兴后，累世宠贵，凡侯者二十九人，公二人，大将军以下十三人，中二千石十四人，列校二十二人，州牧、郡守四十八人，其余侍中、将、大夫、郎、谒者不可胜数，东京莫与为比。”邓氏为外戚显贵一朝，故招纳贤才，以壮其势，应声致者甚众，所谓“推进天下贤士何熙、祋讽、羊浸、李郃、陶敦等列于朝廷，辟杨震、朱宠、陈禅置之幕府”（同前），唯张衡召而不应，这一方面表现了张氏不愿趋势、淡泊自守的心志，另一方面或缘于张氏对东汉政事渐衰、权柄下移现实的清醒认识，故对外戚、宦官当政素有戒心。相对而言，张衡在安帝建光元年去史职而为公车司马令时上书邓氏请复太史令职，则为能潜隐史职完成其学术事业，全无干谒求进之意。而张氏上书邓氏，亦有原因：一是邓为南阳新野人氏，与张有同乡之谊；二是邓爱慕张之才能，曾有“累召”之举；三是邓骘乃大儒邓禹之孙，颇具儒者之风；四是邓氏当时有较高政治地位，他曾与邓太后有立安帝之功；五是邓氏权势虽盛，然亦无明显劣迹，此在邓骘畏“罪”“不食而死”后大司农朱宠“肉袒舆榇”、上疏追讼之词，以及范传“论曰”的慨叹中，可为其证。综此数端，并观张氏与邓骘的两次交往，其生性为人，于此可见。

2. 鲍德：张衡生性淡泊高洁，却于早岁担任鲍德主簿达九年之久，若探究其因，既在鲍氏重其才学，而更在张衡对鲍氏人品与政绩的推重。据《后汉书·鲍德传》记载，德生于名门，“修志洁，有名称”，任职南阳太守时使农业“丰穰”，学校修复，礼乐兴盛，扶幼尊老，吏人爱慕，百姓悦服，“号为神父”。张衡与之共事九年，虽史迹未详，然当时南阳政通人和，当不乏张氏之功，至少鲍德之为人勤政，对张衡后期的政治观点和勤恪职守的作风，有着极大的影响。从张衡任主簿时所存文章即《绶笥铭》、《南阳文学儒林书赞》、《司徒吕公诔》、《司空陈公诔》来看，前两篇系对鲍德家世与文治的称赞，后两篇虽为代德所作，然所悼主人公吕盖与陈宠的人品风范，亦可佐证张氏交游唯贤的精神。按：吕盖范书无传，事迹略见范书《和帝纪》、《张酺传》及《鲁恭传》[1]，其中最著者即奏劾张酺。事见范书《张酺传》：酺父卒，释服后，“以事与司隶校尉晏称会于朝堂。酺从容谓称曰：‘三府辟吏，多非其人。’称归，即奏令三府各实其椽吏。酺本以私言，不意称奏之，甚怀恨。会复共谢阙下，酺因责让于称。称辞语不顺，酺怒，遂廷叱之。称乃劾奏酺有怨言。天子以酺先帝师，有诏公卿、博士、朝臣会议。司徒吕盖奏：‘酺位居三司，知公门有仪，不屏气鞠躬以须诏命，反作色大言，怨让使臣，不可以示四远。’”吕盖生性直率，规守礼仪，于此可见。陈宠，范书有传。《传》载“少为州郡吏，辟司徒鲍昱府……昱高其能”；时“吏政尚严切，……（宠以为）宜改前世苛俗。乃上疏……是后人俗和平”；“后转广汉太守。西州豪右并兼，吏多奸贪，诉讼日百数。宠到，显用良吏王涣、镡显等，以为腹心，讼者日减，郡中清肃”；“永元六年……为理官，数议疑狱，常亲自为奏，每附经典，务从宽恕，帝辄从之，济活者甚众”。由此数则，既可知陈宠曾受知鲍德父昱，尤清晰可见宠之正直、清廉、仁爱、干练。而张衡评价吕、盖二人，一谓“绰兮其宽，皎兮其清；既明且哲，式保令名”（《司徒吕公诔》），一谓“天祚明德，德茂于公；……辑宁侯卫，怀柔远人”（《司空陈公诔》），表达的正是张衡对好礼重施、正直有为的贤达之士的推崇和敬仰。

3. 崔瑗：张衡平生不好交游，故终其一生所交堪称挚友且终身不渝者，唯崔瑗一人。瑗与张衡同庚，相识于衡初游京师“观太学”时，自此相交日密，张氏有《与崔瑗书》论学术之道；而张氏殁后，瑗为其撰碑文，盛赞衡“天姿浚哲，敏而好

---

① 范书《鲁恭传》注引《汉官仪》：“吕盖，字君上，宛陵人。”又《和帝纪》注谓“南阳吕盖”“字君玉”。按：《纪》注为是，“宛陵”之“陵”当为衍文。

学"、"道德漫流，文章云浮，数术穷天地，制作侔造化；瑰辞丽说，奇技伟艺，磊落炳焕，与神合契"，高度评价，最为知音。而从张、崔交结之情至浓至厚，其于张衡人生行事又有两方面宜为重视：

其一，崔氏为东汉名望最著的文学世家，崔瑗对张衡的推重，以及张衡与崔瑗的交游，皆非同凡俗。《后汉书·崔骃列传》"论曰：崔氏世有美才，兼以沈沦典籍，遂为儒家文林"；"赞曰：崔为文宗，世禅雕龙"，是对崔氏文学家族在东汉地位的高度评价。倘从崔门众才中择其要者，东汉以来，首推崔篆，有《慰志赋》开一代言志赋先河；次推崔骃（篆孙），赋作及《达旨》，邀誉一时；再推崔瑗（骃中子），有《七苏》诸文行时，被视为高文丽辞；最后当数瑗子崔寔，其为《政论》，极为警策。观此崔门五代四人，虽仅崔瑗与张衡同时交厚，然其源承和影响，又似未限于崔瑗一人，比如崔篆《慰志》与张衡《思玄》；崔骃《达旨》与张衡《应间》；崔瑗《七苏》与张衡《七辩》；张衡上疏中诸多政见之于崔寔《政论》，皆可睹其蛛丝马迹。

其二，张衡与崔瑗有一不同之处，即衡生性淡静，不好交接；瑗"爱士，好宾客，盛脩肴膳，单极滋味，不问余产"（《后汉书》本传），所以张衡诸多相识，均可于崔瑗交游中窥其概貌。试观《后汉书·崔瑗传》一段记载："年十八，至京师，从侍中贾逵质正大义，逵善待之，瑗因留游学，遂明天官、历数、《京房易传》、六日七分。诸儒宗之。与扶风马融、南阳张衡特相友好。"由此又可见两点：一是张衡初入京师与崔瑗交游，正是崔瑗从学当世大儒贾逵之时，而衡其时亦"观太学，遂通《五经》，贯六艺"，当亦受业贾逵或得其教诲，这正是他于经始终倾向古文学的直接原因之一。至于范传未言衡师承贾逵，张衡本人也未曾论及与此前辈的关系，原因虽多不明，但有一点似可推测，即张衡后半生无志于治经，所以并不十分敬重经学大师。二是与马融的关系。在范书衡传中未明言其与马融的交游，但从瑗传来看，崔氏与马融相交识的时间也正是与张衡共同问学于太学期间，由此，张氏不可能与马融无相识之缘。对此一批当时尚属年轻学子的交游，也不仅见于瑗传，他如范书《王充王符仲长统列传》云“符少好学，有志操，与马融、窦章、张衡、崔瑗等友善”；《窦章传》云“章少好学，有文章。与马融、崔瑗同好”，可见其以文会友之例证。然诸家交游，多以瑗为中心，而衡传阙如，关键则在一好宾客，着意往来，一生性淡泊，无心交游之故。同样，张衡交友既重学问，更重人品，他能终身与崔瑗交厚不二，除私下情意投好，还在崔氏一门“能终之以居正，则其归旨异夫进趣者”，以至像李固这样的高洁之士，也“与瑗邻郡，奉贽以结好”。相反，马融虽学识渊深，为世大儒，然人品欠损。考马氏为正直不取之事有二：一为早年受邓骘召（与衡受召同时），先不应命，旋复悔之，以至终投身势家，不重名节。二是融先逢迎于外戚邓氏，又趋附于外戚梁冀之势，至为冀飞章虚诬李固，所谓“党附成讥”，“颇为正直所羞”（事见范书《马融传》、《李固传》）。此或为张衡与之少年交游京师，而终不为友的重要原因。

在《后汉书·左周黄列传》之“论曰”中有记东汉至顺帝时人文之盛的一段话：

> 至乃英能承风，俊乂咸事，若李固、周举之渊谟弘深，左雄、黄琼之政事贞固，桓焉、杨厚以儒学进，崔瑗、马融以文章显，吴祐、苏章、种暠、栾巴牧民之

> 良干，庞参、虞诩将帅之宏规，王龚、张皓虚心以推士，张纲、杜乔直道以纠违，郎𫖮阴阳详密，张衡机术特妙：东京之士，于兹盛焉。

张衡与上述众贤皆供职朝廷，风会一时，故其学识之广博，亦与时势相关。至于张氏与周兴论历，与刘珍等论史，与王符之政见相投，也终不背离他切磋学问、唯贤是友的思想初衷。

第三章　儒道双修　朝隐柱史

——张衡的人生哲学与婉曲心迹

东汉王朝的文化政治自章帝会群儒于白虎观辨五经异同，出现了一时期短暂的儒学复兴的局面，但由于今、古文之争日趋激烈，经学内在致用精神与虚妄神学的结合，经学自身的发展已危机重重，这也导致了士大夫阶级治生与治学态度的明显变化。所以到和帝以后，虽然帝王儒臣以及学士文人在主观意图上仍欲振兴儒学、施行教化，然毕竟执拗不过政治之明晦、经济之盛衰、社会之良窳、学术之消长、风俗之厚薄所形成的潮流趋向，出现的是突破儒经章句之学和文化模式的“志慕鸿才”（李尤）、“思洽识高”（马融）、“通赡"（张衡）、"博识"（王逸）的人物和学风①。

从张衡的一生来看，尽管有早年志于匡扶朝政、振衰起废，晚岁时想退隐、遁世逍遥的心迹变化，但观其对待社会和人生所阐发的主要观点，则恰如他依违于仕、隐之间的生存方式，是一种始终处于政教与自然、礼制与个情、经世致用与远翥逸迈之矛盾中的人生观，以及由此凝定的儒道双修或绌补的人生哲学思想。质言之，张衡这种人生哲学思想的成熟形态，是通过他乐意于"朝隐"柱史（此处代指史职，即张氏《应间》中自谓居史职乃是"聊朝隐于柱史"）得以实现②；而论其内涵，又正是那种颇具东汉中叶时代特征的尊道与崇礼并美的社会承负精神和致用与逍遥同在的玄儒境界。

一、尊道与崇礼

张衡人生哲学思想的两大支点，即是尊"道"与崇"礼"。张氏所尊之"道"，并非纯粹的汉世儒生经学之道，而是兼括儒门

---

① 此处所引用评语均见范书诸家本传。

② 按：关于张衡乐意史职事，已见范传"自去史职，五载乃还"的记载和张氏《与特进书》中潜心史职进行学术研究的要求，此不赘述。又，"朝隐"说始于汉世，指既供职朝廷，又自全避祸的生存方式。褚少孙补《史记·滑稽列传》载：东方朔"行殿中，郎谓之曰：'人皆以先生为狂。'朔曰：'如朔等，所谓避世于朝廷间者也。古之人乃避世于深山中。'"李昉《太平广记》卷一七三载东方朔对汉武帝曰："臣闻贤者居世，与之推移，不凝滞于物。彼（指武帝所询之"伯夷""叔齐"）何不升其堂，饮其浆，泛泛如水中之凫，与彼徂游。天子毂下，可以隐居。何自苦于首阳！"此乃典型的士大夫为适应秦、汉大一统帝国政治需要的新的隐居观，即"朝隐"思想。

伦常道德与道家清虚玄远的“道”，而张氏儒道双修的人生精神，正为寻绎其所尊之道的基础。关于儒、道人生观之别，《汉书·艺文志》探其源一谓“出于司徒之官，助人君顺阴阳教化者也”；一谓“出于史官，历记战败存亡祸福古今之道，然后知秉要执本，清虚以自守，卑弱以自持”。继后有《刘子》卷十《九流》更作区分：

> 道者玄化为本，儒者德教为宗；九流之中，二化为最。夫道以无为化世，儒以六艺济俗；无为以清虚为心，六艺以礼教为训。若以礼教行于大同，则邪伪萌生；使无为化于成康，则氛乱竞起。何者？浇淳时异，则风化应殊；古今乖舛，则政教宜隔。

由此看张衡助人君顺阴阳教化的行事和清虚自守、卑弱自持的人生，很显然在他所重之“道”中内涵了的正是以“玄化为本”和“德教为宗”的双重文化渊源。同样，他对“礼”的推崇，也不是尽同于汉儒的那种天人合一经学文化模式，而是出于对国家现实的忧患和人生道德的规范，同为东汉中叶文化衍变期“浇淳时异”、“风化应殊”的特定的思想反映。

（一）“道”的人生实践

通观张衡的人生哲学，始终贯穿着一条“道”的主线，这里既包涵着先秦道家有关“道”、“德”、“玄”、“真”的自然论思想，也包涵着先秦儒家有关“仁”、“义”、“礼”、“智”的政教观思想，而落点于东汉这一时代现实，张氏的“道”尤为鲜明地表现出既符合建设社会之道德秩序,又符合内化为人格之需求的人生实践。在这一基点上,张衡的人生观最接近于西汉末年学者扬雄的“玄道”意识,因为扬雄一则仿《论语》作《法言》以阐发其仁义思想,一则仿《易》引《老》作《太玄》以体达其玄远之人生。试观陆绩《述玄》引张衡《与崔子玉书》中的一段话:

> 乃者以朝驾明日,披读《太玄经》,知子云特极阴阳之数也。以其满泛故,故时人不务此。非特传记之属,心实与《五经》拟。汉家得二百岁卒乎所以作。

从这段话中我们可以体悟出四层意思:其一,扬子《太玄》中多阴阳术数之学,此与张氏天文术数思想相通。其二,因《太玄》内容丰富广博,以致当时专攻经学之士不屑或不愿仿效和研究,而这种“满泛”之学正与三才通人张衡相投。其三,扬子之学并非仅属孔学、易学或老学的解释之学(即“传记”),而与《五经》的致用精神相通,此亦张衡一生奉行的学术宗旨。其四,《太玄》为汉兴“二百岁”(按:自汉初至哀帝时扬子作《太玄》计二百余年)的历史总结与哲学思考,张衡异于前人而对这一点的揭破,也说明他推崇扬子“玄道”理论而建构自我“玄道”思想的历史性与现实性。所以暂时撇开张衡好“玄”的自然之学和博通意识,而仅就人生观而言,他对“玄”的推崇与对孔孟之仁义、老庄之道德一样,均为其处特定时代之人生实践的一种理论折射。

首先,政教为用是张衡人生实践过程中最基本的、也是最现实的精神。观张衡一生,是以捍卫孔子“仁”的精神和“礼”的秩序为己任的。在产生于周室衰微之春秋乱世的孔门学说,其人道理论的两个基本支柱即“仁”与“礼”，所谓“夫仁者，己欲立而立人，己欲达而达人”(《论语·雍也》)，“樊迟问仁，子曰‘爱人’”(《论语·颜渊》)，“志士仁人，无求生以害仁，有杀身以成仁”(《论语·卫灵公》)；“为国以礼”(《论语·先进》)，“博学于文，约之以礼”(《论语·颜渊》)，“不学礼，无以立”(《论语·季氏》)。然孔子既重仁，又重礼，要在一则以仁充实礼，即“人而不仁，如礼何？人而不仁，如乐何”(《论语·阳货》)？一则以礼规范仁，即“克己复礼为仁”，“非礼勿视，非礼勿听，非礼勿言，非礼勿动”(《论语·颜渊》)，达到“中庸之为德，其至矣乎”(《论语·雍也》)的境界。张衡对孔学的追寻，并不同于汉代一些经生以笺注方式对孔子所言“周礼”的翻版和归复，而是躬行于汉世礼仪，完善其道德人格的实践。对此，可先引《后汉书·儒林传》有关儒风渐衰的一节记录：

> 安帝览政，薄于艺文，博士倚席不讲，朋徒相视怠散，学舍颓敝，鞠为园蔬。顺帝感翟酺之言，乃更修黉宇……试明经下第补弟子，增甲乙之科，员各十人，除郡国耆儒皆补郎舍人。本初元年，梁太后诏曰：‘大将军下至六百石悉遣子就学。’……自是游学增盛，至三万余生，然章句渐疏而多以浮华相尚，儒者之风盖衰矣。

面对东汉中叶儒风式微的现实，士人一般有三种态度：一为通经之士积极应试，欲拯救日衰的经学传统；二为无心经学章句，依仁守礼，躬行实践；三为家弃章句，转好老庄虚无之学，萌生非毁名教之端。张衡所持无疑属于第二种态度。他从任南阳主簿到入朝廷为郎官，转太史令、公车司马令、侍中，无不贯彻其道德实践与仁礼思想。如他在赞美鲍德的《诔》文中，关键即在“导以仁惠，教以义方”；而其《南阳文学儒林书赞》所云“南阳太守，上党鲍君，愍文学之弛废，怀儒林之陵迟，乃命匠修而新之，崇肃肃之仪，扬济济之化”，既是颂美他人，更是自身信守而且躬行的道德规范。

缘此，张衡重仁厚礼，是有极强烈的现实针对性的。他在中岁以前完成之《二京赋》中，即用这样一节反诘之语收束上篇《西京》，逗引下篇《东京》：

> 安处先生于是似不能言，怃然有间，乃莞尔而笑曰：“若客所谓末学肤受，贵耳而贱目者也。苟有胸而无心，不能节之以礼，宜其陋今而荣古矣。”

此处用“似”、“怃然”、“莞尔”三词活现“安处先生”之神态，以反衬前述“凭虚先生”，盛赞“西京”富丽堂皇之孟浪虚费和墨守成规之因讹踵陋；而“安处”以“礼”为据，正是迥异于那种“贵耳贱目”、“陋今荣古”之经学之士的时代新观念。因此，张氏认为虽有“雅好博古，学乎旧史氏，多识前代之载”之学，但毕竟是无用于世，故一切礼制，必有符合当世的贵今精神，方能见其实用价值。从张衡的仁人之心推扩于政教人生，同样表现于“颂德”与“讽谏”两个方面：就“颂德”而言，他颇不类生于东汉盛世的班固张扬大汉盛德而趋向于“神谀”，即“宝鼎出”、“黄龙见”、“凤凰集”、“醴泉涌”，“天人合应，以发皇明”(《西都赋》)之类，而是切实于人生的道德礼赞。如他中岁后久居史职因答人之疑作《应间》，有段表示道德之诚心的话语：

> 君子不患位之不尊，而患德之不崇；不耻禄之不夥，而耻智之不博。是故艺可学而行可力也。天爵高悬，得之在命，或不速而自怀，或羡旃而不臻，求之无益，故智者偭而不思。阽身以徼幸，固贪夫之所为，未得而豫丧也。枉尺直寻，议者讥之。盈欲亏志，孰云非羞！于心有猜，则簋飧馔脯犹不屑餐，旌瞀以之[1]。意之无疑，则兼金盈百而不嫌辞，孟轲以之[2]。士或解裋褐而袭黼黻，或委臿筑而据文轩者，度德拜爵，量绩受禄也。输力致庸，受必有阶。

作者这里所谈论的"患德不崇"、"患智不博"、取必有道、"输力致庸"[3]，显然是他内蕴致用精神的"仁"的推扩和"道"的实践。也正因此，在张衡晚年极度的政治困惑中，他作《思玄赋》借骚情神游表达惆怅曲折心志时，始终没有超脱他一生信奉的如"彼天监之孔明兮，用棐忱而佑仁"、"匪仁里其焉宅兮，匪义迹其焉追"的道德追求。

其次，自然为本又是张衡在浑噩之世力倡礼教秩序的同时，为完善人格所表现出的一种终极追求，而自然与礼教在张衡人生实践中的并行不悖，则是通过儒道双修的内化功夫所达到的人生境界。这里有两点值得重视：第一，在政治论方面，

---

① "旌瞀"，即"爰旌目"，典见《列子·说符》"东方有人焉，曰有适也，而饿于道"故事。

② 典见《孟子·公孙丑下》，意谓取与之道必以义。

③ 按："庸"，即"用"、"功"意，语出《周礼·夏官·司勋》："掌六乡赏地之法，以等其功：王功曰勋，国功曰功，民功曰庸，事功曰劳，治功曰力。"

将孔学的“仁义”与老学的“玄德”结合起来，早在西汉之世的儒家或道家学者思想中形成，特别是《老子》中“我有三宝，持而保之。一曰慈，二曰俭，三曰不敢为天下先”和“人之饥也，以其取食税之多也，是以饥。百姓之不治也，以其上之有为也，是以不治”的慈爱与节俭的思想已多为学者或政治家接受。然而，从人生观融涵先秦儒、道两家的人生意趣，即从老子“知雄守雌”、“涤除玄鉴”到庄子“心斋”、“坐忘”、“物化”，从孔子“智者乐水，仁者乐山。智者动，仁者静”到颜回“物我两忘”、孟子“养气”、荀子“虚壹而静”的两条叠合的、皆以虚静为表现的自然美人生意趣，则是自西汉末到东汉中叶始风行于世的。张衡自然为本的思想或有政治因素，却更多人生意义，应合了这一时代学术的发展趋势。第二，如果说魏晋时代出现的自然与名教的矛盾和讨论，以及产生的“越名教而任自然”（嵇康语）的废弃汉代经学的观念，已具有兼含自然哲学与人生哲学的“本体”意义，那么，东汉中叶士人对政教（礼教）与自然的认知态度和糅合处理仍限于人生观范畴，尽管它对魏晋学术思潮的变迁有着未可轻估的作用。张衡对自然与礼教的自我涵容显然属于人生的锤炼和人格的完善。

在东汉文化衍变期，因儒道双修所呈示出的自然为本、政教为用的思想，可谓当时风气所向，如当时大儒胡广为学即在“博物洽闻，探赜穷理”（《后汉书·胡广传》），所以他在《百官箴叙》中强调“圣君求之于下，忠臣纳之于上”的政教精神的同时，也在《征士法高卿碑》中表现出那种“邈玄德，膺懿资，弘圣典，研道机”的应化自然的品性。马融也是如此。他虽深于经学，却“达生任性，不拘儒者之节”（《后汉书·马融传》），其为《长笛赋》有云：

> 故论记其义，协比其象，彷徨纵肆，旷漾敞罔，老、庄之概也；温直扰毅，孔、孟之方也；激朗清厉，随、光之介也；牢剌拂戾，诸、贲之气也；节解句断，管、商之制也；条决缤纷，申、韩之察也；繁缛骆驿，范、蔡之说也；剺栎铫㦕，晳、龙之惠也。

这里以笛声变化摹写众学义理，其中作者又以“老庄之概”与“孔孟之方”为构架，通过笛声“旷漾敞罔”的自然本质和“温直扰毅”的致用精神，以表达“通灵感物，写神喻意，致诚效志，率作兴事，溉盥污秽，澡雪垢滓”的自然、政教交互的人生、艺术旨趣。与之相比，张衡这种熔“儒”通“道”的人生更为典型。在张衡的著述中，清明政治是“清风畅于玄德，淳化通于自然”；理想的人生是“思仲尼之克己，履老氏之常足”（《二京赋》）。而“汉自中世以下，阉竖擅恣，故俗遂以遁身矫絜放言为高。……故时政弥惛，而其风愈往”（范晔《后汉书·荀韩钟陈传论》）；张氏处此世道，在礼教精神难以致用，自然人生饱受戕害的情势下，亦时时陷于既重仁义道德、维护礼教之情志思想，又重直观精神、心通天地之物我同化境界的矛盾和既重致用、理智、现实，又重虚无、任性、幻想的冲突之中，但在此矛盾与冲突之间，张氏始终没有丢失履“道”的实践，而是创建一种糅合自然与政教的人生。因此，他或在《髑髅赋》中借庄以消解人生之苦闷，欲达“况我已化，与道逍遥”的境界；或在《七辩》中假托“无为先生”之“背世绝俗，唯诵道篇；形虚年衰，志犹不迁”以及“七子”之谋，比况作者在超俗的自然心境显现的积极入世之态度。这一点在他政治上受极度压抑、心理上显得极度苦闷的《思玄赋》表现最为完整。特别是赋最后一段的道白：

> 收畴昔之逸豫兮，卷淫放之遐心。修初服之娑娑兮，长余珮之参参。文章焕以粲烂兮，美纷纭以从风。御六艺之珍驾兮，游道德之平林。结典籍而为罟兮，敺儒墨而为禽。玩阴阳之变化兮，咏《雅》《颂》之徽音。嘉曾氏之《归耕》兮，慕历陵之钦崟。共夙昔而不贰兮，固终始之所服也。夕惕若厉以省愆兮，惧余身之未敕也。苟中情之端直兮，莫吾知而不恧。墨无为以凝志兮，与仁义乎消摇。不出户而知天下兮，何必历远以劬劳。

在张衡广博的心胸间，最基本的还是立足现实而应化自然的与“仁义”共“消摇”（按：消摇，与逍遥同）的人生哲理，这是一种既不同于前此汉儒笺注主义、师法家法传统，也不同于后此玄学清谈、毁坏礼法的致用精神，是东汉时代出现的敦本厚俗而又不失个性的“道”的实践。

（二）“礼”的行为规范

张衡对“礼”的推崇，与对“道”的实践一样，是其人生观的极重要范畴。倘若说他的玄道思想更偏重在仁心的内塑和人格的锤炼，他的礼治观念则是其仁心向社会性这一意识层的推扩。

在整个汉代社会，礼法制度是统治者维护其政治利益和社会秩序的重要保证。而从学术的角度来看,“礼”的建构在汉代又有两种取径:一是以仁心充实于礼,一是以法制凌驾于礼,在前汉昭帝元始六年的盐铁会议上法家代表“御史大夫”桑弘羊与儒家代表“贤良文学”诸人的关于“德治”与“刑治”的争论,充分揭示了这种对垒[①]。随着西汉的衰亡,东汉的中兴以及再度疲敝,礼法制度也在不断的颓衰中修补,张衡对“礼”的重视,是此历史过程中的一环;而他以“仁心”、“玄德”充实于“礼”,又可看出思想主旨是传承仁礼思想的。也因为张衡一贯倡导礼治,所以在他一生中有两次参议“汉家礼仪”之举。其事见司马彪《后汉书·百官志》刘昭注引胡广《汉官解诂叙》:

> 前安帝时,越骑校尉刘千秋校书东观,好事者樊长孙与书曰:“汉家礼仪,叔孙通等所草创,皆随律令在理官,藏于几阁,无记录者,久令二代之业,暗而不彰。诚宜撰次,依拟《周礼》,定位分职,各有条序,令人无愚智,入朝不惑。君以公族元老,正丁其任,焉可以已!”刘君甚然其言,与邑子通人郎中张平子参议未定,而刘君迁为宗正、卫尉,平子为尚书郎、太史令,各务其职,未暇恤也。至顺帝时,平子为侍中典校书,方作《周官解说》,乃欲以(汉)[渐]次述汉事,会复迁河间相,遂莫能立也。述作之功,独不易矣。

① 详见桓宽《盐铁论》中《申韩》、《周秦》、《刑德》、《本议》诸篇。

由此可见张衡曾有两度参与汉家礼仪的建设:一是他入京未久的安帝永初年间与刘珍参议“汉家礼仪”,一是顺帝阳嘉、永和年间作《周官解说》以论建礼仪,前次虽因迁职未果,后次亦仅述周礼而未及言“汉事”,然其谙熟仪礼,在当时应是颇有影响的。

从张衡崇礼思想形成的政治文化背景来看,实与东汉儒士文化思潮以及安、顺二帝好礼尚俭的社会现实相关①,然就其崇“礼”之内涵而论,又显然更偏重对衰世人生的行为规范。因此,在人生哲学的意义上,我们能够清晰地看到张衡崇礼观两个层面的意义或价值:

第一个层面是对汉世神学的反拨,以显现其崇礼观的历史性与经验性。汉代礼仪制度的建立与崇礼思想的发展,同儒士文化的形成过程有相当大的关系。考汉代儒士文化之形成,大略经历了三个阶段:一是从汉初陆贾、郦食其倡儒学,叔孙通定朝仪到武、宣之世在“独尊儒术”的口号下将儒学之礼与法制、神学、利禄的结合,构成了西汉礼法制度。二是武、宣之后到王莽兴亡,此时面临的最大矛盾是“士族兴儒”以维护政权和“士族损民”以危害政权,如元帝时贡禹上书即谓“居官而置富者为雄杰,处奸而得利者为壮士。……求士不得其贤,相

① 关于两汉文化政治之差异,赵翼《廿二史札记》卷四“东汉功臣多近儒”条云:“西汉开国功臣多出于亡命无赖,至东汉中兴,则诸将帅皆有儒者气象,亦一时风会不同也。……(光武)帝本好学问,非同汉高之儒冠置溺也。而诸将之应运而兴者,亦皆多近于儒。”按:东汉儒学经明、章至安、顺虽渐衰,然好礼之风未绝。如安帝即位之初,就以《尚书》欧阳家“六宗”说设天地四方六宗之祭礼(《后汉书·祭祀志》);而顺帝生性“躬自菲薄,以崇玄默”,多倡节俭之礼,故崩后上尊号曰“敬宗”(同前刘昭注引《东观书》)。

守崇财利”(《汉书·贡禹传》);哀帝时鲍宣上书也说“群臣幸得居尊官,食重禄,岂有肯加恻于细民,助陛下流教化者焉?志但在营私家,称宾客,为奸利而已”(《汉书·鲍宣传》),已明确此严峻的社会问题。王莽以外戚身份立新朝,一则大兴儒风,并以“外交英俊,内事诸父”拉拢士族,一则恢复周礼,如“复井田”、“禁奴婢”等措施以限制和打击士族大姓的经济扩张①;前者是王莽赖以自立的重要手段,后者为其失败一大要因。三是光武举兵定鼎,制礼作乐,大畅儒风,之所以兴盛在于依附士族集团(特别是关陇集团),之所以成功更在使用怀柔、分化策略将士族强权在潜移默化中消解。而从哲学思想来看伴随着儒士文化而建立起的礼制,又有一重要分水岭,即西汉末年哀、平之世王莽、刘歆等倡立《周官》、《左氏春秋》以取代西汉显学《公羊春秋》。对此,章炳麟《检论·订孔上》认为:“哀平之间,《周官》、《左氏》始兴,神道渐褫”,其眼光是极为敏锐的。质言之,西汉盛世奉行的是神道礼制,是一种建立在天人感应、五德终始神学基础上的天道圣统,董仲舒《春秋繁露》中“天者,百神之君也”(《郊义》)、“受命之君,天意之所予也”(《为人者天》)的“天论”;“天之任阳不任阴,好德不好刑”(《天道无二》)的神学“目的论”和“天生之以孝悌,地养之以衣食,人成之以礼乐”(《立元神》)的天人副称“感应论”,为其最典型的理论表述。虽然西汉末年谶纬流行、东汉初立为国教,神学甚嚣尘上,特别是刘歆亦曾作《世经》为王莽造符命,但自哀、平以来《周官》诸古学的兴起,其根本意义是在从改变重神学之天

---

① 详见《汉书·王莽传》。按:对王莽恢复周礼周制诸措施的评价,可参许结《〈剧秦美新〉非“谀文”辨》,文载《学术月刊》1985年第6期。

道圣统而到归复重氏族之宗法圣统的思想转移。张衡崇礼观在很大程度上正是传承古学且专研《周官》而来，故其言礼绝少神氛，而是从历史经验的视角起指导和针砭现实的作用。在今存张衡著述中，《二京赋》内言“礼”处最多，如“经途九轨，城隅九雉。度堂以筵，度室以几”；“旌六典之旧章”；“百辟乃入，司仪辨等，尊卑以班，璧羔皮帛之贽既奠，天子乃以三揖之礼礼之”；“命膳夫以大飨”等，皆出自《周官》（即《周礼》），颂中寄讽，以寓当世礼制之毁坏。其中描写“东京”天子“籍田”、“大射”、“大阅”、“大傩”、“祭祀”、“巡行”、“定都”诸礼，叙事极为详备，寓意尤为深明。试观所叙行“大射礼”一节：

春日载阳，合射辟雍[①]。设业设虡，宫悬金镛。鼖鼓路鼗，树羽幢幢。……天子乃抚玉辂，时乘六龙。发鲸鱼，铿华钟。大丙弭节，风后陪乘。摄提运衡，徐至于射宫。礼事展，乐物具。《王夏》阕，《驺虞》奏。决拾既次，雕弓斯彀。达余萌于暮春，昭诚心以远喻。进明德而崇业，涤饕餮之贪欲。仁风衍而外流，谊方激而遐骛。日月会于龙狣，恤民事之劳疚。因休力以息勤，致欢忻于春酒。执銮刀以袒割，奉觞豆于国叟。降至尊以训恭，送迎拜乎三寿。敬慎威仪，示民不偷（通“佻”）。我有嘉宾，其乐愉愉。声教布濩，

① 按：“合射”，即行大射礼，与诸侯合射。《后汉书·明帝纪》：永平二年“三月，临辟雍，初行大射礼”。张赋即指此事。又，“辟雍”，据《白虎通》：“辟雍，所以行礼乐，宣德化也。辟者，象璧圆，以法天也。雍者，壅之以水，象教化流行也。辟之为言积也，积天下之道德；雍之为言壅也，壅天下之仪则：故谓辟雍。”

盈溢天区。

此节叙述天子幸辟雍，行大射兼及养老之礼，多用《周礼》、《尚书》以及《诗》之《雅》、《颂》典故以喻当世，并通过行礼之过程以阐发作者倡明的进德修业、戒贪除暴、布施仁风、激扬道义的礼治思想。当然，作为文学创作，《二京赋》言礼亦兼涉神怪之语，如写“大傩”之礼，行“黄门逐疫”之事，中多巫觋鬼神描述，然作者实系写当时禳祭驱逐疫鬼的状况，以取“大傩”消灾恤民之意[①]，与西汉今文经学家之神道礼仪不可同日而语。所以张衡无论是叙述周礼，还是谈论有汉礼仪，皆引史以证今；甚至他上疏请专事东观收检遗文，也不仅限于史学家的“竭思于补阙”，而更要紧的是“定汉家礼仪”以规范现实。

另一个层面是对衰世的拯救，以显现其崇礼观的现实性和批判性。张衡的人生观是极为理智的，而这种理智的人生推扩于社会的群体意识，则表现于他对当代礼制的思考。这又突出表现在三个方面：一是反奢侈：重点在对帝王人生行为的规范。如《二京赋》歌颂汉高祖刘邦“杖朱旗而建大号”后反秦世之侈，重俭朴之行：

因秦宫室，据其府库。作洛之制，我则未暇。是以西匠营宫，目玩阿房，规摹逾溢，不度不臧。损之又

① 《后汉书·礼仪志》：“先腊一日，大傩，谓之逐疫。”李贤注引《汉旧仪》：“颛顼氏有三子，生而亡去为疫鬼。一居江水，是为疟鬼；一居若水，是为罔两蜮鬼；一居人宫室区隅，善惊人小儿。”故《周礼·夏官》有“方相氏”帅百隶行傩殴疫的记载。

损，然尚过于周堂。观者狭而谓之陋，帝已讥其泰而弗康①。

出此俭节之礼，作者在赋中多处赞美“慕唐虞之茅茨，思夏后之卑室”，“盛夏后之致美，爰敬恭于明神”；而对“取乐今日，遑恤我后”的恣乐行为进行了尖锐的批判。二是反僭越：对权臣（重点是外戚、宦官）人生行为的规范。张衡在此问题上一方面取鉴西汉灭亡之教训在皇权旁落，所以曾上《表求合正三史》力主“王莽本传，但应载篡事而已，至于编年月，纪灾祥，宜为《元后本纪》”；一方面针对安、顺时期主威久谢，外戚、宦官相继执弄权柄而大倡礼节，以隆君威。所谓“威仪，所以与君臣，序六亲也。若君亡君之威，臣亡臣之仪，上替下陵，此谓大乱。大乱作，则群生受其殃，可不慎哉！”（《后汉书·礼仪志》）张衡有鉴于此，故在顺帝之世因灾《上陈事疏》有云：

陛下宣哲克明，继体承天，中遭倾覆，龙德泥蟠。因德降休，乘失致咎，天道虽远，吉凶可见。近世郑、蔡、江、樊、周广、王圣，皆为效矣。

贵宠之臣，众所属仰，其有愆尤，上下知之。褒美讥恶，有心皆同，故怨讟溢乎四海，神明降其祸辟也。

愿陛下思惟所以稽古率旧，勿令刑德八柄，不由天子。若恩从上下，事依礼制，礼制修则奢僭息，事合

---

① 张衡此用《汉书·高祖本纪》故事：汉七年二月“至长安。萧何治未央宫，立东阙、北阙、前殿、武库、大仓。上见其壮丽，甚怒，谓何曰：‘天下匈匈，劳苦数岁，成败未可知，是何治宫室过度也！’”

宜则无凶咎。

历述自新莽至当世之忧患与教训，力主崇礼反僭，内中既表现出强烈的尊君观念，也包含着作者担忧世道大乱而“群生受其殃”的恤民思想。三是反虚伪：对士阶层人生行为的规范。在张衡看来，当时因举制腐化而导致士风、学风败坏，所以他对士阶层礼仪的规范首先落实于对当世举制腐化的批判。试观其《阳嘉二年京师地震对策》的质疑：

自初举孝廉，迄今二百岁矣，皆先孝行，行有余力，始及文法。辛卯诏以能宣章句奏案为限。虽有至孝，犹不应科，此弃本而就末。……且郡国守相，剖符宁境为大臣，一旦免黜十有余人，吏民罢于送迎之役；新故交际，公私放滥，或临政莅民，为百姓取便，而以小过免之，是为夺人父母，使嗟号也。又察选举一任三府，台阁秘密，振暴于外，货贿多行，人事流通，令真伪浑淆，昏乱清朝，此为下陵上替，分威共德，灾异之兴，不亦宜乎！

由此可见三层含义：首先，帝王以章句之学取士，与汉世“孝廉”科本意相左，所以张衡认为此科当以孝行为本，方合礼制，否则即“弃本而就末”。其二，官员贪赃屈礼，举子贿赂公行，致使“台阁秘密，振暴于外”，选制败坏，无以复加，此张衡之所以“患德”之失而深恶痛绝，并慨叹“彼无合其何伤兮，患众伪之冒真”、“行陂僻而获志兮，循法度而离殃”（《思玄赋》）的重要原因。其三，汉世进趋，多由乡曲之誉，故士好为矫激之行以立名[1]，而至选制日趋腐化的东汉中叶，士人为求名利，更多游谈干谒、贪冒作伪，以至“新故交际，公私放滥”，此风既与张衡生性“无骄尚之情，常从容淡静”不侔，也与其崇礼思想是格格不入的。

张衡崇礼观内涵了他正直的人格，但由于长期受儒经文化思潮的熏陶和影响，他人格中所具有的抗俗精神，实与儒学气氛较为淡薄的西汉前期、经学体系处于全面崩溃的东汉末年皆有明显的差异。就前者而论，张衡对史迁所赞美的“游侠”行为的态度与班固相似，以“礼”的精神进行了贬讽（详见《二京赋》中“都邑游侠”、“轻死重气，结党连群”一段的描写和寓意）；就后者而论，张衡的态度又显然与桓、灵时期党锢君子清议抗俗、非毁朝政不同，而是与他对“道”的实践一样，偏重于一种理智的教化和修补。

二、玄儒人生风范

东汉中叶士人的玄儒人生观，是从儒经思潮中脱颖而出之高蹈情怀和玄远意识的表现，其内涵是突破汉代儒经神学体系对人心灵的约制，建构一种新型的人格。当时士行，或“激扬名声”，或“清静淡泊”，或“与世混同”，或“离俗为高”，其与自西汉中叶到东汉前期在浓重的儒经思想笼罩下的士人心态相比，明显表现出异乎前者的任情旷达、弘扬个性的特征。从思想史的发展来看，这种新型人格的构建固然蕴涵了多元深

① 关于汉代因举制而出现的矫激立名之风，可参见《风俗通义》中《愆礼》、《过誉》、《十反》诸篇。

层的文化机制，但其间最突出的仍是儒、道思想的绌补，亦即东汉中叶士人共有的以自然为本、政教为用的儒、道双修的人文精神，张衡正是这样一种人生实践的典型人物。

（一）“玄儒”释义

“玄儒”思想是汉代经学思想向魏晋玄学思想转变过程中的重要环节，而“玄儒”一词也正是针对这一思想转变提出的，它落实于人生，即为“玄儒境界”[①]。从玄儒思想形成的发展历程来看，宜追溯到先秦儒、道两家哲学对人生问题所持的态度。冯友兰曾指出：“中国思想的两个主要趋势道家和儒家的根源，它们是彼此不同的两极，但又是同一轴杆的两极”；“儒家强调人的社会责任，但是道家强调人的内部的自然自发的东西”（冯友兰《中国哲学简史》第一章《中国哲学的精神》）。就汉代思想而论，虽以“宣明旧艺”的儒学为主，但从汉初重黄老到汉末贵老庄，道家思想始终起着交互绌补的作用，故论“玄儒”之渊深文化背景，结穴即在先秦儒、道哲学落实于人生均追求有限的自我超越，以体验心灵的无限崇高状态。然从东汉士人建构玄儒人生过程中道家思想的复兴来说，其又与汉初黄老之学意趣迥异：汉初黄老之学是直承先秦黄老学术，是以统治者政治权术为中心的道、法相间的思想体系；而东汉的玄儒思潮则是在汉文化核心之儒家政教意识鞭策羁縻下出现的

① 关于“玄儒”概念，是笔者研究汉代文学思想的发展与变迁时提出，对此，可详见拙撰《从东汉后期文学看玄儒境界——兼论汉代经学向魏晋玄学嬗变的思想环节》，《文史哲》1991 年第 3 期。

人生哲学，其直接的产生背景又在汉代经学的衰变和“玄”学的兴盛。

由张衡对玄儒人生的接受看汉代经学之衰变与玄学之兴盛，其转折点仍应追溯至西汉末的哀、平之世。关于经学之衰变，关键在刘歆对古文经特别是《周官》之学的提倡，其影响到东汉古文派大儒贾逵、马融，以及属于自由学派的人物如桓谭、王充等，形成的一股崇礼治、重人本的思潮，直接对由西汉今文学诸儒惨淡经营的天人感应之神学体系进行了对抗与解构，在客观上表现出将儒学的人文本质从社会化、世俗化之“神”意转向对其历史与人生价值的肯定[①]。张衡玄儒人生中内涵的儒学精神，无疑与这一文化学术思潮因缘契合。

汉代论“玄”，早在西汉后期已有伏流，高士严君平（遵）“专精《大易》，耽于《老》、《庄》”（《华阳国志》卷十），撰《老子指归》十余万言，肇起玄风；扬雄从学严氏，通《老》、《易》而成《太玄》，以“玄”代“道”，为玄宗巨擘。迨至东汉，扬子之“玄”经桓谭、王充的推崇，玄风渐渍于士人之心，如向长“好通《老》《易》”（《后汉书·向长传》）、范升“习《梁丘易》、《老子》”（《后汉书·范升传》）、折象“通《京氏易》，好黄老言”（《后汉书·方术列传》）、张衡“耽好《玄经》”、马融、郑玄皆以《老》注《易》（见《后汉书》本传），风气大开。至于效《玄》之作有张衡《玄图》、《思玄》、邹邠《玄思》、刘騊駼《玄根》、宋志《玄测》、蔡邕《玄

① 按：与西汉武帝时代由董仲舒确立《春秋公羊》学重天人感应之神学体系相比，汉宣帝时刘向倡言以《春秋谷梁》学取代《公羊》，已明显表现出注重民本的礼治思想，故钟文烝《谷梁补注·论传》云：“《谷梁》多特言君臣父子兄弟夫妇，与夫贵礼贱兵，内夏外夷之旨。”但再与古文经之《左传》、《周官》相比，仍多灾异神氛，未显示其对历史与人本的重视。

表》、潘勖《玄达》；注《玄》之作自侯芭后相继有张衡、崔瑗同名《太玄经注》、宋衷、陆绩注《玄》等（见姚振宗《后汉艺文志》），无不追踪扬雄，开魏晋玄学之先声①。而在东汉慕玄习玄风气中，张衡好玄尤甚，他对扬雄《太玄》已非单纯的追慕，而更有继承与发展。概述张氏论“玄”，实包括自然哲学、自然科学（即天文学）和人生观三个方面，前两个方面有已佚的《玄图》、《太玄经注》和残存的《灵宪》，后者则主要见于他的文学创作《思玄赋》中。

在《思玄赋》中，张衡固然也继承了扬雄“玄幽摛万类而不见形”（《太玄・玄摛》）的自然哲学观和他的天文学思想，但更重要的却是发挥了扬雄“（玄）三摹而得乎人，故谓之有人”、“夫玄者，天道也，地道也，人道也”（《太玄・玄图》）中的“人道”观，将玄远之学内收于心灵，显其“旷放”其表、“内圣”其实的“玄儒”人格。考《思玄赋》对“玄”之释义，可由两条线索观之：

一为开篇立义的先哲“玄训”，即传承前人之玄。对此，《后汉书》李贤注：“玄，道也，德也。《老子》曰：‘玄之又玄，众妙之门’”，“玄训，道德之训也”，先取道家之“道”为训；而紧接注赋文“匪仁里其焉宅，匪义迹其焉追”引《论语》孔子曰“里仁为美，宅不处仁，焉得知”，又取儒家之“仁”为训，“仁”、“道”合

① 汤用彤《魏晋玄学论稿・魏晋玄学流别略论》认为：“溯自扬子云以后，汉代学士文人即间尝企慕玄远。”侯外庐等著《中国思想通史》第二卷论扬雄思想的异端倾向“一方面开魏晋玄学之风的先河，另一方面在两汉之际也有其独立的贡献”，皆属中肯。对此，许结《论扬雄与东汉文学思潮》（《中国社会科学》1988年第1期）、《扬雄与两汉思想》（《中国哲学史研究》1988年第4期）两文有详尽论述。

璧，是为准则。故《文选》张铣注“玄训”曰：“哲智玄远也。”然因汉人论“玄”取径甚广，对扬雄《太玄》也多异议，如桓谭《新论》谓“扬雄作玄书，以为玄者，天也，道也。言圣贤制法作事，皆引天道以为本统，而因附续万类、王政、人事、法度，故宓羲氏谓之‘易’，老子谓之‘道’，孔子谓之‘元’，而扬雄谓之‘玄’。”以“玄”包罗万类，致引发后世关于《太玄》拟《老》、《易》与否之辩[①]。同样，张衡之“玄”，亦非仅如注释家所述之清明简略，而取径亦广，既有先秦孔、老、易之学，也有汉世《淮南子》、《太玄经》、京氏《易》、《易纬》诸论，内涵丰富，界线模糊；但第论其《思玄》旨归，诚为作者真切之人生心态的展示。从这一点去理解，上引注释家合观儒、道，以“哲智”之人生诠解“玄训”，是较为切实的。

二为收篇束义的自获“玄谋（谋）”，即具有当世精神的作者之“玄”。关于这一点，《文选》卷十五《思玄赋》“旧注”有明确说明：“顺、和二帝时，国政稍微，专恣内竖。平子欲言政事，又为阉竖所谗蔽，意不得志，欲游六合之外。势既不能，义又不可，但思其玄远之道而赋之，以申其志耳。”其迫于时势，心欲所“游”，而“义”又不可，正揭破了东汉后期士人貌似玄远闲旷而深层却潜伏和涌动着的社会政治忧患，内蕴着的入世而欲超世、超世还本入世的人生与灵魂。汤用彤在《魏晋玄学论稿·王弼大衍义略释》中认为：“汉末玄风渐起，其思想蜕变之迹，当求之于二事：一为名学，一为易学。名学偏于人事，为东汉清议演变为清谈之关键……易学关于天道，辅之以《太玄》，

① 参见王应麟《困学纪闻》卷九《历数》“太玄本老子”条、杨慎《丹铅杂录》卷一“太玄非拟易”条。

在汉末最为流行。”此说甚明汉末玄风之盛及《太玄》予其风势转移的影响。然东汉老庄之复兴，实不待魏晋“以老庄解易”（同前），而在和、顺之世一时学人如冯衍、挚恂、张衡、马融、崔瑗、高彪等，老庄哲理已深入其思想意识；同时，汉《易》与《太玄》又绝非仅究天道而不及人事，张衡所言“玄谋”表现的“玄圣之道”（《文选》吕向注语），是无疑包含了扬子论玄“三摹而得乎人”的精神。张衡写《二京赋》时对世道不济已表露出“为无为，事无事，永有民以孔安；遵节俭，尚素朴，思仲尼之克己，履老氏之常足”的合儒道思想，而在《思玄赋》中再以形象的文学语言阐发玄理，最明显的是作者随时世之嬗移、学养之迁转进一步向玄儒人生衍化，从而凝定为一种较为成熟的玄儒境界。

（二）玄儒境界

张衡述“玄”之文化内蕴，在切实的人生忧患，如《思玄赋》的创作情旨，“为阉竖所谗蔽”是其政治现实；“欲游六合之外”是其隐遁之思；而“势既不能，义又不可”，则表现出处于既难以摆脱政治昏惑势力、又不能弃置社会责任的矛盾现实与矛盾心态。这正是该赋通过人生无常而欲脱俗神游之描写，“思其玄远之道”，“以伸其志”的道理。当然，张衡为协调缘于社会衰变的现实矛盾选择的“玄”的人生，与魏晋时代玄学人生尚有区别，但在《思玄赋》中确实也出现了与之相类、或具先导意义的两点倾向：一为融合儒道。张氏赋中情绪显然既不同于前此赋家（如班固）将儒学神圣化，也不类汉末后继赋家（如赵壹）对俗儒虚伪的提撕，而是兼取孔氏“仁心”、老氏“道意”，欲致

“惟达者知通为一”(《庄子·齐物论》)的境界。因此,张衡与同时士人胡广、马融、王逸、崔瑗等一样,其对儒学的态度已非盲目信奉和思摹经典,而更多地是在玄儒意识空间涵蕴“游心于六艺,留情于五常”的情愫,提高“空虚为本,清净为心”的修养。二为整合庄子之通达与屈原之坚贞。缘此,《思玄赋》中“孑不群而介立”的孤高与“与仁义乎逍遥”的精神,正是取法屈骚之幽怨而激扬的个性、取法庄子“游”的自由与旷达,使其幽愤情绪、浪漫想象、执着追求、逍遥自适皆整合于“玄”的人生,崔瑗评其“天姿浚哲,敏而好学”、“道德漫流,文章云浮”、“磊落炳焕,与神合契”(《河间相张平子碑》),诚为“玄儒”境界的总括。

概括地说,玄儒境界是既不同于汉代经学家的人生态度,也不同于魏晋玄学家的人生态度的一种介乎二者之间的人生观,它是从西汉末到东汉中、后期逐渐形成的。而从东汉中叶特定时代之文化变革心理看玄儒境界在士人身心的映现,并以张衡思想为中心作一探究,其间缘于儒道双修而呈现出的三重结合,尤宜注意:

1. 致用的社会意识与求真的人生品格之结合。

观张衡一生对社会现实所持的态度,无疑是以致用为本的。这在他的人生行事与对当世人物(如陈宠、吕盖、鲍德)的评骘中均有鲜明的展示。即使在他居京日久,对现实政治表现出一定程度的厌倦之时,他深心的致用意识仍时时外泄于言表。如他在《应间》中对“间者”责其遁隐史职而不能“佐国理民”的应答,表现出的仍是对现实的深切关注。试观其叙述战国以来政治昏乱后落点于现实时云:

> 夫女魃北而应龙翔，洪鼎声而军容息，溽暑至而鹑火栖，寒冰沍而鼋鼍蛰。今也皇泽宣洽，海外混同，万方亿醜，并质共剂。若修成之不暇，尚何功之可立？立事有三，言为下列，下列且不可庶矣，奚冀其二哉？

这里虽然言及贤者有道则出，无道则隐的态度，但其中对帝王"修成"之业的重视、对"三不朽"中"德"、"行"的重视①，均表现了他的致功精神。但有一点很明确，即在社会致用精神与士人应有的正直品格产生矛盾时，他既不同于西汉今文经学常有的屈人以伸天的神学观，亦不同于当时一些人持屈学从谀的世俗观，而是以求真的品格对待世俗与社会。在这一点上，张衡基本上继承了王充《论衡》"疾虚妄"的精神，所不尽同的是王氏多愤世嫉俗，张氏则力求协调"真性"与"俗务"之关系，以达到或切合于社会、或自洁其人生的境地。所以，张衡《思玄赋》在痛恨乱世俗习之败坏，慨叹其"彼无合其何伤兮，患众伪之冒真"，"俗迁渝而事化兮，泯规矩之圆方"，"行陂僻而获志兮，循法度而离殃"之现实时，一则以"不抑操而苟容兮，譬临河而无航。欲巧笑以干媚兮，非余心之所尝"自坚其纯真之性，一则又在远逸神游后返回现实，所谓"修初服之娑娑兮，长余珮之参参"，阐扬其入世的"御六艺之珍驾兮，游道德之平林"的社会实践。

2. 通博的知识结构与质朴的人文心态之结合。

张衡为汉代通博学者，为世共认，其一生政治、人生思想

① "三不朽"见《左传》襄公二十四年引鲁叔孙豹曰："太上有立德，其次有立功，其次有立言。"张文所引据此。又见《后汉书》李贤注。

以质朴为尚，也是显而易见；而绾合此二者，又正是东汉玄儒人生境界的一个重要表现。就知识结构而言，儒门自孔子以“四科”教学、倡依“仁”游“艺”，论《诗》谓“多识鸟兽草木之名”，皆不排斥通博；而到汉代“罢黜百家，独尊儒术”，立经学博士，通经致用，以至师法、家法、笺注、章句之学兴盛，加上神学比附之风行时，学问之道亦日趋蹇陋。正在此学术背景下，刘歆倡“古文”经、扬雄立“太玄”学，即遭当世强烈的讥刺和抵制。而到东汉，自桓谭盛赞扬雄学识，于儒经提倡“摒群小之曲说，述五经之正义，略雷同之俗语，详通人之雅谋”（《后汉书·桓谭传》引《新论》），始视专狭之学为“俗儒”之务，非“通人”之谋。到王充作《论衡》，在《效力篇》、《别通篇》、《超奇篇》中，分别提出“文吏”、“文儒”、“儒生”、“俗人”、“通人”、“世儒”、“鸿儒”等概念，明确反对当代经学之偏狭，而歌颂如司马子长、刘子政父子、扬子云、桓君山式的通博学者。所以他在《超奇篇》中说：“故儒生过俗人，通人胜儒生，文人逾通人，鸿儒超文人。”正是这种“鸿儒”的通博而超奇的精神，在东汉不仅催促了经学自身的衍化，致使治经学者已多不拘“儒者之节”，而且对经学观本来就比较淡薄的人如张衡来讲，更成为建构其玄儒人生必备的文化素养。[①] 张衡渊博的知识和对“玄”兼含自然与人生的体认，已如上述是信而可征的。唯玄儒境界，还在博学而不华美，是以一种真诚质朴的人文心态对待繁富的大千世界。在张衡思想中，崇礼，是对世道混乱的修补；尚俭，又

① 关于汉代“通儒”之学，可参见康有为《新学伪经考·伪经传于通学成于郑玄考》及《伪经传授表下》“通学类”（古籍出版社 1956 年版）。按：康氏列自刘歆至郑玄汉世通学 50 人，张衡占居其中。

是对汉代统治者好大喜功、奢侈成风、民本思想丧失的反拨。如果说前者主要是对孔子“仁”、“礼”思想的推扩，则后者更多的是借助老子“见素抱朴”、“美言不信”(《老子》十九章、八十一章)的真朴观矫正世俗行为，张氏在著作反复推述的“清风协于玄德，淳化通于自然”、“履老氏之常足”(《二京赋》)、“何道真之淳粹兮，去秽累而票轻”、“不出户而知天下兮，何必历远以劬劳”(《思玄赋》)，可为印证。张氏挚友崔瑗曾作五言诗体《座右铭》，其中有云“世誉不足慕，唯仁为纪纲”；“无使名过实，守愚圣所藏；柔弱生之徒，老氏诫刚强；在涅贵不淄，暧暧内含光”，在自诫、自主、自信中糅合儒家仁礼观与道家朴拙美，树立起“在涅不淄”的融现实与理想为一的人格，是与张衡人生玄境完全通合的。

3. 朝隐的生存方式与逍遥的精神追求之结合。

东汉中叶政教松弛，在社会危机四伏的状况下士子的仕途充满了艰辛苦楚，因此，他们在为挽救政体颓废和世道浇漓作出种种努力的同时，又在反思历史、面视现实之斑剥漫漶的忧患中寻求自全身心、保护清誉的方法，“朝隐”和“逍遥”，确实成为反映这一时期文化心理的特有状态。观张衡生平，他可谓毕生孜孜于入世之途，倡扬文治教化，又始终表现出一种隐逸企向，于是朝隐柱史成为他的生存方式，追求逍遥之境，成为自我意识和自由意志的实现。这也是张衡反对“游侠”独行却赞美“隐士”风范的思想基础。在张衡晚年，因厌倦世俗而作《归田赋》已表现出由朝隐向归趣田园的思想转移，但论其主流，还是介乎仕与隐之间、儒与道之际的玄儒境界。试观《归田赋》的描写，开篇固以“游都邑以永久，无明略以佐时”，“超尘埃以遐逝，与世事乎长辞”的厌弃世俗、寻求解脱的隐逸思想领起，然继后在“仲春令月”、“仰飞”、“俯钓”两节想象中的闲隐趣味的描述，作者终于透过冷静恬淡的向晚景象写出自己的真实思想和心境：

> 感老氏之遗戒，将回驾乎蓬庐。弹五弦之妙指，咏周孔之图书。挥翰墨以奋藻，陈三皇之轨模。苟纵心于物外，安知荣辱之所如？

这里固然包含了孔子“浴乎沂，风乎舞雩，咏而归”（《论语·先进》）之精神风范和老子倡扬的“得其美而游乎至乐”（《庄子·田子方》引）之人生乐处，甚至效法了庄子的“采真之游”与“混冥”境界①，但他表达的那种和静自安、随时应世而又好礼知乐、无系荣辱的心境，又显然属于张衡的时代。张衡曾在《应间》文中赞美“玄龙”（古代传说中的黑龙）云：“夫玄龙，迎夏则凌云而奋鳞，乐时也；涉冬则淈泥而潜蟠，避害也。”这句话或许有助于我们加深对张衡结合“朝隐”与“逍遥”，寻找“道意”以体悟“儒心”的理解。

---

① 庄子的“采真之游”、“混冥”境界见《庄子》之《天下》、《天运》、《天地》、《寓言》诸篇。按，关于张衡《归田赋》等创作与庄子的关系，详本书“第八章”对其文学审美思想及其境界的探讨。

第四章　反宦非谶　诤臣补衮
——张衡的政治改良思想

由于东汉中后期大地主、大商贾势力的发展，外戚、宦官轮番执政，政治腐败、民生凋敝，内忧外患，旋踵而至，民族矛盾和阶级矛盾明显激化。在此情势下，一大批代表庶族地主的官吏和士大夫对黑暗的社会现实表示出极大的不满，出现了一股历经和、安、顺、桓、灵数朝近百年的政治改良思潮，张衡即为这一改良思潮早期的重要人物之一。

东汉政治改良思潮大略经历了舆论准备、理论积累到大规模行为抗争的过程。在和、顺之世，官僚政体中的进步人士如袁安、任隗、乐恢、杨震、陈忠等，或抗议朝堂、或除苛州郡，特别是以尚书令左雄以及周举、黄琼、李固、杜乔等人为核心的改良派阵营的形成，并从选举、吏治、安民、抚戎多方面提出与实施改良方针，使这一运动达到高潮。可以认为，正是和、顺之世以吏治改革为中心的改良思潮，揭开了士大夫阶层与外戚、宦官斗争的序幕，且直接影响了桓、灵之世声势浩大的太学生运动，以及由此导致的惨烈而悲壮的“党锢之祸”。与左雄相近，张衡作为倡改良政治的思想家，也针对当时的社会矛盾提出了上述诸方面的改良主张，并起了继后崔寔、荀悦、仲长统对汉末社会腐噩尖锐批判的理论先导作用。然就张衡个人的政治改良思想来看，则因其久居史职和依违于皇权与宦政之间，又突出表现于倡“礼制”以反宦官僭越和重“人事”以反图谶虚误两方面；同时，缘于张衡个性和生存处境，形成了他特有的求治与畏祸的矛盾心理，故其反宦与非谶又缺乏如左雄、李固、尹敏等那样的付诸实践的坚决抗争，而表现出作为一名谏诤之臣往往屈己以伸君的进谏方式和“补衮”心态。①

一、通古贯今的政治批判

张衡的政治改良思想基本上是围绕东汉中叶政治现实状况提出，包括当时面临的四大严峻问题，即吏治腐败、外戚宦官当政、灾荒严重和异族掠边。关于选用贤良、整顿吏治，救济灾荒、缓和自耕农和地主间的矛盾以及加强边备、怀抚少数民

① “补衮”语出《诗·大雅·烝民》：“衮职有缺，维仲山甫补之。”《毛传》：“有衮冕者，君之上服也，仲山甫补之，善补过也。”《郑笺》：“衮职者，不敢斥王之言也。王之职有缺，辄能补之者，仲山甫也。”按：“补衮”取意于此，比较典型地反映了封建时代臣子进谏专制君主的传统方式，在这一点上，张衡实多遵循，故其改良思想基本限于理论探讨，缺少行为抗争。

族诸方面，张衡在其《上顺帝封事》、《上陈事疏》、《日蚀上表》、《阳嘉二年京师地震对策》等多篇奏疏中已向帝王尽陈己见，内容亦不出当时政治改良派的主张或思想，其深度性也不及杨震、左雄、李固等人。但从张衡长期担任朝廷史职、尤其是迁侍中时备策顾问的生存环境着眼，并结合其平生一以贯之的理性精神和科学思维，他的政治改良思想又有着自己的个性，即立足现实的通古贯今的政治反省，这又首先表现于他的反宦态度方面。

(一)反　宦

作为以血缘为纽带之宗法制的产物，其"外戚"、"宦官"渐成困扰封建政体的两大"毒瘤"，至"主威久谢"的东汉中后期，腐化政治的作用尤为明显，《后汉书·皇后纪》谓"东京皇统屡绝，权归女主，外立四帝，临朝者六后"，《党锢列传》谓"主荒政谬，国命委于阉竖"，已明外戚擅权、宦官专政之迹；至于外戚显贵、宦者封侯，在东汉王朝，自成惯例。[1] 因此，"权去外戚，政归国家"；"罢退宦官，去其权重"，成为改良派思想家的一个重要口号。在对外戚与宦官的态度上，张衡实有偏重，即对外戚擅权，他以历史批判的态度而兼及现实的警醒，对宦官专政，则以现实的批判态度而兼及历史的反思，寄托深沉的政治忧患意识。探究其因，要在刘汉一代，外戚乱政，以前汉为最，并导致皇祚中断；而宦官乱政，尤肆虐于后汉，并导致刘汉王

① 参见徐天麟《东汉会要》卷十七"宦者封侯"、卷二十三"外戚贵盛"条。

朝的倾覆。[①] 所以,张衡政治观中对外戚擅权的批判,多借王莽篡汉为例以发论。如《二京赋》论"西京"之亡云:"且夫挈缾之智,守不假器。况纂帝业,而轻天位?……夫君人者,黈纩塞耳,车中不内顾。珮以制容,銮以节涂。行不变玉,驾不乱步。……百姓同于饶衍,上下共其雍熙。洪恩素蓄,民心固结。执谊顾主,夫怀贞节。忿奸慝之干命,怨皇统之见替;玄谋设而阴行,合二九而成谲。"[②]此出"礼制"观对西汉帝王奢侈、内宠而导致外戚乱政的反省,是十分明显的。缘此思考,张衡处当世外戚势盛之时,故能自洁其身(如早年不应邓骘召),保持名节。相对而言,他对皇权潜移的忧虑,却更多地表现在反对宦官专政。

从张衡"反宦"思想的内涵看,首先是建立在尊君权、重礼制的政治意识的基础上的。宦官为祸,历时虽久,然经秦汉宦官制度的建立,特别是前汉武帝时后妃、外戚大规模的倾轧、后汉光武帝不用三公,[③]衍替陵夷至东汉中叶,始出现中国历史上宦官专政的第一次高峰。论其专政形态,约有三端:一曰由刑人向官吏的转变,使宦官基本囊括了中央政府的多重政

---

① 《后汉书·宦者列传》史臣"论曰":"西京自外戚失祚,东都缘阉尹倾国",凝括史实,极为警策。又,何焯《义门读书记》卷二十四对《后汉书》之《宦者列传》作评论云:"董贤负乘,莽得窃柄,故西京佞悻关系存亡;东都则黄巾蚁聚,群雄龙战,皆由宦者流毒",语亦精辟。

② 按:"二九",指王莽以外戚之尊,篡汉建新,凡在位十八年。

③ 汉末仲长统《昌言·法诫篇》:"光武皇帝愠数世之失权,忿强臣之窃命,矫枉过直,政不任下;虽置三公,事归台阁。……而权移外戚之家,宠被近习之竖。"又,清人华湛恩《后汉三公年表序》亦云:"光武中兴,贤主也。其不任三公,政归台阁,欲使权不下移,政由上出也。迨至再传而后,祸起于贵戚,极于宦官,而汉以不振。"皆光武不用三公启外戚宦官祸乱之论。

治权力，其如中枢机要、监议朝会、察举用人、典领军务、司法治狱、内廷财政、祭祀礼仪诸权，无所不包。例如察举一项，和、顺时由宦官担任的秩二千石的大长秋即手控用人大权，以至地方“州牧郡守承顺风旨，辟召选举，释贤取愚”(《后汉书·曹节传》)。二曰因人数增多，渐成团体，至东汉时太后三卿“常用宦者”(杜佑《通典·职官九》)，尤形成了强大的政治集团势力。这一现象在安帝时邓太后称制，宦官江京、樊丰、刘安、陈达等与外戚阎显结党弄权，废太子刘保为济阴王，而安帝死后，中黄门孙程又首谋，纠集十九名宦官(后封十九侯)诛杀外戚阎显及江京等，复立刘保为帝，是为汉顺帝。经此废立事变的发生，宦官集团权势炙热，以至“苛营私门，多蓄财货”、“辄诬以大逆，皆诛灭之，没入财物”、“侵犯百姓，劫掠行旅”(《后汉书·宦者列传》)，无恶不为，无所忌惮。三曰专政方式，渐由迷惑君主、盗用君权向隔绝君臣、挟制天子、废置人主的发展，东汉安帝时宦官乱政、顺帝为阉宦所立以及桓灵之世宦祸亡国，皆为此专政方式变化之明证。正因为宦官专执权柄，而帝权旁落，以至“请奏机事，多以宦人主之”(《后汉书·宦者列传》)，所以尽管汉顺帝为宦者策立，其于登基以后，亦深忧宦祸，张衡出于尊君崇礼的思想，于顺帝永建五年初任太史令，即上《陈事疏》假灾荒休咎，委婉进谏约制宦官权力：

> 愿陛下思惟所以稽古率旧，勿令刑德八柄不由天子。若恩从上下，事依礼制，礼制修则奢僭息，事令宜则无凶咎。

而当这种婉谏也受到宦官的抵斥时，张衡的反宦思想则转入了更为隐晦的历史反思。

据《后汉书》本传记载，张衡由太史令迁侍中，顺帝“引在帷幄，讽议左右。尝问天下所疾恶者。宦官惧其毁己，皆共目之，衡乃诡对而出。阉竖恐终为其患，遂共谗之”。而在《文选·思玄赋》李善注语中，较范书表述尤为明晰：“顺、和二帝之时，[①]国政稍微，专恣内竖，平子欲言政事，又为阉竖所谗蔽，意不得志。欲游六合之外，势既不能，义又不可，但思其玄远之道而赋之，以申其志耳。”[②]由此可见，张氏《思玄赋》因宦竖谗蔽而作，然诸注似未明赋中所言非尽“玄远”，而实充溢着作者的“反宦”情绪。试举赋中借大量史事以戟刺现实的一节描写：

> 窦号行于代路兮，后膺祚而繁庑。王肆侈于汉廷兮，卒衔恤而绝绪。尉龙眉而郎潜兮，逮三叶而遘武。董弱冠而司衮兮，设王隧而弗处。夫吉凶之相仍兮，恒反恻而靡所。穆负天以悦牛兮，竖乱叔而幽主。文断袪而忌伯兮，阉谒贼而宁后。通人闇于好恶兮，岂爱惑之能剖？[③] 嬴擿谶而戒胡兮，备诸外而发内。

此间连用汉文窦后、汉平王后、颜驷、董贤、叔孙豹、寺人勃鞮、

① 按时序“顺、和”宜为“和、顺”，李注误。

② 李周翰注亦有云：“衡时为侍中，诸常侍皆恶直丑正，危衡，故作是赋，以非时俗。”

③ 按：“爱惑”，《文选》作“昏惑”，此据《后汉书》本传。本传李贤注：“言通人尚闇于好恶，况爱宠昏惑者，岂能分之。”

赵高诸故事，戟刺汉世外戚、宦官之祸，其中“勃鞮”、“赵高”尤为阉宦乱政典型；特别是作者借用秦末谶语“亡秦者胡”寓误以“备外”（指秦人防匈奴）而实“发于内”（指赵高挟胡亥乱政）的史事，深切地标明了张衡针对当时内忧外患而更重内忧（指宦政）的政治态度。而借史事喻示现实，一则源于作者处当世忧危之境，诡谲其词；一则又表现出对历史的深沉思考。因为宦官乱政，渊源甚久，《周礼》“建寺人之官”（《册府元龟·内臣部》）、“寺人之官，自三王之世，具载于《诗》《礼》”（《资治通鉴·唐纪七十九》“臣光曰”），迨至秦、汉，官制立“少府”系统，宦制完备，宦权扩大，所以在前汉即有萧望之、匡衡奋起反宦，以死抗争之壮举。在这层意义上，张衡改良思想中的反宦意识又具有政治史的反省价值。

汉代外戚、宦官之所以权倾朝野，要在后妃制度的建立，这既是安帝朝邓太后掌权导致宦官专政的原因，也是有汉一代学士文人大谈《关雎》“戒女”的深意所在。据《汉书·外戚传》：元帝时昭仪位视丞相，爵比诸侯王；婕妤位视上卿，爵比诸侯王。由此出现的皇权失衡，诚为张衡的毕生忧患。如他的《西京赋》之讽喻，亦多在“后妃嬖人昭仪之伦”，故有“卫后兴而真发，飞燕宠于体轻”、“历掖庭，适欢馆，捐衰色，从嬿婉”、“增昭仪于婕妤”、“许赵氏以无上”之刺。也正因为宦官专政已形成一种制度化的“顽症”，所以改良派学者在最直接和最现实的意义上提出廓清君侧、归政帝王的思想时，又取向于一种形而上的哲理思考，即“取则天象”的批评方式。早在西汉盛世，董仲舒等在绾合天象与人事建构其帝国思想图式时，即常借天灾（如大水）喻示“阴气盛”（指后妃以及外戚、宦官之权)。[1] 而在汉顺帝时,宦官集团与顺帝养母王圣阴谋乱政、同流合污,引起顺帝的极大忧虑,适逢其时,即阳嘉二年(公元133年)京师洛阳发生严重地震,张衡与李固相继对策,假天灾之象提出归政君王,保全皇祚,以反对安、顺时打破传统为后妃、宦官封侯(如安帝为王圣封侯、顺帝封宦官孙程等十九侯)的作法。[2] 而张衡在上顺帝《陈事疏》中再次明确指出:

> 因德降休,乘失致咎,天道虽远,吉凶可见。近世郑(众)、蔡(伦)、江(京)、樊(丰)、周广、王圣,皆为效矣。

直刺宦官乱政,是显而易见的。出此思考,复观张衡居侍中时创作的文学作品《思玄赋》,作者以广博的天文学知识作星空遨游时,亦"取则天象",以寄忧"宦"思想。昔人仰观天象,以为"宦者四星,实在帝座之侧;先王取象,肇建厥官"(《册府元龟·内臣部总序》),范晔针对东汉宦势炽盛,于《后汉书》首立《宦者列传》,亦追其源"宦者四星,在皇位之侧,故《周礼》置官,亦备其数"。据陈遵妫《中国天文学史》,"宦者"四星与"帝座"星同在"天市垣",皆起名于战国时期。而张衡《思玄》自"出紫宫之肃肃兮,集太微之阆阆"后开始星空游历,虽纵横四方,然却始终徘徊于天帝宫垣,究其因,一则是如"鹈鴂"饶舌不休、"雕鹗"贪婪无餍的"宦官"("恃己知而华予兮,鹈鴂鸣而不

① 详见《汉书·五行志》有关记载。
② 关于李固对策反宦事,详见《后汉书·李固传》。

芳”、“雕鹗竞于贪婪兮，我修絜以益荣”）居君之侧，阻隔贤路，一则以出返来去之行迹，状辗转去留之心态，微妙地隐示出作者处帝者与宦者间的尴尬地位。南宋时监察御史洪天锡认为“天下之患三：宦官也，外戚也，小人也”（引自《宋史·洪天锡传》）；明末思想家王夫之论汉顺帝云：“悲夫！大权移于女谒、佥人，则主虽明，臣虽直，相摧相激以贻宗社生民之祸，不可谓无君，抑不可谓无臣，而终不可谓有臣也。”（《读通鉴论》卷七）明此，或有助于对张衡政治改良思想与文学创作如《思玄》、《七辩》、《四愁》、《髑髅》之苦心的理解。

（二）非　谶

与外戚、宦官直接干政、乱政不同，在汉代形成的、特别是在东汉时代炽盛的谶纬神学，以一种凝括政治、哲学、宗教的力量，不仅代表了东汉统治阶级的思想，而且毒化了整个一代社会意识形态，成为其政治衰亡的一大潜在原因。可以认为，正是汉代如图谶预言这样的政治与神学渗合起来的虚伪意识，并由此形成的“一种超自然的哲理体系”，最终“催了它（指刘汉）的命”。[①] 所以，张衡对谶纬神学的批判，虽包涵哲学思想，但更直接的是政治见解，是政治改良意识的深层表现。

关于谶纬的起源、文献以及思想内涵，前贤虽多争议，然

① 引见杨品泉等译英国崔瑞德（Denis Twit chett）、鲁惟一（Michael Loewe）编《剑桥中国秦汉史》第五章《汉代的灭亡》，中国社会科学出版社 1992 年 2 月版。

无论资料的整理，还是理论的探讨，已颇周备，兹不复赘。[①]这里仅就张衡于顺帝阳嘉年间所上之《请禁绝图谶疏》[②]，以阐发其“非谶”的政治思想。观张氏《疏》文，简括而论有四方面内容。

一是从政治史的角度考察谶纬的发生发展，明辨图谶之学的衰乱与虚伪。《疏》云：

> 谶书始出，盖知之者寡。自汉取秦，用兵力战，功成业遂，可谓大事，当此之时，莫或称谶。若夏侯胜、眭孟之徒，以道术立名，其所述著，无谶一言。刘向父子领校秘书，阅定九流，亦无谶录。成、哀之后，乃始闻之。

如果从“谶”的起源来看，张衡所谓“成、哀之后”始见，显有乖史实，其证有二：第一，谶语源起先秦，昭载史册，而世传之“战国谶”、“秦谶”，例自不少；至汉代谶纬之学，章炳麟即认为“伏生开其源，仲舒衍其流。……以经典为巫师豫记之流，而更曲《春秋》，云为汉民制法，以媚人主而棼政录”，故“谶纬蜂起，怪

---

① 对谶纬文献，明人孙瑴《古微书》、清人马国翰《玉函山房辑佚书》、黄奭《汉学堂丛书》皆有辑录；而以乔松年《纬攟》、赵在翰《七纬》较备。日本学者安居香山、中村璋八于本世纪七八十年代相继编成之《重修纬书集成》（明德出版社），为其集大成谶纬文献汇编。而关于谶纬的研究著作，近代学者章炳麟、刘师培、顾颉刚、陈槃、姜忠奎、王利器等皆有专论，而钟肇鹏《谶纬论略》（辽宁教育出版社 1995 年版）则为迄今最全面的一部兼介绍与研究的著作。

② 《疏》文见《后汉书》本传，张溥、严可均辑本皆收录。张辑题《驳图谶疏》，严辑及今人张震泽校本如题。

说布彰……则仲舒为之前导”(《太炎文录》卷二《驳建立孔教义》)。第二,西汉末大造谶纬图书,固为事实,清人阎若璩即引据张衡《疏》文中“王莽篡位,汉世大祸,八十篇何为不戒?则知图谶成于哀、平之际”语,确认“纬书萌于成帝,成于哀、平,逮东京尤炽”(《尚书古文疏证》卷七第99条)。然细察其微,张氏所云图谶八十一篇,[①]无论是庞杂之内容,还是宏整之体系,皆不可能在哀、平十余年间造成。但是,尽管张衡的说法有难合史实处,然其论述中内涵的政治史意义,却有强烈的现实针对性。首先,张衡是从图谶乱政的思路考虑问题。谶纬之学虽起源甚早,然在汉代政治中起大作用,则首在西汉末叶,且有着明显的衰世文化象征。对谶纬初盛的哀、平之世,《汉书·孔光传》记其情势云:“阴阳错缪,岁比不登,天下空虚,百姓饥馑,父子分散,流离道路,以十万数。而百官群职旷废,奸轨放纵,盗贼并起。”如此状况,为谶纬兴起的社会因素,故亦多见于纬书:“月行太阳,天下乱。……天下有大灾祸,不可禁”(《河图帝览嬉》),“君臣无道,不以孝德治天下,乌云蔽日,茫茫滉滉,四方凄惶”(《孝经内事图》)等,均寄托了一种衰世精神,在某种程度上,这种精神系对汉代正统儒学的背离,标志其政治意识的危机。而继西汉末大造图谶,王莽曾召大批通“天文图谶”之人“记说廷中”(《汉书·王莽传上》),以为其篡代服务;东汉光武帝刘秀亦因谶起事,至“宣布图谶于天下”(《后汉书·光武本纪》),虽试图转谶纬之学的衰世心态为盛世精神,然其内涵的政治意识和虚伪不穷的演绎,却时时危害着王朝

① 按:《后汉书》本传《疏》文李贤注引《衡集》上事云:“《河》《洛》五九,《六艺》四九,谓八十一篇也。”

正常的礼制建设。缘此，范书本传记张衡上疏本事：

> 光武善谶，及显宗、肃宗因祖述焉。自中兴之后，儒者争学图谶，兼复附以訞言。衡以图纬虚妄，非圣人之法，乃上疏。

正是针对东汉图谶之学高于经师之学和以图谶淆乱先圣礼法的现实，张衡出于谶纬乱政的思想而主张“宜收藏图谶，一禁绝之”。其二，由于谶纬本身具有衰世的乱政因素，在东汉中兴光武“宣布图谶于天下”后，于逢迎谶纬、干禄谀政的文化主潮中，也同样形成了一股以少数学者为代表的反谶纬的批判思潮，桓谭、尹敏、王充、贾逵、郑兴、张衡较为著称。倘辨其异趣，又可分为四类：一类是批判神学兼及谶纬，如王充《论衡·实知篇》所云“神怪之言，皆在谶记，所表皆效图书”即是。二类如贾逵、郑兴游离于反谶与附谶之间，其中贾逵即一则反对今文经学与图谶之虚，一则又为倡导古文经学而将《左传》与图谶相合，以证汉为尧后，为火德之运，受到章帝的嘉许（详《后汉书》本传）。三类如桓谭、尹敏，好古学而不言图谶，以身抗争，最为坚决。桓谭居汉光武之世，曾上疏直谏“伏闻陛下穷折方士黄白之术，甚为明矣；而乃欲听纳谶记，又何误也”！以至其后光武诏会灵台，谓谭“吾欲（以）谶决之”时，谭即以“臣不读谶”断然复之，几丧性命（见《后汉书》本传）。同样，光武令尹敏校图谶，敏于进言“谶书非圣人所作”而未见纳后，竟随意“增损图书”，以为讥讽（见《后汉书·儒林列传》）。合此二、三两类，正范书有谓“郑兴、贾逵，以附同称显；桓谭、尹敏，以乖忤沦败”（《方术传序》）。与前三类不同，张衡对图谶的态度固然不似贾、郑的骑墙思想，然对神学的批判却不及王充坚决，对现实的抗争亦不及桓、尹勇毅，但是他在历史上是第一位明确提出“禁谶”的政治思想的人物，[①]又使他在反谶纬史上具有特殊的地位，其“非谶”思想亦较前人有更为深广的政治文化内涵。

二是倡扬阴阳历数，注重自然、人事之“道”，以反对图谶之学的肤浅荒谬。张衡《疏》文开篇即云：

> 臣闻圣人明审历律，以定凶吉，重之以卜筮，杂之以九宫，经天验道，本尽于此。或观星辰逆顺，寒燠所由，或察龟策之占，巫觋之言，其所因者，非一术也。立言于前，有征于后，故智者贵焉，谓之谶书。

张衡对殷、周以来“神道设教”、“取则天象”的思想方法，对汉代盛行的阴阳五行思维模式并不持反对态度，而所要求禁绝的只是一些自以为“立言于前，有征于后”而实并无“征效”的谶书。这里也就牵涉到一个问题，即张衡要求禁绝之图谶的内涵。在这个问题上，张氏本身即有矛盾：从他所说的“八十一”篇，应该是包括东汉所见所有谶纬书籍；但从他所指的内涵而论，显然又不兼括那些具有天文、哲学、神学理论思想的纬书（或称经谶），而是专指具有政治预言性质的思想肤浅荒谬的图谶（即谶）。对经谶（纬书）与图谶（谶书）之别，前人已多注意。明人胡应麟《四部正讹》上云：“世率以谶纬并论，二书虽相

① 按：据钟肇鹏《谶纬论略》所列“历代禁谶纬表”，从东汉到明代计十九人明确提出“禁谶”主张，张衡即为第一人。

表里而实不同。"清代馆臣于《四库全书总目提要》有关《易纬》的案语中亦云:"谶自谶,纬自纬,非一类也。谶者诡为隐语,预决吉凶。……纬者经之支流,衍及旁义。"尽管这种区分谶与纬的说法与史实也存在悖反之处,[①]亦因此而存在研讨之歧义,[②]但从张衡当时对谶纬扬弃与接受之态度来看,这种取舍之差异确实非常明显。缘此,他在《疏》文中认为:"且律历、卦候、九宫、风角,数有征效,世莫肯学,而竞称不占之书。譬犹画工,恶图犬马而好作鬼魅,诚以实事难形,而虚伪不穷也。"在这里,张衡一则将科学的"律历"与含有神学意味的"卦候"、"风角"混同,一则在批评图谶为"不占之书"时肯定纬候类书籍数有"征效",自然引起后世的怀疑。如朱熹论东汉谶纬炽盛云:"如杨震辈皆尚谶纬,张平子非之。然平子之意,又却理会风角、鸟占,何愈于谶纬!"(《朱子语类》卷一三五《论文二》)批评之中,既说明自然科学水平尚未完全脱离神学的束缚,也表明张衡"非谶"是有专指的。所以蒋清翊《纬学源流兴废考》卷中即云:"平子言'河洛六艺篇录已定,后人皮傅,无所容篡。'又言'律历、卦候、九宫、风角,数有征效,世莫肯学。'则纬候与谶在东汉原不相混。"蒋瀫案:"平子疏中但言图谶之非,无一

---

① 按:在汉人著述中,谶、纬往往互称,如《七经纬》亦称《七经谶》。同样,就内容来看,图谶与纬书也常有互见,例如《洛书·摘亡辟》中"亡秦者胡也"之谶语,同见于《易纬·通卦验》,类似例证甚多。

② 如清人王鸣盛《蛾术编》卷二"谶纬"条云:"纬者,经之纬也,亦称谶。"俞正燮《癸巳类稿》卷十四《纬书论》:"纬固在谶,谶旧名也。"皆视谶、纬为一。近人姜忠奎《纬书论微》卷一:"纬其名也,图谶符录皆别名";顾颉刚《秦汉方士与儒生》第十九章《谶纬的造作》:"两种在名称上好象不同,其实内容并没有什么大分别",又主张谶与纬名异而实同。

语病纬者。”

张衡“非谶”，实有专指，倘寻求判别其疏文中颇为矛盾的观念和选择的线界，我认为正在他的重阴阳而轻谶纬的思想。范书本传谓“衡善机巧，尤致思于天文、阴阳、历算”。而张氏在《思玄赋》中阐发思想归宿时也是“玩阴阳之变化兮，咏《雅》《颂》之徽音”，由此观照其旨，可见他倡阴阳、反图谶为一贯精神。也就是说，张衡对秦汉以来形成的阴阳五行文化大系统取基本接受的认知态度，因为汉世阴阳理论中虽不乏神学意味，但其中也有着极为丰富的天文、哲学、政治内涵。由此着眼，不难看出，前人所云张衡对纬书的接受实质上并不说明张氏对纬书的偏嗜或对谶纬态度的混乱，相反，是纬书中诸多符合秦汉阴阳文化大系统的内涵（包括天文、地理、政治、哲学，甚至神学的）为张衡认同（详后），于是张衡主张的“禁谶”范围也就自然缩小到那些图谶，即既不符应阴阳变化规律，又不符合人事进步和礼制思想的荒谬无征的政治预言。这也说明张衡“非谶”不在自然哲学的层次，而在政治人事的现实需要。

三是重史实考证，驳图谶虚妄。在《疏》文中，张衡主要是依史实驳正谶语之虚：

> 《尚书》：尧使鲧理洪水，九载绩用不成，鲧则殛死，禹乃嗣兴。而《春秋谶》云：“共工理水。”①

---

① 按：共工理水，事见《国语·周语》、《竹书纪年》。故何焯《义门读书记》卷二十三即谓“共工防川事在鲧前。……事见太子晋谏壅穀水外传中。平子博极群书，殆偶有遗忘耳”。揣平子之意，当为驳谶书但言共工而不言鲧、禹，有乖圣人意。

《春秋元命苞》中有公输班与墨翟，并当子思时，出仲尼后，（张校："此二句见《后汉书·张衡传》注引《衡集》，今补于此。"）事见战国，非春秋时也。又言"别有益州"。益州之置，在于汉世。其名三辅诸陵，世数可知。

王莽篡位，汉世大祸，八十篇何为不戒？

永元中，清河宋景遂以历纪推言水灾，而伪称洞视玉版。或者至于弃家业，入山林。后皆无效，而复采前世成事以为证验。

至于永建复统，则不能知。此皆欺世罔俗，以昧势位，情伪较然，莫之纠禁。

以上数则，为《疏》文的主要内容，其历述上古迄东汉史实，以批驳图谶之蹈虚，皆言之凿凿。当然，在以史实为依据的基础上，张衡又于中寄托了政治寓意，其有两则批驳最为有力：第一则是王莽篡位"何为不戒"，这一方面证论了作者关于"图谶成于哀、平之际"的史学观，另一方面又寄托了图谶起于衰世的乱政性质，张衡以此结合当世朝政混乱，灾害频仍的现实来告诫顺帝，是发人深省的。第二则是"永建复统，则不能知"，是以最切近的现实事例说明图谶之虚，警醒顺帝。所谓永建复统，即指汉顺帝刘保为太子时被废及永建复被拥立为帝之事（详《后汉书·顺帝纪》），张衡正是借此事变并无图谶预逆之缘，向顺帝进言政治兴废不在虚语，而全在人事的道理。袁宏《后汉纪》于"阳嘉元年"后云："后世争为图纬之学以矫世取资，是以通儒贾逵、马融、张衡、朱穆、崔寔、荀爽之徒忿其若此，奏皆以为虚妄不经，宜悉收藏之。"可见当时图谶之风炽盛，反谶之论亦夥，而张衡采取与倡图谶之徒“矫世取资”截然不同的以史鉴今的政治观点，作为对顺帝朝“政失厥中，阴阳气隔，寇盗肆暴，庶狱弥繁”（《后汉书·顺帝纪》“永建四年春正月丙寅诏”语）现实的回应，既表现出征实求真思想的先进性，也是他“尊道”、“崇礼”的人生态度在政治改良思想中的反映。

四是以“征圣”的礼治思想反对图谶之学欺时罔俗，表现出由神学之天道圣统向礼学之宗法圣统的归复。张衡《疏》文首明“圣人明审律历，以定凶吉”，故其用极强烈的政治现实意识反对图谶之同时，也表现出一种属于政治史的“圣统”思想。比较西汉与东汉政治史观的差异，很大程度表现在前者因变革而显出神化帝王的天道观，后者趋向复古而显出尊重礼制的社会观，而这又相对集中于“圣统”思想的变化。概言之，自殷周制度的建立到以孔子为代表的儒家学派礼制思想的完成，即建构起以“五帝”（黄帝、颛顼、帝喾、尧、舜）“三王”（夏禹、商汤、周文武）为线索的宗法圣统；而随着秦、汉大一统帝国的建立，《吕氏春秋》、《礼记·月令》、邹衍“五德终始”和董仲舒“三统”、“三正”的思想，又成为神化当世帝王和建构帝国新图式的理论基础，并演进于谶纬文献，完成了含有“前三皇”、“后三皇”，特别是由“天皇大帝”到“太微五帝”（东方苍帝、南方赤帝、中央黄帝、西方白帝、北方黑帝）为线索的天道圣统。围绕这一圣统的不断发展，从西汉末年到东汉前期图谶的大量的出现，一则强化了这一圣统之思想体系的神学气氛，一则淡退了其思想结构中的逻辑性，剩下的仅是“实事难形”、“好作鬼魅”、“虚伪不穷”（张衡疏语）的政治神话的演绎和个人野心的预示。张衡对谶纬文献中形成的天道圣统的批判并不像王充那样彻底，而是有所保留和接受，这在自然哲学或阴阳思想方面固为明显，即于史学认识上亦有同合之处。如范书本传注引两则张氏《表求合正三史》内容："《易》称宓戏氏王天下，宓戏氏没，神农氏作。神农氏没，黄帝、尧、舜氏作。史迁独载五帝，不记三皇，今宜并录"；"《帝系》：'黄帝产青阳、昌意。《周书》曰：'乃命少皞清。'清即青阳也，今宜实定之。"①前则明显采录了谶纬三皇说，后则属古文学，以考实五帝系统。探究其实，张衡在史学方面对谶纬的接受或扬弃，又与东汉复古思潮相关：其一，东汉古文学派以《周礼》学取代《春秋》学，重礼治而轻谶纬，张氏受古文派影响，故亦轻图谶中的改制神话而重礼的建构。② 其二，东汉古文学家倡通学，反对今文末流的褊狭与神妄，所以着手将西汉帝国之神权向道德礼制转移，于是出现了调和宗法圣统和天道圣统的趋向，即删除天道圣统中过分神学化、宗教化的成分，补充源于西周之旧宗法圣统的礼学道德观念。正因如此，张衡关于三皇、五帝的上古史观中才出现杂糅与矛盾，这一点在应劭《风俗通》之《三皇篇》、《五帝篇》的双重采录间有更为典型的体现。倘从张衡思想中由神学之天道圣统向礼学之宗法圣统之归复的最切实层面考

---

① 按：《帝系》，见《大戴礼记》；《周书》，《汉书·艺文志》：《周书》七十一篇，本注曰："周史记。"此书晋后复出，今题曰《逸周书》或《汲冢周书》。

② 关于经今、古文学派对谶纬之态度问题，历来争议颇多，如近代古文学家章太炎就明确指出谶纬源于伏生、董仲舒等今文学；而赞成今文学的康有为在其《新学伪经考》等论著中即举刘歆诸古文家大造图谶之实，说明谶纬无今、古文之分。按：就汉代政治而论，今、古文学家都有假借谶纬以阐发其政治见解或寓托其政治企图，然从东汉学术思想来看，今文家好言谶，古文家多非谶，也是事实。钱穆《两汉经学今古文平议·两汉博士家法考》认为："光武尚图谶，今学经师几乎无勿言图谶者。图谶之于后汉，抑犹阴阳灾变之于先汉也。惟古学家则不言谶。"其说虽偏绝对，然亦与学术大势相符。

虑，他以“征圣”的礼治思想反对图谶的欺世罔俗，其要点还是在东汉图谶之学给当时政治带来的两大危机：

第一个危机是东汉王朝欲依图谶以制礼，这正是张衡反对图谶非圣人之法思想的一大动因。汉光武中元元年修建灵台，为选址问题，即断之以谶。汉明帝因《尚书·璇玑钤》有“有帝汉出，德洽作乐，名予”（《后汉书·曹褒传》引）语，即于永平三年秋八月“改大乐为大予乐”（《后汉书·明帝纪》）。汉章帝元和二年亦曾下诏书，以图谶为经典，作为制礼作乐的根据。而和、顺以来，尤复如此，依圣立制的道德礼乐观被图谶预言取代，于是朝野习谶之士“自是习为内学，尚奇文，贵异数，不乏于时矣”（《后汉书·方术传序》）。由此，作为治国以礼、和民以乐的大本之一的《孝经》也被谶纬化，演出如《孝经援神契》、《孝经钩命决》中诸多神话。又因此，东汉吏治亦充斥虚伪性质，图谶所示成为一种标准或神喻，直接参预到人事任用即政权建设。在这层意义上，张衡“非谶”与“反宦”又在“崇礼”观上得到统一。

第二个危机是自秦汉以来，图谶同是农民起义的思想武器，而“汉家逢天地之大终”（《包元太平经》）这一句谶语，则为当时一极有鼓动性的反汉的口号。作为东汉王朝的忠实维护者，张衡又是出于刘汉正统思想和忠君思想反对图谶对政权的潜在威胁，主张禁毁图谶的。而落实于他的思想旨归，仍是在力图恢复征圣之礼制，以保证刘汉王朝的正统性、连续性。很显然，张衡出于礼的观念，一则在《东京赋》大加褒扬光武中“祀天郊，报地功，乃整法服，正冕带”等一系列的礼制行为，一则又认为更始帝刘玄曾居大位，故提出“光武初为其将，然后即真。宜以更始之号建于光武之初”（范书本传）的建议。相对而言，他对班固《汉书·王莽传》中系“新朝”之年极为不满，以为“但应载篡事而已，至于编年月，纪灾祥，宜为《元后本纪》”（同前），可见其尊礼重统之心迹。这种曾为汉初统治者肇立勋绩的虚妄谶语，[①]到危机四伏的东汉中叶，不仅为虚伪之徒“要世取资”，而且假反汉之人乱世之柄，张衡视图谶为哀、平乱政的产物，实内含此现实深意。

宋人徐天麟编《东汉会要》，于卷三十《文学下·论谶》设“案语”云：“若夫谶纬之学，背于六经，以文其私说，杂以图记，证之以占验，……东京之士，波流风靡，……桓谭、尹敏、张衡数君子，奏议慷慨，以为宜见藏摈。呜呼！若数子者，可谓障百川而东之，回狂澜于既倒欤！”深明张衡“非谶”思想在当世和学术史的重要地位。然张氏“非谶”，乃属政治改良主张，非纯为学术见解，学者不可不辨。

（三）对内忧外患的历史反省

如前所述，历史发展到东汉中叶，政治文化不仅失去了西汉盛世的雄张，也失去了东汉中兴时的厚实，而是在内忧与外患的交织中矛盾重重、江河日下。就内忧而论，朝廷内外戚擅权、宦官当政已为大患，朝廷外因门阀地主在逐渐形成中与农民的尖锐冲突，导致了彼伏此起的农民暴动，成为社会动荡不安的主要因素。就外患而论，汉代最大的民族纠纷汉、匈矛盾

① （日）泷川龟太郎《史记会注考证》引明人杨循吉语：“沛公自托以神灵其身而骇天下，……大虹、大霓、苍龙、赤龙、流火之鸟，跃舟之鱼，皆所以兆帝王之兴起者，此斩蛇计所由设也。”

虽在东汉和帝以前基本解决，然至东汉中叶，汉族与周边少数民族政权的冲突并未消解，相反，却暴露出更为严重的危机。其要有二：一是鲜卑至和帝时逐渐强大，不断寇边；二是羌族集团在安、顺、冲、桓之世历时数十载的骚乱，以至东犯赵、魏，南入益州（详范书《西羌传》），为祸之久之烈，尤逾前代。考论其实，很重要的一个原因在于东汉政权在强盛时实行的民族交融政策，而至衰落期已孕其祸胎，所以西汉民族冲突多在塞外，而东汉中岁，则乱起于塞内。缘此，刘师培在《中国民族志》第八章《东汉之兴及异族之渐入》胪述鲜卑与羌族祸乱后喟叹："呜呼！吾观东汉异族内徙而知戎祸不旋踵矣。……五胡之祸，所以伏于东汉时也。"

东汉中后期兴起的政治改良思潮，正缘此日益深重的内忧外患，故思想观念，显其两端：一是强调法治，主张严厉地推行法令，以打击削弱中央政府的特权集团和危害汉族政权的纷纭边患，鲁恭、鲁丕兄弟和张敏为其代表人物；一是强调礼治，主张进行比较温和的政治改革，强化全社会的道德修养，其代表人物有左雄、李固、杨秉、朱穆等，张衡的思想显然接近于后者。值得注意的是，张衡在以礼治观、道德观阐发如"反宦"、"非谶"等现实的政治改良思想的同时，又能以学者的态度对政治之治乱作出较为清醒的历史反省。如《应间》云：

> 浑元初基，灵轨未纪，吉凶分错，人用瞳朦，黄帝为斯深惨。有风后者，是焉亮之，察三辰于上，迹祸福乎下，经纬历数，然后天步有常，则风后之为也。当少昊青阳之末，实或乱德，人神杂扰，不可方物，重黎又相颛顼而申理之，日月即次，则重黎之为也。……公

旦道行，故制典礼，以尹天下，惧教诲之不从，有人之不理。仲尼不遇，故论六经，以俟来辟，耻一物之不知，有事之无范。

夫战国交争，戎车竞驱，君若缀旒，人无所丽。……纵往则合，横来则离，安危无常，要在说夫。咸以得人为枭，失士为尤。故樊哙披帷，入见高祖，高祖踞洗，以对郦生。当此之会，乃鼋鸣而鳖应也，故能同心戮力，勤恤人隐，奄受区夏，遂定帝位，皆谋臣之由也。

今也皇泽宣洽，海外混同，万方亿醜，并质共剂。若修成之不暇，尚何功之可立？立事有三，言为下列，下列且不可庶矣，奚冀其二哉？

此论虽内含了对当世政治腐败的讽喻和怀才不遇的怨望，然其推崇德治，主张礼制的思想则一以贯之。特别是张氏对历史治乱的看法，予汉末政治思想家的社会批判亦有极大的启迪作用。试观仲长统《昌言·理乱篇》的一段话：

昔春秋之时，周氏之乱世也。逮乎战国，则又甚矣。秦政乘并兼之势，放虎狼之心，屠裂天下，吞食生人，暴虐不已，以招楚汉用兵之苦，甚于战国之时也。汉二百年而遭王莽之乱，计其残夷灭亡之数，又复倍于秦、项矣。以及今日，名都空而不居，百里绝而无民者，不可胜数，此则又甚于亡新之时也。

相较而言，仲长统身历汉末之乱，故为文挟有悍气，批判激切；

张衡则于东汉王朝内外交困之中观其衰亡之兆，有振衰起废之心，意主改良，故为文较为理智平和，然二者以史鉴今，惩乱政而阐扬礼治，则如出一辙。在《东京赋》中，张衡有一大段对周、秦、汉政权转移之历史的议论：

> 周姬之末，不能厥政，政用多僻，始于宫邻，卒于金虎。嬴氏搏翼，择肉西邑。是时也，七雄并争，竞相高以奢丽。楚筑章华于前，赵建丛台于后。秦政利觜长距，终得擅场，思专其侈，以莫己若。乃构阿房，起甘泉，结云阁，冠南山，征税尽，人力殚。然后收以太半之赋，威以参夷之刑。其遇民也，若薙氏之芟草，既蕴崇之，又行火焉。憡憡黔首，岂徒跼高天、蹐地厚而已哉！乃救死于其颈。敺以就役，唯力是视。百姓弗能忍，是用息肩于大汉，而欣戴高祖。

礼仁崇德，反奢尚简，为治政之本；而明君善政，又是兴国之要，张衡依此思想勾勒兴亡之迹，不仅表现出进步的历史观，而且又作为一种理论，对当世的政治改良起着极为重要的激励作用。同时的政治改良家王符在其《潜夫论》中考“三王”之迹，认为在“生敦庞之民，明德义之表”（《本训》），“世之善否，俗之厚薄，皆在于君”（《德化》），亦与张氏之政治史观契合。

二、求治与畏祸的矛盾心理

从张衡一生的仕宦与立言来看，他是属于关注政治、追求“善政”的一类人物，这在其早年感于天下承平、王侯骄侈作

《二京赋》"因以讽谏"，于安、顺朝居京师为官时屡上表疏以论时政，到复为太史令时作《应间》、迁侍中时作《思玄赋》以寄意，非常清晰地展现出一条政治改良的思路和为之奋斗的经历。然而，张衡毕竟是处于东汉王朝由盛而衰的历史衍变时期，所以他在"道"与"势"、"穷"与"达"、"理想"与"现实"、"社会"与"人生"之间，始终存在着矛盾和冲突。对这种矛盾，学界或已注意到张衡既是大胆坚持真理的科学家，又是谨小慎微的朝臣的不协调性，[①]但对张氏政治人生的内在矛盾，尚有待进一步探讨。质言之，将张衡的政治改良思想落实于人生实践，呈现给社会的则是一种求治与畏祸的矛盾心理，这可分为端直之"诤臣"、韬晦之"明哲"和软弱之"官僚"三个层面。

（一）诤臣的端直

根据张衡的人生行事和所留下的文字表述，他恪守职责、尽忠王朝、臧否政事、针砭时弊，无不表现出勤职兢业、忠良端直的诤臣形象。特别值得一提的是，张衡所处的是政治冲突繁杂，政治集团林立的渐衰之世，他的政治改良观表现的只是既属于他个人的、又属于整个社会的最无私心（或野心）的朴素情感，即阐发一种符合道德与礼治的"善政"理想，并对有违此"善政"之历史和现实进行批评与修补。如作者在《东京赋》倡扬俭德善政云："赋政任役，常畏人力之尽也。取之有道，用之以时。……百姓同于饶衍，上下共其雍熙。洪恩素蓄，民心固

① 参见秦彦士《张衡的矛盾心态与创作》，《四川师范大学学报》1993年第1期。

结。”如果“苟好勦民以媮乐，忘民怨之为仇，好殚物以穷宠”，则必然“忽下叛而生忧”。所以他指出“水所以载舟，亦所以覆舟”，①将其“善政”观归于先秦儒家的“恤民”思想。

作为诤臣，张衡对时政的批评已见诸文献，毋庸置疑；唯随着东汉政治的不断腐朽，张氏在中年前后的态度似有所变化，即前期充满理想而积极抗争，后期悲观失望而渐入颓唐。然而，如果深入一步细察张氏的人生行迹和心路历程，他的政治思想在随时序迁移而必然地发生变化之同时，那种属于他个人品格的端直精神和善政思想，自始至终未曾消解。这不仅在他于顺帝之世上《陈事疏》、对地震策针砭时政中得到证明，而且在他受宦官谗害“出为河间相”后，尚能针对河间王刘政“骄奢，不遵法典；又多豪右，共为不轨”的劣行，进行大力整治，以至“上下肃然，称为政理”（《后汉书》本传），这也是不容怀疑的。考张衡端直干政的精神，尚有两点值得探究：

一是“士”的情怀。追溯“士”的自觉，在春秋战国时代，而作为自觉之“士”的精神，即包涵了强烈的政治参与意识。孔子认为：“士而怀居，不足以为士矣”（《论语·宪问》），“士不可以不弘毅，任重而道远”（《论语·泰伯》）；《孟子·尽心上》亦载：“王子垫问曰：‘士何事？’孟子曰：‘尚志’。”这种重道明志的政治参与意识，不仅在主仁义的儒家、倡兼爱的墨家、重任刑的法家有不同表现，而且“其学以自隐无名为务”（《史记·老子韩非列传》）的道家学者老子，他的“绝圣弃智，民利百倍；绝仁

① 按：张氏水舟之喻，语本《荀子·王制》：“庶人安政，然后君子安位。《传》：曰：‘君者，舟也；庶人者，水也。水则载舟，水则覆舟。’”考张衡政治改良思想中的事功精神，其对先秦儒家的继承比较偏重荀子之学。

弃义，民复孝慈；绝巧弃利，盗贼无有"(《道德经》第十九章)主张，也同属善政理想。正是士的政治责任感，使在汉代大一统帝国专制压抑下的知识阶层，仍能以致力善政建设、反对恶政腐败为己任，并为其思想主潮。东汉初桓谭在《新论》中将"士"分为五类并明其品性修养：一为"乡里之士"，"谨敕于家事，顺悌于伦党"；二为"县廷之士"，"作健晓惠，文史无害"；三为"州郡之士"，"信诫(一作"诚")笃行"，理事廉正；四为"公辅之士"，"通经术，名行高，能达于从政，宽和有固守者"；五为"天下之士"，"才高卓绝，疏殊于众；多筹大略，能图世建功者"(严可均《全后汉文》卷十三录《意林》辑文)。纵观张衡一生经历，从早年"举孝廉"(不就)、少长为南阳主簿到中岁以后长期供职朝廷，显示了一条由"乡里之士"到"州郡之士"、"公辅之士"的行迹，并兼得"天下之士"的心胸；而伴随张衡从"乡士"到"国士"的精神，正是明道尚志的政治情怀。如张衡于顺帝永建元年由太史令退居闲职"公车司马令"，仍《上顺帝封事》以陈政见，倡扬礼治，并自明其心态："臣处外官，不知其审，然尊灵(指安帝灵柩)见罔，岂能无怨？"这种是其守而尽其职、非其职仍陈其志的精神，宜为张氏端直品格的典型表现。同样，在中国政治史上，经长期潜移默化或价值内化造成的一种道德和伦理的规范，通过"士"的传扬而使之合乎人性人情，最有裨益于社会政治的稳定与和谐；顾炎武认为我国古代"风俗之美"无过于东汉，[①]是不能排除如张衡这样的兢业之士之贡献的。

二是"经生"的致用品格。汉代学术是经学的时代，汉代经

① 详见顾炎武著、黄汝成集释《日知录》卷十三"两汉风俗"条。

学虽因政治与神学的杂糅表现出谶纬化趋向，并受到张衡等有识之士的批判，但汉代经学的政治内涵以及经生的致用精神，却是一以贯之。关于汉代经生刚正不阿、砥砺名节的致用品格，清人全祖望《汉经师论》认为："自文、景而后，或以宿德重望为一时重，或以经世务见用，或以大节，或以清名，多出其中"，并列举治《诗》(含齐鲁韩三家诗)、《春秋》(含公羊、谷梁传)、《书》、《易》经生三十七人，赞其风节(特别对处丁傅、王莽乱政时的何武、师丹、彭宣、龚胜、鲍宣、梅福、冯野王等刚正抗节备加称颂)，得出"经师与国相始终如此，不可谓不盛"的结论。[①] 尽管在汉世也不乏经生曲学阿世之例，且在强大的帝国政治或腐败势力压抑下，经生的抗争有时也显得苍白无力，[②]但汉代经学极重政治，经生专主致用，诚为其基本精神。张衡虽不能算纯粹的经生，然其生于东汉经学昌明的时代，不能不受其影响。他早年"入京师，观太学，遂通《五经》，贯六艺"，与当时的"关西孔子"杨震，经学大师贾逵、马融、许慎、郑众均有接触或来往；其后他受刘珍邀荐"撰集汉记，因定汉家礼仪"，又自著《周官训诂》，"崔瑗以为不能有异于诸儒"(均见范书本传)，皆取依经立训之义。如果我们参照张衡《上陈事疏》"因德降休，乘失致咎，天道虽远，吉凶可见"；"若恩从上下，事依礼制，礼制修则奢僭息，事合宜则无凶咎"诸论，与当时经学之士的改良思想殊无二致。

---

① 详四部丛刊初编《鲒埼亭集外编》卷三十八。按：宋人王楙《野客丛书》卷二十二"汉人规戒"条亦多论及经生抗直精神。

② 王应麟《困学纪闻》卷一"魏相以《易》相汉"条云："魏相以《易》相汉，能上阴阳之奏，而不能防戚宦之萌"；"匡衡以《诗》相汉，能陈《关雎》之义，而不能止奄寺之恶"，其例甚明。

（二）明哲的韬晦

大凡封建时代的文人学士，皆有"达则兼济天下，穷则独善其身"（《孟子·尽心上》）的思想，特别是像张衡这样一位兼取儒者之仁心与道家之妙意以凝定其"玄儒"人格的学者，于穷变之世离俗自洁、独善其身，也是非常自然的。值得强调的是，历观张衡一生，固然有因时势变化、政治腐朽而由积极干政转向消极避世的倾向，但却不能因此割断其人生品格与修养的自身联系。换言之，犹如张衡的端直品性在其晚年也有极明显之表现一样，他作为明哲的韬晦思想亦不仅限于晚年困顿，而是与其端直品性并行不悖始终存在，这在他早岁"从容淡静，不好交接俗人"的性格和"大将军邓骘奇其才，累召不应"（范书本传）的行为中已初见端倪。因此，兼顾安、顺朝时序变化与张衡人生品格，从他的政治改良主张和行为观测其韬晦思想的形成，似有三重因素起着决定作用。

其一，宦官势力的强大对张衡心灵的压抑，当为其韬晦思想形成的最直接的社会因素。东汉外戚、宦官擅权到安帝后期和顺帝朝日趋严重，对当时士人形成极大压力，使之遁身矫絜，不敢言政。缘此，张衡在发表政见时凡涉及"宦祸"，或取则天象，或借言史事，以婉谏的方式表达自己的忧虑，鲜有指实当朝宦官乱政之人与事。同时，他在受宦竖排挤而作《思玄赋》反复推诉的"尚前良之遗风兮，恫后辰而无及；何孤行之茕茕兮，孑不群而介立？感鸾鹥之特栖兮，悲淑人之稀合"；"夫吉凶之相仍兮，恒反侧而靡所"的忧思，以及由此衍生的如"（玄龙）涉冬则淈泥而潜蟠"（《应间》）的避害思想，也反映了他在宦官势力下的明哲保身的态度。

其二，在东汉政治改良思潮中，大约有激进与温和的区分，张衡的政治主张和行为，显然属于温和派的范畴；而温和派中人在主张修复儒家道德礼制的同时，且多兼取道家无为、保身和退隐的态度，张衡的明哲意识又与此契合。在温和派中，如樊准在指出儒学衰落与政治颓废之关系时，即大加赞赏退身养性的遁世者；朱穆在其《崇厚论》中针对当世政治“浇薄”之状，认为“德性失然后贵仁义”，“礼法兴而淳朴散”，以“孔”释“老”，为身居危世者提供了一种独善的生存方式和理论依据。而张衡的至友崔瑗于其《座右铭》开篇即云：“无道人之短，无说己之长”，且对张氏人生品性赞美倍至，可见一时风习。[①] 由此，我们则不难发现，张衡对政治改良本身态度十分坚决，但涉及当世人事诸端，则前不及鲁恭、鲁丕兄弟，后不及王符、崔寔批评时政之锋芒与锐气。张氏“天长地久岁不留，俟河之清只怀忧”；“超逾腾跃绝世俗，飘摇神举逞所欲”（《思玄赋·系诗》），诚为其与温和改良思想并不冲突的心灵逃薮。

其三，长期从事科学研究，是张衡赖以自全身心的重要保证，也是其明哲修养的一大源泉。一方面，张衡从供职地方到食禄朝廷，毕生未脱离政事，这使他成为政治改良运动中的重要人物；另一方面，他任职最久的“太史令”，职守主要在“掌天时、星历”，与“国祭祀、丧、娶之事”（《后汉书·百官志》），又使他可以长期处于一种“聊朝隐于柱史”（《应间》）的生存状态，

---

① 《后汉书·左雄传》引虞诩上书荐左雄言：“方今公卿以下，类多拱默，至互相谏曰：‘白璧不可为，容容多后福’。”按：虞氏为激进改良派中人，故对苟全祈福者颇有微意，然于其评述语中，也可见当世士大夫较为普遍的心态。

这也是他之所以长期任职、且能够韬光养晦的原因。质言之，张衡久居史职，一则可以时陈政见，匡正帝王得失，一则又游离于政治漩涡，潜心科学，聊以自全，所以在顺帝赏识他的才能而迁职侍中“引在帷幄，讽议左右”时，他反而不敢应对，变得极为谨慎和痛苦。当然，张衡好为玄思的科学精神，以及由此表现的博通的人生趣味，也会或多或少地影响他的政治态度。

（三）官僚的软弱

在张衡所处的东汉时代，就人的品性而论，确实存在着诸多矛盾，其如自主与从属、自我与社会、因承与权变、超凡与趋俗、圣智与君主等矛盾，使当时的思想家面临进退两难的困境。居此困境，张衡的政治态度确实有端直的一面，有韬晦的一面，但也不可为贤者讳，他在当时虚伪险恶的政治环境中，还有与很多封建官僚共通的软弱的一面；这种属于人格品性上的软弱，是不能仅以思想之痛苦或心态之矛盾加以解释的。

作为奉行“德行体道，笃信安仁”（崔瑗《河间相张平子碑》）人生守则，而临事“诡对而出”（范书本传）之谨小慎微的朝臣，张衡虽无曲学从谀的行为，但因久居京官滋养的软弱品性，同样折射于他的政治改良思想。夷考其实，有两点比较明显：首先是依附性。从张衡的政治见解来看，无论表达多么彻底，然则依附刘汉政权特别是帝王权威的心理最为明显，所以他的政治改良观处处以温和顺从和积极匡正之面目出现，没有与最高统治集团的尖锐对立。比如“非谶”问题，汉顺帝对谶纬态度只是因承先帝，并无特殊的偏嗜，甚至对屡见不鲜的灾祸不见图谶而产生怀疑，张衡正是针对图谶日衰、礼制复兴之思潮提出禁谶措施。与之相比，桓谭、尹敏是在光武帝大倡图谶时冒诛戮之罪奋起反谶，这种逆龙鳞的争锋精神是张衡所不具有的。同样，张衡“反宦”的态度是非常明显，但在宦官动辄行诛绝之刑，坐杀无辜的情势下，他对当时宦竖之劣行，仅敢“诡对”避祸。相反，与之同时的司隶校尉虞诩对待中常侍张防的祸国行为“辄案之”，并上奏顺帝：“昔孝安皇帝任用樊丰，遂交乱嫡统，几亡社稷。今者张防复弄威柄，国家之祸将重至矣。臣不忍与防同朝，谨自系以闻，无令臣袭杨震之迹”（按：震为宦官樊丰谮害而死）；后诩为防所害，“二日之中，传考四狱”，狱吏劝其自引，虞诩断然回答：“宁伏欧刀，以示远近”（《后汉书·虞傅盖臧列传》），其刚烈品性亦非张衡能比。其次是托喻性。张衡言政事，因多针对现象而鲜及具体人物，故常采用托喻方法隐晦其词，以躲避危及人身或前程的不测祸患。由此，他对顺帝“秉政不明”、“政失厥和”（顺帝诏语）之现状，常以“托古鉴今”和“托言灾异”两种方式针砭时政得失，提倡德行礼治。以史为鉴，诚为历代政治家所重，但从张衡畏祸的心理来看，其间确实不乏避开现实锋芒的婉谏特征。尤其是“托言灾异”，此虽属古人取则天象的思维模式，其在神学氛围浓重的汉代更易为帝王接受，然合观张衡的著述，其科学与文学论著绝少谈论灾异，惟政治论文多见其例，实耐人寻味。如谓：“臣愚以为可使公卿处议所以，陈术改过，取媚神祇，自求多福也”（《上顺帝封事》）；“群臣奢侈，昏逾典式，自下逼上，用速咎征”（《上陈事疏》）；“下陵上替，分威共德，灾异之兴，不亦宜乎”（《阳嘉二年京师地震对策》），其内涵的无疑是人文精神与礼治思想，然对照张氏因危惧心理好为诡对婉谏的人生，其以灾异言政事同样反映了他政治个性的软弱。

综上所述，端直、隐晦与软弱均在张衡政治思想和行为上有不同程度的表现，并构成他人生理想与现实之间的多重矛盾。因其端直，使他成为东汉政治改良运动中的重要一员；又因其软弱，影响了他政治思想的深度，而与一些刚烈之士尤其是稍后的“党锢君子”难以同日而语。

第五章　不有玄虑　孰能昭晳

——张衡的自然哲学观

范晔在《后汉书·张衡列传》"赞曰"中云："三才理通，人灵多蔽。近推形算，远抽深滞。不有玄虑，孰能昭晳？"所谓"玄虑"，深得张衡毕生好"玄"之精神。探考张衡思想中玄意，诚如范氏所论兼通"三才"(天道、地道、人道)，然分而述之，落实于人生观，形成了"玄儒"境界(已见前述)；落实于科学观，则表现在天文历算、阴阳术数诸方面的贡献(详见下章)。但是，无论是张氏切身近己的人生观，还是注重实践的科学研究，都不可能脱离他所处的同气连枝的社会整体意识，尤其是凝定于汉代的诸如天人合一、象数模式等自然哲学思想；同样，张衡异于当时俗儒的"玄儒"人生，异于神学思维的科学创造，又在很大程度上决定于他的形而上的自然哲学思想的建构。

为了便于说明张衡自然哲学观对其科学思想的开启作

用，势必落点于张衡的科学论著《灵宪》。

一、从《灵宪》谈起

《灵宪》是张衡传世文字最多的天文学论著。关于《灵宪》的创作时间和性质，历来鲜有疑义。孙文青《张衡年谱》据范传"衡再迁为太史令，……作浑天仪，著《灵宪》"的记载，考定其文约作于安帝元初五年张氏初居太史令期间（第四年），大致不讹。至于《灵宪》作为天文学论著的性质，范传注引《灵宪序》云："昔在先王，将步天路，用定灵轨。寻绪本元，先准之于浑体，是为正仪，故灵宪作兴"；又《隋书·天文志上》："张衡为太史令，铸浑天仪，总序经星，谓之《灵宪》"；都说明这是铸浑仪后，所作总叙天体现象之书。对这一点，固不可疑。唯《灵宪》原文散佚，多为后人辑录而成，内容博杂，颇生疑窦。其间一根本问题，即张衡《灵宪》的天文理论究竟派生于汉代的神学思想还是自然哲学思想，或有争论，笔者主张后者，容先辨明。

（一）《灵宪》题解与"灵""虚"之辨

《灵宪》之"灵"，在汉代著述中为一习见之词语，如属医学的《灵枢经》、属游艺的《灵棋经》（旧题东方朔撰，一作刘安撰，或为后人伪托），以及称《河图》、《洛书》为"灵篇"，[①]迨至东汉

① 语出《后汉书·班彪列传》附班固《白雉诗》："启灵篇兮披瑞图，获白雉兮效素乌。"

后期道教始盛，以"灵"名道经者尤众，皆多含"神灵"意蕴。由此思路的启导，今人即有针对一本《灵宪》中"厥中惟灵"语，论定张氏《灵宪》之天文理论本源于神学之"灵"氛，并视其为张衡学术思想的唯心主义的性质或精神本体。[①]

事实上，张衡《灵宪》之"灵"如果说有一定的神灵意蕴，那只是属于我国古代"神道设教"的思维模式的影响，而考实其直接的含义，则显然是取意"灵台"，《灵宪》亦即张氏自谓居职灵台所录的宪章法式。考"灵台"要义，略有三端：一为西周台名。《诗·大雅·灵台》："经始灵台，经之营之。"郑《笺》："观台而曰灵者，文王化行似神之精明，故以名焉。"汉承周制，设灵台为观测天象之所，西汉灵台建于长安西北，东汉建于洛阳南城墙外（参见《三辅黄图》五《台榭》）。二为星名。《晋书·天文志上》："明堂西三星曰灵台，观台也，主观云物，察符瑞，候灾变也。"三为人心。《庄子·庚桑楚》："不可内于灵台。"郭象注："心也。"以上三种解释，除指"人心"，其它两说皆与天文相关，实为张衡《灵宪》取名之意。也就是说，建于洛阳南城的灵台，即东汉时的国家天文台，内藏诸多天文仪器（包括贾逵制造的"赤道仪"、张衡制造的"浑仪"等），张衡时任职太史令，身居灵台，故"准之浑仪"、"总序经星"，撰此论著以记录观测天象成果，阐述天文理论，当无疑义。至于上引诸家对灵台之"灵"的解释，或谓"似神之精明"，或谓"察符瑞，候灾变"，还是属于古人通常以人事拟天象之"神道设教"思维方式，并无实指意义，未可以词害意。

问题在于，如果说《灵宪》之"灵"源于"灵台"之义尚易解

① 详见郑延祖《中国古代的宇宙论》，载《中国科学》1976 年第 1 期。

释，那么《灵宪》文中"厥中惟灵"之"灵"作为一个实词，则易生发疑虑，以至引出对张衡思想中存在神学本体或绝对理念的推测。而讨论这一点，首先接触到的是文本问题。据目前所存文献，张氏《灵宪》除历代类书如《北堂书钞》、《初学记》、《艺文类聚》、《太平御览》以及一些韵书如《广韵》（二十四"盐"）有部分辑文，现有保存该文较全的辑本按时间顺序为：梁刘昭《续汉书·天文志》注（刘注本）、唐瞿昙悉达《开元占经》（《占经本》）、明张溥《汉魏六朝百三家集》（张辑本）、清洪颐煊《经典集林》（洪辑本）、清马国翰《玉函山房辑佚书》（马辑本）、清严可均《全上古三代秦汉三国六朝文》（严辑本）。在以上六种辑本中，刘注本、洪辑本、严辑本有关这段文字皆作"厥中惟虚，厥外惟无"；《占经本》、张辑本、马辑本皆作"厥中惟灵，厥外惟无"。一字之差，意义迥殊。所以从文本来看，倘依据最早的辑本，当从刘注本；倘择善而从，孙文青曾经多方考证，认为诸本以洪辑本、严辑本最为精审，《占经》本则比较粗疏[①]。因此，无论从早或择善，皆宜为"虚"而非"灵"。此外，从古人的一些引用也能得到一定的佐证。如《太平御览》卷一引晋人皇甫谧《帝王世纪》："天地未分，谓之太易。元气始萌，谓之太初。气形之初，谓之太始。形变有质，谓之太素。太素之前，幽清寂寞，不可为象，惟虚惟无，盖道之根。道根既建，犹无生有。太素质始萌，萌而未兆，谓之庞洪，盖道之干。既育万物成体，于是刚柔始分，清浊始位，天成于外而体阳，故圆以动，盖道之实。"（引自徐宗元辑《帝王世纪辑存》"自皇古至五帝第一"）对照张衡《灵宪》，皇甫之说全系摘抄张文，显而易见，由此亦可知晋人

① 孙文青《张衡著作年表》，载《金陵学报》（1932）第2卷第1期。

所见《灵宪》之文，系“虚”而非“灵”。

在排除张衡宇宙论中有一起主宰作用的“灵”之后，对张衡所云“厥中惟虚”之“虚”的认识至为重要。换言之，张氏所谓之“虚”究竟是绝对的空无（通合于“灵”），还是指自然或宇宙的一种原始状态（具有物质性的）？关于这一点，孙述圻、宣焕灿《论汉代的天地起源说》通过对张衡天文学理论的探讨和对汉代自然哲学中普遍存在的“无形而生有形”之观念的考索，认为张衡“惟虚”是“对原始物质状态的一种描述”，[①]是比较合理的。而深入认识张衡自然哲学的宇宙论思想，还必须将其置放于汉代这一历史阶段和哲学思维水准，对《灵宪》中出现的其它属自然哲学的概念作进一步探究。

（二）玄·道·北极·太一

张衡的自然哲学观与其天文学可谓辅成相弼，难以割裂，所以他在天文学方面的贡献，于实象观测与仪器制造之外，一些天文学理论概念本身即属于自然哲学范畴。在他的天文学论著《灵宪》中，作者提出的第一个概念即为“玄”。据严辑《灵宪序》：“昔在先王，将步天路，用定灵轨，寻绪本元（玄）。先准之于浑仪，是谓之正仪之度，而皇极有逌建也，枢运有逌稽也。”又正文开篇即云：

> 太素之前，幽清玄静；寂寞冥默，不可为象；厥中

① 该文刊载科学出版社1984年版《中国天文学史文集》第三集。按：该文对张衡“惟虚”之“虚”有三点考论，极为详尽，因文繁恕不转引。

惟虚，厥外惟无。如是者永久焉，斯谓溟涬；盖乃道之根也。

就词语而言，张衡说“玄”源于老子，故《后汉书》本传引录《思玄赋》李贤注：“玄，道也，德也。《老子》曰：‘玄之又玄，众妙之门’。”就词义而言，张氏之“玄”又显然不同于老子论“玄”含模糊的诗化意味，而是具有自然实义的理论范畴，推勘其源，当属扬雄的《太玄》系统，①是汉代异于谶纬体系之神道理论的玄道思想。

对扬雄《太玄经》的玄道理论，在东汉即有颇多论述，如桓谭：“以为玄者，天也，道也。”(《新论》)王充认为：“阳成子长作《乐经》，扬子云作《太玄经》，造于眇思，极窅冥之深，非庶几之才，不能成也。孔子作《春秋》，二子作两经，所谓卓尔蹈孔子之迹，鸿茂参贰圣之才者也。”(《论衡·超奇篇》)张衡则尤加赞叹：“吾观《太玄》，方知子云妙极道数，乃与《五经》相拟，非徒传记之属，使人难论阴阳之事。”(《后汉书·张衡列传》)。作为准《易》之作，扬雄《太玄》重术数之学，所谓“一玄、三方、九州、二十七部、八十一家及七百二十九赞”，使其成为汉代象数理论体系中的一部重要著述；同时，又因《太玄》对宇宙图式之自然之道与社会图式之人文之道的兼括与探究，所以具有明显的义理性质，如其云“假哉天地，啗函启化，罔裕于玄”、“近玄者玄亦近之，远玄者玄亦远之；譬若天，苍苍在于东面、南面、西面、北面，仰而无不在焉”、“玄一摹而得乎天，故谓之有天；

① 按：张衡所云“幽清玄静”之“玄静”一词出于扬雄《太玄赋》“执玄静于中谷”。

再摹而得乎地，故谓之有地；三摹而得乎人，故谓之有人”等等，即含有宇宙生成与自然哲学的理论意蕴。[①] 张衡追摹扬雄之“玄”正是向天道与人道两方面扩展：一是由玄“三摹而得乎人”的观点向心灵处回收，显出“旷放”其表、“内圣”其实的“玄儒”人格境界，这点已详前述。一是由扬雄“玄幽摛万类而不见形”(《太玄·玄摛》)向自然哲学之宇宙论扩展。在这一点上，张衡对玄的理解并不具有抽象玄妙的神灵意味，而是如《后汉书》本传所言“衡善机巧，尤致思于天文、阴阳、历算，常耽好《玄经》”；或言之，张氏好玄，主要从天文、阴阳、历算方面接受，所以较《太玄》更多宇宙论内涵。这首先表现于张衡受道家“太虚肇基”说影响，较明确地把元气论与宇宙观结合，形成具有自然实体性质的“玄道”理论。在《灵宪》中，张衡认为“太素之前”的“玄静”状态且“虚无”，即“溟涬”，所谓“道根”，“玄”的概念与“道”的概念是在没有原动力之神启的原则下于“溟涬”状态一体显现。也正是于此“玄道”之本根上，张衡复以“道”的变动特征演绎出宇宙派生图式：

> 道根既建，自无生有；太素始萌，萌而未兆；并气同色，浑沌不分。故《道志》之言云：“有物浑成，先天地生。”[②]其气体固未可得而形，其迟速固未可得而纪也。如是者又永久焉，斯谓之庞鸿；盖乃道之干也。

---

① 关于扬雄《太玄》中的义理，贾丰臻《中国理学史》第三编《中古理学史》第三节《扬雄》有关“玄说”一段阐述较为详细，可参见。贾著收录于《民国丛书》第二辑，上海书店重印本。

② 《道志》指老子之书，引文见《老子》上篇第二十一章。按：“浑成”，王弼注本作“混成”，余本多从之。

> 道干既育，万物成体。于是元气剖判，刚柔始分，清浊异位；天成于外，地定于内。天体于阳，故圆以动；地体于阴，固平以静。动以行施，静以合化，堙郁构精，时育庶类，斯谓之天元；盖乃道之实也。

这种由“道根”到“道干”、“道实”的演化，虽属张衡的推测而没有明确的实证，但对“道”的理解显然较老子的“道可道，非常道”、“道之为物，惟恍惟惚”(《道德经》)，庄子的“夫道，覆载万物者也，洋洋乎大哉”(《庄子·天地》)，韩非“道者，万物之所然也，万理之所稽也”(《韩非子·解老》)诸说更为具体，也比扬雄论“玄”与“道”更接近于自然科学理论。

此外，张衡对天文学的贡献不仅在建构浑天理论，其于行星运动、恒星观测方面均有卓著成就，由此看他《灵宪》的表述以及在《思玄赋》中有关星空游历的描写，我们又会发现内在的“玄·道·北极”的思想结构。《灵宪》指出：

> 宇之表无极，宙之端无穷。天有两仪，以儛道中，其可睹，枢星是也，谓之北极。

张衡这句话虽然是就浑仪对天地之实测结果而表达的天文思想，但从全文的思路来看，又显然承接“道根”、“道干”、“道实”，亦即他所云“在天成像”而来。可以认为，张衡对“玄道”的解释通过宇宙理论与“北极”星座相连，既是出于他的天文学眼光，也是综汇了秦汉以来自然哲学与宇宙论思想而向实证科学的推展，以至他的“玄道”观不仅传承了扬雄论“玄”在时间意义上的原生性与派生力，而且追寻至一空间意义的极境。

正因在张衡的思想中有这样一个支撑"玄道"理论的空间哲学之本体,他一则强化了自然哲学的科学性,一则又取意孔子"北辰居其所而众星拱之"(《论语·为政》),表现出人文哲学中的科学思想。如他的《思玄赋》即有将"玄"与"北极"直接通合的内容,以阐发其法天贵真和尊道崇礼的思想。作者在赋中,于不断的"何道真之淳粹兮,去秽累而票轻"、"叫帝阍使辟扉兮,觌天皇于琼宫"的叩祈声中,处"仰矫首以遥望兮,魂惝惘而无畴"的迷惘时,开始"北度而宣游",所云"望寒门之绝垠兮,纵余绁乎不周。迅飚潚其媵我兮,鹜翩飘而不禁。……经重阴乎寂寞兮,愍坟羊之潜深",即以寒门北极之山、重阴地中之气为其神游之极,寄寓身居朝廷而心阻如堵的痛苦心境;这一以自然天象之北极统率人文观念的思维方式,在当时王逸《九思》顺述"游仙"、"升天梯"、"登太一"、"会真人"、"通元气"的创作过程中亦有印证。

值得注意的是,秦汉时代思想界有关玄、道与北极星(北辰)之异名同实关系,[①]多以"太一"(或"太极")为中介,出现"北辰"与"太一"的等同。张衡《灵宪》论及北极,等同"天元",未言"太一",但在其它著述中却出现过这一汉人常用的概念。比如他在《东京赋》关于礼乐制度的描述中有云:"元祀惟称,群望咸秩。飏槱燎之炎炀,致高烟乎太一。神歆馨而顾德,祚灵主以元吉。"无疑视北辰为天之中心,化为礼学祭祀之元神。这也可以对照张氏在《灵宪》中关于占星的一节论述:

---

① 《尔雅·释天》:"北极谓之北辰。"按:关于"北辰"在张衡天文学中的地位,详见本书第六章,此处从略。

> 一居中央，谓之北斗。动变定占，实司王命。四布于方各七，为二十八宿。日月运行，历示吉凶；五纬经次，用告祸福，则天心于是见矣。

此中虽具观变玩占的非科学化内容，然张衡对北极与太一的理解，却与汉代自然哲学的发展息息相关。秦汉之世，“太一”之名始见《吕氏春秋·仲夏纪》：“道也者，至精也，不可为形，不可为名。强为之(名)，谓之太一。”这一取法老子“吾不知其名，字之曰道，强为之名为大”(《老子》第二十五章)之说法而形成的“太一”概念，[①]在汉代出现了多重解释。据钱宝琮《太一考》考论，“太一”在汉代思想中有以下几种意义：一是“太一出两仪，两仪出阴阳”(《吕氏春秋·仲夏纪·大乐》)，“太一”等合于道，为自然原始态；二是“天神贵者太一”(《汉书·郊祀志上》引武帝时方士谬忌“奏祠太一方”语)，“太一”成为最尊贵的天神，高居北极之紫宫；[②]三是“太一星名”，即汉人所谓“中宫：天极星，其一明者，太一常居也”(《史记·天官书》)，“北者极也，极者藏也，言太一之星高居深藏，故名北极”(《春秋元命苞》)；四是“太一和上古帝王”，亦即秦汉时人盛称的“泰皇”(或称“泰帝”)(详见《路史·九头纪》第一“泰皇氏”、

---

① 《庄子·天下篇》引惠施说：“至大无外，谓之大一；至小无内，谓这小一。”按：大，可读为“太”，故大一或即“太一”。缘此，在汉代典籍中，“太一”写法多异，有“太乙”、“泰一”、“泰壹”，亦作“大一”，字异而义通。

② 《楚辞·九歌》之“东皇太一”，《文选》五臣注有“太一，星名，天之尊神。祠在楚东，以配东帝，故云东皇”。据钱氏考证，其说附会，其因在西汉时太一尊神下有五帝，视为执掌东方的天神“东皇”，与“太一”的徽号冲突。其说甚是。

《史记·封禅书》、《汉书·郊祀志》有关记载)。[①] 征此数说，我认为无论秦汉时人对“太一”的解说如何复杂且多歧义，它的最初意义无疑是古人仰观天象对阴阳未判时原始浑沌之“道”的假说，《淮南子·主术训》谓“太一之精通合于天。天道玄默，无容无则，大不可极，深不可测”，高诱注《吕氏春秋》“万物所出，造于太一”，谓“太一，道也”，是明确将太一与玄、道结合起来的。

由此，反观张衡思想中“玄”、“道”、“北极”、“太一”诸词语，既显出对自然原始态的追摹，又受秦汉以来有关概念及其内涵之衍化的影响，杂糅了诸多神氛(如“太一”之神)。然理一事殊，判别张衡思想之本质究竟属自然哲学之“玄道”理论，还是属神学范畴的“神道”理论，又不能限于概念的比附、推演，而应深入于思想实质，即使对标明属于谶纬神学的纬书，亦应具体对待，辨明良莠。

二、自然哲学的宇宙论

通过了解张衡《灵宪》中的一些词语或概念，有助于对其自然哲学之宇宙论的认知。陈遵妫曾在《中国天文学史》第一编、第三章《天文与哲学》中探讨“空间与时间的无限性”时指出：“哲学与天文学虽然都研究宇宙，对象尽管一样，而内容则不同。就空间和时间来讲，哲学是研究它的最一般

① 钱宝琮《太一考》，载1936年1月《燕京学报》专号第八。该文收入科学出版社1983年版《钱宝琮科学史论文选集》。按：关于作为星名的“太一”，陈遵妫《中国天文学史》颇多论述，可参考。

的发展规律，而天文学则研究天体在空间的位置和时间的规律。”张衡作为古代天文学家于研究天体的同时，对时空最一般的发展规律不仅有着全面的接触和了解，而且亦有独立的阐发，在汉代自然哲学发展过程中具有极为重要的地位。

（一）宇宙生成的假说

对宇宙生成的看法，张衡基本上是接受先秦道家思想并汲取秦汉自然科学成果而形成其假说的。有关宇宙生成的探究，主要在两点：一是宇宙原生态问题；一是宇宙万物生成演化之过程与规律。就前者而论，张衡对宇宙原生态的认识即为“玄”、“道”，也就是自然。他在《灵宪》开篇明义所说的“太素之前，幽清玄静，寂寞冥默，不可为象。厥中惟虚，厥外惟无。如是者永久焉，斯谓溟涬，盖乃道之根”，即是这种虚无无形而内含精微的原始物质状态。关于这一点，张衡在他的《玄图》中有着同样的推阐：

> 玄者，无形之类，自然之根。作于太始，莫之与先①；包含道德，构掩乾坤；橐籥元气，禀受无原。

很显然，张衡所谓的“玄”即“道之根”或“自然之根”，是对宇宙始原的追述。其在空间意识上，它是一种能够“构掩乾坤”的本

① 《文选》卢子谅《赠刘琨诗》，李善注作“莫与为先”。

始“元气”;在时间意识上,它是“作于太始,莫之与先”的宇宙生成之最早形态;在性质上,它是“厥中惟虚,厥外惟无”,然却潜含着“天成于外,地定于内”的有生于无的生成动因。由此衍生出张衡对第二个问题即宇宙万物生成演化过程的看法。这一派生图式如前所引,形成由“道根”(溟涬)→“道干”(庞鸿)→“道实”(天元)→“天地形成”的生成线索。张衡论“天元”既开,天地成形云:

> 在天成象,在地成形。天有九位,地有九域;天有三辰,地有三形。有象可效,有形可度。情性万殊,旁通感薄,自然相生,莫之能纪。于是人之精者作圣,实始纪纲而经纬之。

张衡对天地形成以后的看法,属于天文观测范畴,具有科学实证性,而在此前所云宇宙形成的三阶段,当为科学假说,然亦不乏自足体系的逻辑性。概括地说,张衡所论宇宙形成的第一阶段“溟涬”,是无形无象,但却内涵“厥中”、“厥外”的空间与“如是者永久焉”的时间意识。至于“溟涬”一词,为汉人常用,如《淮南子·本经训》:“江淮通流,四海溟涬”,指的是一种浩瀚无际的物态。王充《论衡·谈天》:“儒书又言:溟涬濛澒,气未分之类也。”唐成玄英《庄子疏》:“溟涬,自然气也。”张衡借此形态拟状“道根”,指的正是自然原始态的“元气”。张衡所言第二阶段“庞鸿”,是依据《老子》“有物混成,先天地生”所作的物态描写,是一种宇宙演化过程中“并气同色,浑沌不分”的自然状态。然其所谓“太素始萌,萌而未兆”、“其气体固未可得而形,其迟速固未可得而纪”，但与“太素”之前的“玄静”以至“溟涬”状态相比，已呈“始萌”状，故亦内含了“气之始”、“形之始”的发生衍化意义。至第三阶段之“天元”，变兆已明，所谓“元气剖判，刚柔始分，清浊异位”，完成了由元气逐渐衍生天地万物的全过程。这种“天元”阶段，实与《易传·系辞上》之“易有太极，是生两仪”、《淮南子·精神训》“古未有天地之时，惟象无形，窈窈冥冥……有二神（按：指阴阳）混生，经天营地”、扬雄《太玄·告》“玄生神、象”同构，为宇宙生成最为重要的阶段。

张衡由无形未分之“元气”到有形而未分之“气”，以至演化为具体的天地万物的宇宙生成假说，并非属于他个人的独造，而是出于他天文学的研究和对先秦以来自然哲学领域中有关天地起源理论的汲取和扬弃。概括言之，约有三条线索：

一是对先秦道家“玄道”思想的取舍。处于农耕经济区的华夏族人，观天象以授农时，并由此产生对天地起源的思考，宜为最早的科学研究。然而在春秋末至战国年间发生的宇宙生成问题的大讨论中，以“玄”、“道”概念探讨天地起源，则始于道家。《老子》一书，言“道”计六十八次，言“玄”计十二次，其如谓“道可道，非常道”（第一章）、“道冲，而用之或不盈”（第四章）、“道之为物，惟恍惟惚”（第二十一章）、“天法道”（第二十五章）、“道生一”（第四十二章）、“道者，万物之奥”（第六十二章）、“玄之又玄，众妙之门”（第一章）、“玄牝之门，是谓天地根”（第六章）等，尽管具有很大程度的神秘性，但也包涵了对天地起源的猜测。继老子后，玄道理论在庄子思想中进一步向抽象的怀疑论发展，如其于《齐物论》中谓“有始也者，有未始

有始也者，有未始有夫未始有始也者；有有也者，有无也者，有未始有无也者，有未始有夫未始有无也者也。俄而有无矣，而未知有无之果孰有孰无也"，貌似对天地万物起源的探讨，实质上只是持怀疑论的态度否认世界的真实存在。① 而在战国年间宋钘、尹文学派，老子的玄道观在宇宙起源问题上则向比较切实的元气论发展(详后)。对照张衡的论述，其于先秦道家玄道观的接受，既有传承效法，又有极明显的改变，即一则扬弃了老子玄道中的神秘性质，一则将老子的"有物混成"的朦胧说法定位于"道干"的生成阶段，这也是他对秦汉自然哲学思想成就的接受使然。

二是对秦汉以来自然哲学之元气论思想内涵的接受。元气论宇宙发生说在汉代的流行，可溯源于战国间宋、尹学派，中经汉初黄老学派，到贾谊、《淮南子》、严遵、扬雄、王充的有关见解，渐成系统，并予张衡的宇宙发生论以极大影响。胪述数例如下：

凡道，无根无茎，无叶无荣，万物以生，万物以成。……精也者，气之精者也，气道乃生。(《管子·

① 在汉代的《淮南子·俶真训》中，有段仿效《庄子·齐物论》的话："有始者，有未始有有始者，有未始有夫未始有有始者；有有者，有无者，有未始有有无者，有未始有夫未始有有无者。所谓有始者，繁愤未发，萌兆牙蘖，未有形埒垠堮，无无蠕蠕，将欲生兴，而未成物类；有未始有有始者，天气始下，地气始上，阴阳错合，相与优游竞畅于宇宙之间，被德含和，缤纷茏苁，欲与物接而未成兆朕……"对照而言，《淮南子》是用其词而变其意，纯为对天地起源的探讨。这也是汉代自然科学进步的一个标志。

内业》)①

恒先之初,迥同太虚,虚同为一,恒一而止。湿湿梦梦,未有明晦。(据长沙马王堆汉墓帛书本《黄帝四经》之《道原》)

太虚寥廓,肇基化元,万物资始,五运终天,布气真灵,总统坤元,九星悬朗,七曜周旋。(《黄帝内经》)

天坠未形,冯冯翼翼,洞洞灟灟,故曰太昭。道始于虚廓,虚廓生宇宙,宇宙生气,气有涯垠。清阳者薄靡而为天,重浊者凝滞而为地。(《淮南子·天文训》)

万物之生也,皆元于虚,始于无。……天地人物,皆同元始,共一宗祖。六合之内,宇宙之表,连属一体。气化分离,纵横上下,剖而为二,判而为五。(严遵《道德真经指归》)

玄者,幽摛万类而不见形者也。资陶虚无而生乎

① 据刘节《〈管子〉中所见之宋钘一派学说》(收入《古史考存》)、郭沫若《宋钘、尹文遗著考》(收入《青铜时代》),宋、尹学派的著述现存《管子》的《白心》、《内业》、《心术上》、《心术下》四篇中。按:根据现存宋、尹学派著述文献,其对精、气、神的探讨虽然也是着实于人生和心术,偏重于人生修养和政治权宜方面,但他们论及"道"或"气"时,倡扬那种"其大无外,其小无内","万物皆得以然"的特性,显示其为宇宙生成的物质实体。

规，攡神明而定摹，通同古今以开类，摛措阴阳而发气。一判一合，天地备矣。(《太玄·玄摛》)

元气未分，混沌为一。(《论衡·谈天》)天地合气，万物自生。(《自然》)

合此诸说，皆以“元气”为宇宙生成之初始之状，张衡宇宙生成的假说正是汲取汉代诸家“元气”论之思想，充实由先秦道家那里继承来的玄道观念，以建构其由“道根”到“天元”的演化理论的。

三是对汉代纬书有关宇宙生成理论结构的沿袭与改造。有关宇宙生成的过程，在西汉中晚期出现的纬书中亦有详细的描述。如《孝经纬·钩命决》云：

天地未分之前，有太易，有太初，有太始，有太素，有太极，是为五运。形象未分，谓之太易。元气始萌，谓之太初。气形之端，谓之太始。形变有质，谓之太素。质形已具，谓之太极。

在《易纬·乾凿度》中，对《易》之“太极→两仪→四象→八卦”的形成过程作出阴阳五行化的解释之同时，也论及宇宙生成问题：

昔者圣人因阴阳，定消息，立乾坤，以统天地也。夫有形生于无形，乾坤安从生？故曰：有太易，有太初，有太始，有太素也。太易者，未见气也；太初者，气之始也；太始者，形之始也；太素者，质之始也。

东汉时班固整理《白虎通》，于“论天地之始”一节，所云“始起先有太初，然后有太始，形兆既成，名曰太素”（陈立《白虎通疏证》卷九《天地》），即取法纬书。对照张衡的观点，至少有两点与纬书之论相同：其一，纬书中符合自然哲学发展规律的思想内核如“元气始萌”、“气形之端”、“有形生于无形”等，皆为张衡接受。其二，张衡有关宇宙生成之演化过程及结构，即“道根”、“道干”、“道实”的递进发展，显然更多地取法于上引纬书的思想模式。[①] 应该强调的是，纬书中关于宇宙生成的思想，根源于董仲舒的《春秋公羊》学和京房《易》学，其间充满了神学目的论与阴阳五行结构论。如董氏《春秋繁露·王道》云：“元者，始也；言本正也。道，王道也。王者，人之始也。王正则元气和顺，风雨时，景星见，黄龙下。王不正则上变天，贼气并见。”京氏《易传》云：“夫易者，象也；爻者，效也。圣人所以仰观俯察，象天地日月星辰草木万物，顺之则和，逆之则乱。”在这里，自然现象只是对天道圣统的诠解，并无独立的意义。在张衡思想中，虽然也因受汉代阴阳五行观的影响而渗杂了一些神学目的论，但在《灵宪》中对宇宙本源的认识，则来自他的天

① 席泽宗在《“气”的思想对中国早期天文学的影响》一文中，曾将《易纬·乾凿度》的“太易→太初→太始→太素”、张衡《灵宪》的“道根→道干→道实”与现代宇宙学“热爆炸理论”的“奇点期→极早期→早期→现期→将来期”进行对比，“发现有惊人的相似之处”（文载科学出版社 1984 年版《中国天文学史文集》第三集）。虽然现代宇宙学的“热爆炸理论”系实证科学，《易纬》与《灵宪》的宇宙生成观系科学假说，但从中国古代自然哲学的发展来看，汉代变先秦抽象的玄道观而为颇为具体的宇宙生成推测，无疑是一大进步。

文学理论，是汉代元气思想发展的一重要阶段，具有物质第一性的特征。也就是说，他对纬书观点的汲取，于其颠倒宇宙本源具有反正之功。张衡友人王符在《潜夫论·本训》篇中认为："上古之世，太素之时，元气窈冥，未有形兆，万精合并，混而为一，莫制莫御。若斯久之，翻然自化，清浊分别，变为阴阳。阴阳有体，实生两仪。天地壹郁，万物化淳，和气生人，以统理之。"其思路固然传承《乾凿度》与《灵宪》，但追溯于宇宙生成本源，又显然同于张衡，而与纬书不可等同视之。

（二）宇宙无限的思想

在张衡有关宇宙生成的假说中，其于最原始态的探究已包涵了"厥中"、"厥外"的空间意识和"如是者永久"的时间意识，并由此奠定了他的宇宙无限性的科学思想。

在我国古代宇宙理论的发展过程中，一直存在着宇宙有限与无限的论争，甚或在一个思想家的心中，也存在着这种冲突与矛盾。在汉代，具有神学思维的今文经学家和谶纬论者，在建构其与帝国行政图式相匹配的阴阳五行的宇宙图式时，即为宇宙划定了一个人为的框架和范围。不仅神学家如此，即如属于科学范畴的宇宙结构论者，也限于实测范围与知识水准，而持宇宙有限论。如盖天说者认为："天圆如张盖，地方如棋局"、"天象盖笠，地法覆盘"，故宇宙限于半球形空间，所谓"天离地八万里"，"天之中央亦高四旁六万里"（《周髀算经》卷下），正依地的每边八十一万里的正方形，求出的有限的半圆形天球底面积。同样，浑天学家通过对天地的实测，自然也规定了一个有限的天球。如张衡在《灵宪》中出于浑天实测理论探讨天地范围即云:“八极之维,径二亿三万二千三百里,南北则短减千里,东西则广增千里。自地至天,半于八极,则地之深亦如之。”这里的二亿三万二千三百里,即二十三万二千三百里,为天球直径,并依据长径加一千里,短径减一千里,则可求出其容积。这对宇宙空间的测试,无疑是有限的。因此,宋人邵雍《皇极经世书》卷八《观物外篇下》以为:“天之象数可得而推。如其神用,则不可得而测也。天可以理尽,不可以形尽。浑天之术,以形尽天,可乎?”其批评浑天之术“以形尽天”,是有明显针对性的。然而,张衡宇宙观的卓越之处,恰在于他实测天地时采用浑天之术,而以自然哲学观探求宇宙奥秘时,又超越了“以形尽天”的思维方式。所以在《灵宪》中,他于实测天球容积后,提出了对宇宙无限的猜测:

> 过此(指前述之天球)而往者,未之或知也。未之或知者,宇宙之谓也。宇之表无极,宙之端无穷。

另在《思玄赋》中,张衡于描述星空遨游时也表达了宇宙无限的思想:

> 逾庞鸿于宕冥兮,贯倒景而高厉;廓荡荡其无涯兮,乃今穷乎天外。

在张衡之前,战国时的名家惠施、道家庄周,后期墨家之《墨经》以及《尸子》,[1]就明确提出了宇宙的概念以及宇宙无限的思想。如《墨经》论及“宇宙”词义云:“宇,弥异所也”,“久(宙),弥异时也”;《经说》释云:“宇,蒙东西南北”,“久,合今旦莫(暮)”。《尸子》则云:“四方上下曰宇,往古来今曰宙”,对宇宙时空作出了进一步解释。相对而言,惠施认为:“至大无外,谓之大一;至小无内,谓之小一”(《庄子·天下篇》),尤以“无限大”和“无限小”阐述了宇宙无限的概念。《庄子·庚桑楚》记有庄子的说法:“有实而无乎处者,宇也;有长而无本剽者,宙也”,亦兼时、空而言,但语意不甚明确。张衡基此,在天文学论著中进一步阐扬“宇之表无极,宙之端无穷”的思想,较前人增添了更为丰富的科学因素,也具有极明显的进化意识。但是,如果把张衡宇宙无限的思想视为研究天体空间位置和时间规律的天文学范畴的成就,显然不符合历史的实际发展状况。所以我认为,张衡在使用浑仪“以形尽天”的同时生发出宇宙无限的思想,只是受益于秦汉以来自然哲学之“元气”论的影响,亦即《淮南子·天文训》“虚廓生宇宙”思想的延伸和发展。到晋人郭象注庄,以为“宇者有四方上下,而四方上下未有穷处。宙者有古今之长,而古今之长无极”(《庄子·庚桑楚》注),完全印合张衡的宇宙无限观,是一种道家思想与自然哲学之元

① 有关《尸子》的著者或成书年代,疑问甚多。《汉书·艺文志》署《尸子》二十篇,注曰:“名佼,鲁人,秦相商君师之。”近人廖平《谷梁古义疏注》、张西堂《尸子考索》皆认为《尸子》非佼所作。又《隋书·经籍志》署《尸子》二十卷,注曰:“其九篇亡,魏黄初中续。”近人梁启超《汉书艺文志诸子略考释》认为《群书治要》及他书征引的《尸子》文字,“皆魏黄初以后本”。详参商务印书馆 1939 年版张心澂《伪书通考》。按:《尸子》历代多视为伪书,然其中内容亦有先秦遗义,其宇宙观也与秦汉思想契合。

气论的结合。

在我国先秦时代，“气”和“元”(玄)本属两个不同的概念。就“气”而言，实经历了由多元向一元的转化。在早期文献中，气有“呼吸之气”、“天空云气”和“人的气质”等，[①]显得比较驳杂。到战国后期宋、尹学派所谓“凡物之精，比则为生。下生五谷，上列为星。流于天地之间，谓之鬼神；藏于胸中，谓之圣人，是故名气”(《管子·内业》)之“精气”理论的出现，“气”的思想也逐渐走向一元。而与“气”不同名词的“元”，也由早期的玄奥模糊渐入清晰。自《易大传》渗合先秦道家思想提出“乾元”、“坤元”概念，汉代学者皆视“元”为天地万物资生的本原。董仲舒出于再造圣统的需要，大加阐发“圣人能属万物于一而系之元”、“元者为万物之本”(《春秋繁露·玉英》)。而“元”如何为“万物之本”，何休《公羊传》隐公元年解诂：“元者，气也。无形以起，有形以分，造起天地，天地之始也”，其说代表汉人的见解，“元”的起始意与“气”混茫无形意亦至汉世而合为一完整概念。如扬雄之“玄”具有的“大者含元气，细者入无间”(《汉书·扬雄传》引《解嘲》)，《春秋纬》之《说题辞》“元清气以为天，浑沌无形体”、《元命苞》“元为气之始”云云，均将元气论引入有关宇宙起源的探讨。张衡也正是受汉代“元气”说的影响，拓展其宇宙无限思想的。概括言之，张衡接受的元气论思想对其宇宙观的形成有三点值得注意：

① 按：用作“呼吸之气”，如《论语·乡党》：“摄齐升堂，鞠躬如也，屏气，似不息者”；用作“天空云气”，如《庄子·在宥》：“云气不待族而雨”、《吕氏春秋·恃君览·观表》：“天为高矣，而日月星辰、云气雨露未尝休矣”；用作“人的气质”，如《孟子·公孙丑上》所谈善养“浩然之气”，显然是与“道义”相配的精神状态。

首先，如前所述，张衡将元气思想渗合于他对宇宙起源的探讨，在等同于元气的“本无”之中，那种“厥中惟虚，厥外惟无”的“溟涬”状态本身，就是一个没有限界的境域，这与他后述的“宇之表无极，宙之端无穷”的宇宙无限论有着渊深的内在逻辑联系。

其二，张衡借用纬书中关于宇宙生成过程之“太素”之词，定位于元气浑沌与开萌之间的状态（即“道干”），以阐发其“有生于无”的过程和思想。如果进一步思考，我们就能发现，从西汉中晚期到东汉之世出现的纬书，其对宇宙发生的认识皆是围绕汉代神道思想之五德终始观而来，所以出现了“三气”说（如《白虎通》“太初”、“太始”、“太素”）、“四始”说（如《易纬·乾凿度》用“太易”加“三气”）、“五始”说（如《孝经纬·钩命决》用“太易”加“三气”再加“太极”），特征是限于一定规范的结构而表现出有限的境域。与之不同，张衡的《灵宪》与稍后王符的《潜夫论》皆仅用“太素”一词拟状元气初剖之象，显然是接受汉代自然哲学元气论而脱离纬书的思想的。由于张衡对宇宙生成问题在本始的意义上非神学比附，而是专注于对天体运行的关心，也就较易于突破现有的框架，衍生出宇宙无限的新思想。

其三，正因为张衡明显地受到汉代自然哲学元气论的启迪，并将其思理引入天文学领域，才能突破自己奉行的“以形尽天”的浑天理论和实测观念，假想出可以“形尽”之外的“未之或知”的无限宇宙空间，而这种假想反过来影响其天文学思想，他在《浑天仪》中的“天地各乘气而立”的说法不仅可能，而且是具有一定先进性的。所以，在宇宙无限的思想上，与其说张衡根源于汉代天文学的浑天理论，毋宁说与“宣夜说”的观点更为接近。在张衡之前，持浑天说的扬雄曾仿《易传·系辞》“阖户谓之坤，辟户谓之乾”之说认为：“阖天谓之宇，辟宇谓之宙”（《太玄·玄摛》），此说虽亦兼具时、空意识，然“阖天”为有尺度的，即天壳内的空间；“宙”为时间，却以“辟宇”为起点，指开天辟地的时间。这与张衡“宇之表无极，宙之端无穷”的见解相比，很显然有着“有限”与“无限”的区别。宣夜论者则不然。试观《晋书·天文志》所载“宣夜”论者对天体存在形式的主张：“天了无质，仰而瞻之，高远无极，眼瞀精绝……日月众星，自然浮生虚空之中，其行其止，皆须气焉。”由此“天了无质”、“日月星辰”自然浮生于“虚空”之“气”的观点，对照张衡“天地各乘气而立”以及宇宙无限的思想，诚极为相似。然如何解释作为浑天论者与宣夜说的契合现象，试为几点说明：1. 张衡的宇宙无限思想与宣夜说关于天体形质的讨论，实产生于汉代自然科学与自然哲学发展的同一氛围，二者皆与汉代元气论之发展有密切关系，毋庸置疑。2. 张衡宇宙无限观与“宣夜”天体论虽然具有较为进步的宇宙意识，但都属于科学实测之外的推测；也正因此，宣夜说的天体论后世无传，浑天说可以“形尽”的天体论则占我国古代天文学之主导地位。由此亦可反证张氏宇宙无限论主要源于元气论，而非浑天说的天体结构理论。3. 尽管张衡宇宙无限论和宣夜说比较接近于现代科学的无限宇宙概念，但它因为采用的是直观、思辨和猜测的方法，而绝无可观测性和所观测部分间的物理联系，所以其成就只属于自然哲学的宇宙论，而非严格意义的天文学，更非现代科学意义的宇宙学。即如宋代的张载在《正蒙·乾称》中倡言的“太虚者，气之体”的气本论，也是属于自然哲学的元气论范畴，这是我将张衡宇宙无限思想置放于自然哲学领域加以讨论的重要原因之一。

（三）宇宙结构的理论

汉代的宇宙结构学说，为天文学的理论基础，其对宇宙结构的实测与探讨，因具有由局部发现的自然规律外推到宇宙整体的特征，故可置于天文学史的范畴。然从整个文化思想演进的流程来看，汉代宇宙结构理论的发展与成熟，又与自然哲学发展进程相辅相成，其中最重要的是汉代哲学之实知精神的发展。众所周知，在汉代文化中占主导地位的是阴阳五行学说，并由此形成了“经学·神学”的思想模式，其中充满了天人感应、天人比附的宗教神学色彩；但是，我们同样可以发现，由于汉代自然科学的进步，无论与神学思想相对抗的思想家，还是以宣扬神学为目的的思想见解，其较先秦文化表现出更为具象、更重实知的哲学精神，则是显而易见的。冯友兰在《新原道》第六章《汉儒》中曾以“道家”思想为例，认为汉人的著作中的见解，“有一个共同的特点，这就是其中所表现底思想，都不能‘超以象外’。道家的哲学是最注重超乎形象底。但汉代道家所讲底，也都限于形象之内”①。由此推扩，可以说汉代政治的实用性和哲学的实知精神，在很大程度上决定了这一时期宇宙结构理论的完形。

中国古代的宇宙结构理论，有三个基本学说，即盖天说、

① 引自华东师范大学出版社 1996 年版冯友兰《贞元六书》第 785 页。

浑天说、宣夜说，[①]其说皆可推溯于先秦时代，然汉代则为其在争论中发展的重要阶段。关于三家论天的具体见解以及通贯汉代天文学史的“浑”、“盖”之争，拟于有关张衡“浑天说”思想加以阐述，这里仅就三家对宇宙结构的基本看法与自然哲学思想关系，略陈两点想法。

第一点想法是：三家论天均为对宇宙结构的探讨，此与先秦两汉以来象数哲学的发展是潜乎默契的。

“盖天说”形成较早，其基本见解是《晋书·天文志》中所载“周髀”家言：“天圆如张盖，地方如棋局。”确立“天之形如倚盖”，“盖天”论经实测认为：“日朝出阳中，暮入阴中，阴气暗冥，故没不见也。夏时阳气多，阴气少，阳气光明，与日同辉，故日出即见，无蔽之者，故夏日长也。冬天阴气多，阳气少，阴气暗冥，掩日之光，虽出犹隐不见，故冬日短”，实与汉世的阴阳说、卦气说相对照。而在《周髀算经》中，论者再次提出“七衡六间”说，进一步证明天为穹形，地亦为穹形，二者间距八万里，既是对前述“周髀”家言“天圆地方”说的改造，也是汉代盖天思想在发展中“各依算术，用句股重差推晷影极游”（《晋书·天文志》引《周髀算经》）而对天地之象的进一步的认识。

“浑天说”思想也可上溯到战国时代，但作为明确的宇宙结构，则在汉代。扬雄《法言·重黎》云：“或问‘浑天’？曰：‘落下闳营之，鲜于妄人度之，耿中丞象之，几乎！几乎！莫

① 说见《晋书·天文志》：“古言天者有三家：一曰盖天，二曰宣夜，三曰浑天。”

之能违也。'"[1]扬雄所言"浑天"，当指浑仪，可知在汉武帝时，落下闳即依浑仪观测天象。而关于浑天说的宇宙结构理论，除前引张衡《灵宪》中"道原"、"道干"、"道实"的宇宙生成观和"天体于阳，故圆以动；地体于阴，故平以静"的宇宙结构论，还有一则被天文学界视为更具代表性的见解在他的《浑天仪注》中：

> 浑天如鸡子。天体圆如弹丸，地如鸡中黄，孤居于内，天大而地小。天表里有水，天之包地，犹壳之果黄。天地各乘气而立，载水而浮。

尽管《灵宪》与《浑天仪注》的说法有异，且引起学界的怀疑与争论（详后），但二者论宇宙结构的思路与方法则有两点一致：其一，《灵宪》对有限之宇宙（天地）结构的分析是通过"八极之维，径二亿三万二千三百里"等等之"数"的推算而来，《浑天仪注》的宇宙结构也是通过"周天三百六十五度四分度之一"等等之"数"的推算而来，故均系因数而明象。其二，浑天说的宇宙结构理论在很大程度上是针对盖天说"七衡六间图"的数学模型与在天体测量方面的误差而来，所以汉代浑、盖之争的基本问题即在"数"（关于天体的演算）和"象"（关于天体的形状）。

---

① 汪荣宝《法言义疏》十三《重黎》卷第十引李轨注："落下闳为武帝经营之；鲜于妄人又为武帝算度之；耿中丞名寿昌，为宣帝考象之。言近，近于理矣，谈天者无能违远也。"按：扬雄废"盖天"而倡"浑天"，故其以浑天说为准则。

在浑、盖之外,“宣夜说”是渊源于太虚肇基思想并由元气论者发展而成,并提出了与浑、盖两家有限的硬壳式天球概念不同的宇宙结构理论。这一学说的发生与观点,详载《晋书·天文志》:“宣夜之书亡,惟汉秘书郎郗萌记先师相传云:‘天了无质……日月众星,自然浮生虚空之中,其行其止,皆须气焉。’是以七曜或逝或住,或顺或逆,伏见无常,进退不同,由乎无所根系,故各异也。”汉末三国初,杨泉《物理论》反对盖天“言天气循边而行,从磨石焉”之说,提出“地有形而天无体”,“元气皓大,则称皓天。皓天,元气也。皓然而已,无他物也”,即承宣夜之说。值得注意的是,宣夜说的天体无形论在总体上“最接近真理的天文学说”,[①]且与张衡宇宙无限观同源于元气思想,然其书在汉代已失传,其说也远不及浑、盖两家在汉代以及后世天文学领域中的作用和影响,关键亦在缺少“数”的推算和“象”的实测,所以只能作为一种推测和假说存在,没有符合时代需要的实用价值。

汉代象数思想虽源于阴阳家解《易》,但却辐射于整个汉代文化,其中或多乖谬,然科学思想亦于中得以发展,汉世宇宙结构理论(尤其是“浑天说”)的长足进步,不可否认其与自然哲学重“象”与“数”之思维方式的内在联系。

第二点想法是:汉代宇宙结构理论还表现了这一时代自然哲学的实知精神和由此产生的效验方法。

汉代哲学虽与神学往往纠缠不清,但与先秦诸子和魏晋玄学比较,则更具有征实性的特点。缘此,前引冯友兰《新原道》之说,即以最典型的道家思想从先秦到汉代的变化为个

① 参见程宜山《中国古代元气学说》,湖北人民出版社 1986 年版。

案，说明这一问题的显明性。在这一点上，最典型的例证又是老庄哲学中那些“玄”、“道”、“太一”、“有”、“无”充满不可测之奥妙的“形式”化观念，在汉人则转化为实质的“形象”。这便是《淮南子·天文训》所谓“道始于虚廓，虚廓生宇宙”的论述，以及其《俶真训》对庄子《齐物论》“有始也者，有未始有始也者”类形式命题所做的实质的形象化诠释。由此求实知的哲学精神，汉代天文学也是极重实际的。试观《汉书·天文志》两段论述：

> 凡天文在图籍昭昭可知者，经星常宿中外官凡百一十八名，积数七百八十三星，皆有州国官宫物类之象。其伏见早晚，邪正存亡，虚实阔狭，及五星所行，合散犯守，陵历斗食，彗孛飞流，日月薄食，晕适背穴，抱珥虹蜺，迅雷风袄，怪云变气：此皆阴阳之精，其本在地，而上发于天者也。
>
> 政失于此，则变见于彼，犹景之象形，响之应声。是以明君睹之而寤，饬身正事，思其咎谢，则祸除而福至，自然之符也。

很明显，前段言论主要是实知精神在天文科学方面的表现，后段言论是实知精神向神学化政治的比附。而汉代三家论天对宇宙结构的认知，反映的正是属于科学的实知，这也决定了这一时代天文学在诸如天体构造、历法制定、星象观测等方面能够取得巨大成就。作为天文学家的张衡，他对宇宙结构之浑天说的倡导，是他处职太史令依靠和参与制造观测仪器（浑仪、浑象）而来，其理论的准确度也完全取决于仪器的效验。正是依据这种科学的(具有一定经验性)效验以及由此带来的思维方法,他一则继承《淮南子》将“道”落点天文境域之实地,一则针对盖天说的实测误差提出较为精确的结构理论。同于此理,持盖天说的王充对浑天说曾提出质疑,驳斥浑仪“旧说天转从地下过。今掘地一丈辄有水,天何得从水中行乎”?(《晋书·天文志》引)也是出于他所处时代的科学水准采用的效验方法,是疾虚求真的思想在天文学的反映。

汉人重实际,对宇宙之奥妙亦好以现象观之,以结构论之,以建立起符合现实需要的宇宙图式和世界秩序。在三家论天体结构的学说中,以张衡为代表的浑天家在汉代势力最盛,且成为哥白尼学说传入中国以前“我国关于宇宙结构的权威学说”,①应该是与浑天理论重实证以及其说比较符合我国古代天文学发展水平(很大程度又决定于我国古代自然哲学的思维方式),有很密切关系的。

三、“象征”式哲学形态的因染与超越

对张衡在自然哲学方面的成就与局限,②我想先引两段话加以说明:一则是亚·沃尔夫在他的《十八世纪科学·技术

---

① 中国天文学史整理研究小组《中国天文学史》第164页认为:唐代以后,“浑天说完全取代了盖天说,一直到哥白尼学说传入我国以前,成了我国关于宇宙结构的权威学说。”此见解是符合实际的。

② 按:这里论及张衡在自然哲学方面的成就与局限,其内容实质上也牵涉到他的政治思想与科学创造,如取则天象的灾异思想即是。但针对传主的思想本质或作为一种思维方式的探讨,又显然属于哲学范畴,所以在这里另辟一段文字作些说明。

和哲学史》之“导论”《时代的精神》中对“自然主义”的论述:“自然主义是在这样意义上使用的:相信事物和事件的‘自然秩序’,或者说,相信自然过程有其固有的秩序,而不存在神奇的或超自然的干预。”一则是恩格斯在《自然辩证法》中评价古希腊自然哲学时所说:“自然哲学只能这样来描绘:用理想的、幻想的联系来代替尚未知道的现实的联系,用臆想来补充缺少的事实,用纯粹的现象来填补现实的空白。它在这样做的时候提出了一些天才的思想,预测到一些后来的发现,但是也说出了十分荒唐的见解。”(《马克思恩格斯选集》第四卷第242页)在张衡的思想中,确实并存着用自然本身的属性解释自然的科学精神和类同早期自然哲学家共有的臆想与猜测。当然,具体而论,张衡的成就与局限又是不同于古希腊自然哲学家或18世纪欧洲科学技术研究者,而是具有特定的历史文化背景,其中极为重要的方面即是对我国秦汉时代所形成的象数理论思想体系之因染与超越。

汉代的象数理论,是以阴阳五行学说为基础,以《易》学之卦象研究为主导而形成的一种思维模式。它的本质渊承于上古社会的天象崇拜,所谓“惟天为大,唯尧则之”;只是经过秦汉时代对阴阳五行学说的大力推衍,对《易》象体系的大力阐发,而使之逻辑化、结构化和数学化,并旁涉于广泛的文化领域,从而形成有汉一代特殊的“象征”式的哲学形态。也正是缘于汉代统治者以“奉天承运”的心态对“受命改制”观的接受和汉代学者对汉代社会兴衰的使命意识,整个社会文化心态均表现出对“取则天象”和“数”的推衍的浓厚兴趣。在汉代各类学科和各色人等中,经学与天文学在这方面的偏嗜尤为突出。

就经学而论,董仲舒以阴阳家思想再阐《春秋》之学,在

《春秋繁露》中提出了“天、地、阴、阳、木、火、土、金、水：九，与人而十者，天之数毕也”(《天地阴阳》)的宇宙观，并将其中的“五行”与“司行之官”(司农、司马、司营、司徒、司寇)、“人伦规范”(仁、智、信、义、礼)进行类比、合一(详《官制象天》)，形成了具有自然哲学形态的神学化的思想结构。这与先秦儒家如孔子所云：“凤鸟不至，河不出图，吾已矣夫”(《论语·子罕》)、《中庸》说：“国家将兴，必有祯祥；国家将亡，必有妖孽”等略含阴阳家色彩的观点比较，显然更具象征性和“数”的特征。作为象数理论之重镇的汉《易》学者，更热衷于此。成书于战国末至汉初的《易传》是以“太极”为道体，以阴阳为作用创建其宇宙生成之象，其思想内质，又充斥了“探赜索隐，钩深致远，以定天下之吉凶”(《系辞上》)、“圣人以神道设教而天下服”(《观·彖传》)的天人感应的主张。至西汉孟(喜)京(房)易学以及相继出现的《易纬》，一则进一步强化“生凶吉之义，始于五行，终于八卦……八卦仰观俯察在乎人，隐显灾祥在乎天”(《京氏易传》)的天人感应的休咎观；一则改变旧《易》简单的揲蓍求卦的占筮方法，转变为按照阴阳五行图式和天文历法学说的占测天道灾祥的象数新系统，其中包括了诸如“四维四正说”、“卦气说”、“太一九宫说”、“爻辰说”等等。[①] 这种取则天象的观测方式，在汉代对《诗》、《书》、《礼》、《孝》诸经的解释中均有表现。

就天文学而论，其“象征”式哲学思维方式最明显地表现在建立天官系统和星占体系。在《史记·天官书》中，作

① 汉代《易》学中的象数理论及其内涵较为庞杂，此不赘论。关于其中的天文历法思想与张衡天文思想的关联，将在下章阐述。

者完全按照地上的统治秩序和等级名分，建立了天上的星官体系。其星辰以人事为名，有天王、太子、庶子、正妃、后宫、藩臣、诸侯、旗官、羽林天军；以屋宇为名，有端门、掖门、阁道、明堂、清庙、天市、车舍、天仓、天库楼；以物命名，有帝车、天驷、矛盾、旌旗之属。至于星辰示象，比如南极老人星见则治安，不见则兵起；岁星色赤则国昌，赤黄则大穰等，皆以效验法以应证天象与人事的关系。正是因为这种天官与人事相符契的结构系统的建立，汉人"日变修德，月变省刑，星变结和。凡天变，过度乃占"(《史记·天官书》)的占星术方日炽其盛。这只要翻检前、后《汉书》的《五行志》中汗牛充栋的灾祥之说，就不难看出汉人这种思想经结构化、模式化而显得多么的牢固。

从上述经学与天文学内涵的象数思想来看，作为"致思于天文、阴阳、历算"的张衡，无疑受到十分明显的影响。这也不仅在他请禁绝图谶时有关"律历、卦候、九宫、风角，数有征效"的表白，而且是作为一种"象征"式的哲学形态影响到他的学术思想的建构。倘论其因染，亦当作两面观：一方面，如前所述，汉代象数哲学的结构化特征，对张衡宇宙结构论之"浑天说"产生了积极的影响，尤其是以象数理论为基础的天文科学在汉代的发展(如天官系统的建立，天体与星历研究中"数"的精密化，以及《易》纬象数模式中包涵着丰富的自然科学内容)，是与张衡天文成就之取得有着不可分割的联系。而具有数理内涵的"象征"式哲学形态本身，比如《易》学中有关"卦变"、"爻变"、"互体"、"旁通"诸法，亦予包括张衡在内的汉代科技研究者以丰富内涵和无穷启迪。另一方面，因受象数理论的因染，张衡在其严肃的科学论著中同样出现了具有"象征"

性的猜测，其间包括取则天象的灾祥说，这也是我们站在现代科学的基点上看到张衡自然哲学和科学思想中最为落后以至荒谬的地方。如《灵宪》在讨论宇宙生成、结构及天体运动的过程中，即夹杂了大量的非科学的天人取象的段落。试观数则如下：

(星辰)在野象物，在朝象官，在人象事。

五星五行之精，众星列布，其以神著，有五列焉；是有三十五名，一居中央，谓之北斗。动变定占，实司王命；四布于方各七，为二十八宿。日月运行，历示吉凶；五纬经次，用告祸福；则天心于是见矣。

摄提荧惑，地候见晨，附于日也；太白晨星见昏，附于月也。二阴三阳，参天两地，故男女取则焉。方星巡镇，必因常度。……审而察之，然后吉凶宣周，其详可尽。

三公在天为三台，九卿为北斗；故三公象五岳，九卿法河海，二十七大夫法邱陵，八十一元士法阜谷，合为帝佐以匡纲纪。(顾櫰三《补后汉书艺文志》据《山堂考索》补《灵宪》佚文)

以上论天数例，或状人事，或象官制，或言灾祥，或示凶吉，无不体“象”明“数”，具有浓厚的天人感应色彩。张衡的科学论著尚且如此，其它文章类此“象征”方法倡天人感应之术，则尤不胜举。如“自我高祖之始入也，五纬相汁以旅于东井”(《西京赋》)、[①]“我世祖忿之，乃龙飞白水……欃枪旬始，群凶靡余”(《东京赋》)、[②]“察三辰于上，迹祸福于下，经纬历数，然后天步有常，则风后之为也”(《应间》)、[③]“政善则休祥降，政恶则咎征见。苟非圣人，或有失误。昔成王疑周公，而大风拔树木，开金縢而反风至。天人之应，速于影响”(《阳嘉二年京师地震对策》)，[④]诸说虽或内涵历史意识和人文精神，但其取象方式则显与上引《灵宪》同埒。而反过来，我们再从前引诸说中内涵的历史意识和人文精神，对照《灵宪》中“象征”性的天人感应思想和经实测的科学思想杂糅之现象，我认为与其说属于张衡的神学观，倒不如说他因染于汉代象数理论模式而表现出的负面效应。

汉人言象数，渐“入于禨祥”(《四库全书提要·经部·易类小序》)，荒谬之见，因染甚深，以至标举“疾虚妄”的王充，也对桓谭批评当时“致雨具，作土龙”(《新论·杂事》)雩祭求雨的荒唐做法进行反批评，认为“夫以非真难，是也；不以象类说，非也”，并举“象类十五验”以论证“雩祭者之精亦在土龙”(《论

① 事见《汉书·高帝纪》：“元年冬十月，五星聚于东井，沛公至霸上。”按：五纬，即金、木、水、火、土五行星。东井，二十八宿之一，即鹑首。《文选》李善注：“以历推之，从岁星也。此高祖受命之符。”

② 《尔雅·释天》：“彗星为欃枪。”《汉书·天文志》：“欃枪异状，其殃一也，必有破国乱君，伏死其辜，余殃不尽，为旱凶饥暴疾。”《史记·天官书》：“旬始，出北斗旁……此星见，兵起。”按：此处欃枪、旬始皆星名，主祸乱，喻群凶。

③ 《后汉书·张衡列传》李贤注引《春秋内事》：“黄帝师于风后，风后善伏羲之道，故推衍阴阳之事。”按：《汉书·艺文志》、《兵书略》兵阴阳家有《风后》十三篇、《图》二卷。《数术略》五行家有《风后孤虚》二十卷。

④ 按：“成王疑周公”事见《尚书·金縢》。

衡·乱龙》)的说法。也正因为象数理论构成一自足系统后，必然陷入在内部结构中循环论证而难以自拔的困境，所以后世学者或批评汉儒“明数不知义，明象不通理”(按：如王弼易学之“黜象数，阐义理”)；或修补汉儒之说，兼取象数和义理，所谓“义急数亦急”、“义出于数”(司马光《温公易说·总论》)。

但是，我们同样不应忽略的是，张衡所处的东汉中叶，正是两汉政治学术发生较大变化的时期，而作为一种哲学思维，其时也表现出由象数向义理的潜变，并成为汉晋学术之流从宇宙结构论向宇宙本体论转变的中间阶段。考其潜变征兆，在张衡思想中约有三点展示：

其一，古文经学的兴盛和张衡对其思想的接受，影响着他由象数转向义理的思想变化。这又可分为两方面：一方面是就经学的整体发展而言，西汉重《春秋》，好以阴阳象数诠解其“微言大义”；东汉重《周礼》，好以史学精神干预现实政治，张衡重道崇礼的人生观和政治观，是十分明显的。另一方面是就经学中之《易》学而言，西汉以今文经学的孟、京易学及易纬为重镇，好为阴阳灾异之说；东汉则盛传费(直)氏古文易学，于《易传》象数之学中尤重探寻其义理。例如《易传》之《系辞》，一则说“象”，即“有太极，是生两仪。两仪生四象。四象生八卦”云云；一则言“道(理)”，亦即“一阴一阳之谓道。继之者善也，成之者性也。……富有之谓大业，日新之谓盛德”一段。考张衡虽无易学论著传世，然观其文学，则颇受《易传》及东汉古文易学重义理的影响。如《思玄赋》涉及《易》语九处，仅一处用今文经学，言象数之方，余八处皆准式古文易学，而其中言天地之道、修身之理，近人刘师培谓之“析理精微，精义曲隐，其道杳冥而有常，则《系辞》之遗义也”(《论文杂记》)，独具只眼。

其二，道家人生观的渗透，促成了张衡“弹五弦之妙指，咏周孔之图书”、“苟纵心于物外，安知荣辱之所如”（《归田赋》）的玄儒人生境界，这也影响着他由天人比附的象数模式向体达自然与人生之“玄”理的转变。在汉代象数结构理论中，天人关系尽管有“数”的连接，然总限于“象”的比附。这种现象到王弼易学“黜象数，明义理”为一大转折，而至郭象注《庄》倡“独化论”，以为“一物不具，则生者无由而生；一理不至，则天年无缘得终”（《庄子·大宗师》注），对汉儒天人比附思想的清除告一段落。继后，宋儒如朱熹接受释氏《华严经》“月映万川”之宗旨，倡导“物物有一太极”（《朱子语类》卷九十四），再于本体论意义作出融通天人、泯合象数与义理的尝试。从这一思路看张衡的“玄道”理论，也是引人注目的。

其三，张衡自然哲学宇宙论的“根”意识是物质形态的，所以他在科学意义上对汉代阴阳五行学说的接受，又具有排斥伦理道德观念和天人感应之神秘因素的一面，这也决定了他在宇宙论方面存在诸多的进步意识。比如他在天地（宇宙）结构之外，因理推之的宇宙无限论，即打破了前引董仲舒所谓的“天地”、“阴阳”加“五行”与“人”，“天之数毕也”[①]（《春秋繁露·天地阴阳》）、扬雄“阖天”为“宇”，“辟宇”为“宙”（《太玄·玄摛》）的宇宙有限论，这也是张衡明象数并通义理的思想反映。

这些细微的变兆，正是张衡思想中对汉代象数理论以及由此理论凝定的“象征”式哲学形态的超越。

---

① 按：董仲舒所说的天地之“天”，是指与“地”相对的“天”，而所说“天之数”之“天”，则指整个宇宙。

第六章　数术穷天地
——张衡的天文学理论

一、总　述

汉代是我国天文学发展的一个重要阶段，而张衡又是这一时代天文学界最卓越的人物。崔瑗《河间相张平子碑》以"数术穷天地"赞誉其天文成就，范书本传也认为他"尤致思于天文、阴阳、历算"。清人阮元在为历代天算人物立传的《畴人传》之《序言》中，将天算之学提升到正统儒学和统治术的高度，并确定张衡的地位云：

昔者黄帝迎日推策而步术兴焉。自时厥后，尧命羲和，舜在璿玑，三代迭王，正朔递改，盖效法乾象而

> 宣庶绩,帝王之要道也。是故周公制礼,设冯相之官;孔子作《春秋》,讥司术之过,先古圣人咸重其事。两汉通才大儒若刘向父子、张衡、郑玄之徒,纂续微言,钩稽典籍,类皆甄明,象数洞晓。天官或作法以叙三光,或立论以明五纪。“数术穷天地,制作侔造化”,儒者之学,斯为大矣!

其说以政治笼罩科学,虽多偏颇,然以“类皆甄明,象数洞晓”评价汉人天算成就,以崔《碑》赞美张衡的话评价汉代天算地位,当自不诬。而从阮氏以帝王之术为立论基础观之,我们又不能否认中国古代科技史的一个基本特征,即由农耕经济以及与之而生的相应的宗法制度,决定了与政治人生关系密切的科技领域如天文、数学、农学、医学最为成熟、发达。所以明末学者顾炎武于《日知录》卷三十云:“三代以上,人人皆知天文。‘七月流火’,农夫之辞也;‘三星在户’,妇人之语也;‘月离于毕’,戍卒之作也;‘龙尾伏辰’,儿童之谣也。”①何以如此?《尚书·尧典》云:“乃命羲和,钦若昊天,历象日月星辰,敬授人时。”《易·贲卦·彖辞》:“观乎天文,以察时变。”《易传·系辞》:“天垂象,见吉凶”,“仰以观于天文,俯以察于地理,是故知幽明之故”。由此可见,上古天文之学有两条规定:一是制定历法,敬授人时;一是观测天象,预卜吉凶。而到了帝国大一统的秦汉时代,天文学者正在此政治的、神学的双重承负下拓开其思想境界的。

---

① 按:“七月流火”、“三星在户”、“月离于毕”语分别出自《诗·豳风·七月》、《唐风·绸缪》、《小雅·渐渐之石》;“龙尾伏辰”语出《国语·晋语》。

汉代天文学最突出的历史地位，是建立了一整套宇宙理论，其要有三：一是天地生成论，它改变了先秦时代对“天”、“道”的朦胧看法，形成了理论与实证结合的宇宙演化观。二是天体结构学说，这便是论天三家（浑天、盖天、宣夜）之宇宙结构理论在汉代的完形与发展。三是律历一体思想，这决定了汉代天文学通过历法的制定与修改，与数学的紧密结合。这些成就落实于具体的天文学范畴，便是汉代在天文仪器制造、天象观测、天体测量、历法修定以及宇宙理论（包括宇宙本原、宇宙结构、天地起源、地动与地静、宇宙无限和时空观念等）诸方面的长足进步，而张衡的天文学成果正涉及以上各方面，为当时最为优秀的代表。倘探究汉代天学进步之因，固然在于天文科学自身随着社会的进步而呈现出必然的发展态势，然体现于天文学思想，我认为又当注意汉人异于先秦时代的一些潜变因素，即由先秦占卜家（包括星相家）的神话思维、道家（包括名、墨）的哲学思维、儒家的伦理思维向汉代天文学家的科学思维的潜变。

如上所述，汉代天文学确实仍不可避免地承负着传统文化中政治与神学的双重责任，但其天文学成就的取得，又显然来自从政治与神学襁褓中逐渐成长起来的科学思想（或精神）。对此，我们可以通过张衡在天文学领域所取得的较为全面的成果，特别是浑天理论的完成，反观汉代天文科学赖以形成的历史氛围和学术精神，可得以下几点启示。

1. 汉代宇宙图式的建立与天文学的发展。在先秦时代，宇宙意识或“天”的意识往往是一种逻辑的抽象的大全概念，不具备天文的或物理的宇宙实际意义，所以附合于神学，即为至高的神喻、敬天的宗教；附合于哲学，即为玄远之“道”或至上的“太极”；附合于人伦，则为至善的道德境界。而发展到秦汉时代，他们对宇宙的认识已经不再停留在敬畏天命的神喻式或崇拜天道的玄想式观念，而是将自然与社会、科学与神学糅合在一起，完成了以阴阳五行为基础的宇宙图式。这种图象是综合先秦《易》、《老》，经邹衍“大九洲”、“五德终始”、《吕氏春秋》、《礼记·月令》、《淮南子》、《春秋繁露》逐渐形成，尽管其中不乏神学的比附，但亦不可忽略这一图式本身具有的系统化的科学理性，即基于一定程度的观察和体验、于对应关系的重视和对主客互动的强调。可以说，无论在如《吕氏春秋》的由“太一”、“阴阳”到“四时”、“五行”以及“五帝”、“五神”、“五祀”、“五脏”、“五色”、“五味”、“五臭”、“五音”、“五方”的宇宙图式中，还是在如京房《易传序》“五行迭终，四时更废，变动不居，周流六虚”、《淮南子·原道训》“（道）其德优天地而和阴阳，节四时而调五行”的论述中，其首先是植根于自然界季节变换属性特征，是非常明显的。因此，汉人的阴阳五行宇宙图式本身也就具备了这样几个特征：一是物质世界与物理世界的统一；二是依照阴阳五行为原则与规律形成动态的平衡；三是在宇宙大系统中包涵的诸多子系统，其发展不依靠外在的动力或意志，而是取决于自身的生克消长。这种对世界的观照与解释方式，较殷、周时代简单的天命观和粗率的鬼神观，无疑是科学的进步①。这一进步反映于天文学之宇宙理论方面，最明显的是汉人建构了完整的宇宙生成与结构图式，张衡《灵

① 英·李约瑟《中国科学技术史》第二卷《科学思想史》认为：“中国的五行理论……在公元1世纪是十分先进的东西，到11世纪还勉强可说，而到了18世纪就变得荒唐可厌了。”这正是从历史发展观而论，十分精到。

宪》中的“道”论以及浑天理论的完形，是与此契合的。而反映于天文学之术数与星占方面，也同样可以看出汉人对旧有的术数学与占星术的理性化的改造。就术数而言，汉人改变了旧术数（如龟卜与《易》筮）简单的祈神方式，而是在阴阳五行的基础上依照客观事物的发展进行推衍，如孟、京《易》学将六十四卦同二十四气、七十二候联系起来形成的卦气系统，即于占验的神学之中表现出根据气候发现阴阳消长的科学性。就星占而言，古代天文的思维成果多从星相家中得来，而经过汉人系统理论化的天文学思想，也同样反作用于星相家，如马王堆汉墓出土的帛书《五星占》中的五星理论，在借天象占验人事吉凶的同时，也因其图式化而内涵了“以阴阳之气相动也，故寒暑燥湿以类相从”（《淮南子·泰族训》）的自然科学精神。从这样的角度去对待张衡平生好术数之学以及其天文论著中的星占残余，或可得到较为合理的解释。

2. 与宇宙图式的建构相关，汉人“类”的意识和“数”的观念的强化，同样影响了天文学的发展。冯友兰《新原道》认为汉代是中国哲学精神的“逆转”阶段，因为汉人最重实际，缺乏哲学的超远意识和逻辑观念；同时，他又在其《新事论》中认为“汉人最富于科学精神”，其中最关键的是“知类”。也就是说，从历史哲学或文化哲学看汉人的阴阳五行、五德终始、三统三世等理论，其对历史或文化之变迁的说明极多荒谬成分，但是他们从“类”的观点，观察事物，比较异同，却是超越先秦的科学认识和科学精神。比如与汉代天人合一宇宙图式声气相应的“太初历”，在很大程度上是因为“知类”而超越了前人的褊狭认识，具备了后世历法的主要内涵。其中如二十四节气、朔晦、闰法、五星、交食周期等，皆建立了较为完备的统则。其后“三统历”在“太初历”的基础上，同样以类的意识对五星会合周期进行推算，其运动数值已达到非常精密的程度①。与“类”的意识相符应的是“数”的观念的强化。《九章算术》、《周髀算经》在汉代的地位，以及汉人大量的“数术”类论著的出现，充分说明了这一学术势态的变化。值得注意的是，汉人数术之学同样建立在阴阳五行思想基础上②，是将对天体（日、月、五星）运动周期状态和四时天象变化的观测应合于人类社会，方产生诸如历谱、卦候、九宫、太一、建除、风角诸术的。宋人邵雍论《易》取法汉代“数”的成就，并在其《皇极经世书》卷二解曰：“数者何也？道之运也，理之会也，阴阳之度也，万物之纪也，明于幽而验于明，藏于微而显于管，所以成变化而行鬼神者也。”可见“数”不仅规定了宇宙、历史变化之周期过程，而且也规定了宇宙万物的品类。在这层意义上，张衡作为汉代著名的数术大家，他对卦候、九宫诸术的接受，也是非常自然的。特别是从理论思维方面考虑，张衡对天体结构及其变化的认识，对恒星观测、行星周期运动及其品类的研究成果，显然与汉人知类重数的思想潜符默契。

3. 在汉代宇宙理论中，浑天说占有重要地位，这也决定了作为汉代浑天理论集成者的张衡在天文学史上的卓越地

---

① 据陈遵妫《中国天文学史》第一册第 216 页脚注开列的三统历与今历的比较数值为：辰星（水）：三统历值 115.91 日，今值 115.88；太白（金）：三统历值 584.13 日，今值 583.92；荧惑（火）：三统历值 780.53 日，今值 779.93 日；岁星（木）：三统历值 398.71 日，今值 398.88 日；镇星（土）：三统历值 377.90 日，今值 378.09 日。

② 按：《隋书·经籍志》以后，历代正史《艺文志》均将数术类论著归于“五行”类，正由此着眼。

位。从汉代科学发展的实况着眼，浑天理论与盖天、宣夜诸说相比有着明显的优势。择要有二：一是具有官方的色彩。天文与政治的密切关系，早见于上古三代，而到秦汉大一统帝国完成后，天文更是作为官学始终维系着王朝之命运。所以在汉武帝改制、设五经博士官的同时，亦于太初元年招募民间治历者二十余人，其中包括唐都、落下闳等。而落下闳也正是制浑仪以观天象，定太初历，从而使浑天说理论始由民间私学而为朝廷官学的。自此而后，汉代官方治历学者亦多为浑天论者，张衡长期担任太史令之职，其为浑天说集成大家，与此不无关联。二是具有实证的价值。汉世论天三家，浑、盖均利用天文仪器（浑仪与圭表）实测天象，然相较而言，浑天说更切合当时的科学思维水平，科技手段亦较为先进。缘此，西汉末扬雄通过实证方法，才接受桓谭的浑天思想，变“盖”为“浑”，作《难盖天八事》以明其义。同样出于实证思想，张衡在持浑天说时，于《灵宪》中也大量吸收了《周髀算经》中对天体的计算成果，为完善汉代浑天体系作出卓著的贡献。相形之下，宣夜说的宇宙结构论有着明显的时代先进性，在三家中最接近于近代宇宙学观点，但由于缺少观测手段和实证意义，故在汉代远不及浑天说的影响，也不及盖天说的声势。正因如此，在学术史上有一种惯用的划分方法，即将盖天说归于“周髀家”，宣夜说归于“道家”，而浑天说则归于“儒家”。此视浑天为儒家的态度，在奉行“独尊儒术”文化政策的汉代，并结合其官方色彩和实证价值，也是有一定道理的。

明此三者，似能有助于进一步辨识张衡天文学的实际成就和局限。

二、浑天说理论大厦的建构

张衡天文学的主要成就，在对汉代浑天思想的继承、发扬，并建构起较为完整的理论体系。宋人王应麟《玉海》在《总论浑天》中记述云："自舜以玑衡齐七政，汉落下闳始复创制，迄于隋唐，代有制作。其最精密者，张衡之《灵宪》，淳风之黄道，令瓒之木游，一行之铜浑。"此主要就浑天仪器制造而论。又云："(落)下闳、(鲜于)妄人、(耿)寿昌之后，永平中贾逵上游仪。顺帝时张衡妙尽璿玑之正。在魏则晁崇、斛兰；吴则葛衡、陆绩、王蕃；隋则耿询；宋则钱乐之；唐则淳风、一行……"，则就浑天论家而说。而其中张衡既有浑仪之制，又有《灵宪》之文，实为浑天学说发展史之重大成就。前人列举其要，有谓"浑天有《灵宪》之文，盖天有《周髀》之说"(《周髀序》)。所以讨论张衡与浑天理论，还须从自汉代以来延绵未绝的浑、盖之争谈起。

（一）关于浑、盖两大宇宙结构体系的对话

作为浑天说大家，张衡的学术成就绝非无源之水，而是在自先秦至两汉天文学的不断发展中形成，其中有一条明晰的主线，即产生于汉代并通贯中国古代天文学史的有关宇宙结构问题的"浑"、"盖"之争。

《后汉书 · 张衡列传》载：衡"迁为太史令，遂乃研核阴阳，妙尽璇机(同"玑")之正，作浑天仪，著《灵宪》、《算罔论》，言甚详明。"李贤注引《汉名臣奏》蔡邕曰："言天体者有三家：一曰

周髀，二曰宣夜，三曰浑天。宣夜之学绝，无师法。周髀术数俱存，考验天状，多所违失，故史官不用。唯浑天者，近得其情，今史官所用候台铜仪，则其法也。”蔡邕作为浑天论者，赞同浑天说非常自然，但从史学观之，这段话却提供了几点重要信息：其一，他所说“周髀术数俱存”当指流行于汉代的《周髀算经》的观点，即盖天说。其二，东汉学者郄萌主宣夜说，其观点虽经后人整理残存于《晋书·天文志》，但作为极重师法传统的汉代，其学“无师法”，这也决定了这一学说在汉代以及后世不能与浑、盖家抗衡。其三，浑天论在汉代为史官所掌，堪称官学，张衡身为太史令倡浑天之说，以及浑天说在东汉的正统地位，是不言而喻的。其四，因为在汉代盖天说“术数俱存”，浑天说为史官所持之“法”，这也正是此两大宇宙结构体系能够进行对话的条件。

关于浑、盖二说的产生年代，说法甚多。如《隋书·天文志》于论“盖图”节内引：“晋侍中刘智云：颛顼造浑仪，黄帝为盖天。”又王应麟《玉海·总叙浑天》引张行成曰：“尧之历象，盖天法也；舜之玑衡，浑天法也。”说多无稽，难以征信。然观浑、盖思想，如浑天的天球观、盖天的勾股测量法等，早在春秋时代已见雏形，只是两种主张成为学术思想体系，贡献主要在汉人。所谓盖天之说，在古天文学史上又有两种内容颇多差异的见解，一是《晋书·天文志》所云“周髀家”言，即“天圆如张盖，地方如棋局”诸说，被一些天文史家称作“第一次盖天说”；二是如蔡邕所说的《周髀算经》所载，即“天象盖笠，地法覆盘”诸说，被称作“第二次盖天说”。[①] 已故天文学家钱宝琮曾著文

① 目前天文学史家以及天文学史著作多持此见解。按，亦有反对（转下页）

将两种"盖天说"作一比较，认为"周髀家"言的"天圆地方"是一种原始的宇宙观，其与《周髀》书中所述的宇宙观截然不同。[①]由此也澄清了天文学史上常有的一个误解，即以浑天论与"周髀家"之"盖天说"比较以论证浑天的进步性。事实上，"周髀家"的天圆地方说作为比较古老的宇宙观，曾反复被后世学者重复，代表盖天说的《周髀》仍渗杂有"方属地，圆属天，天圆地方"的说法，甚至持浑天论的张衡，亦有"天体于阳，故圆以动；地体于阴，故平以静"(《灵宪》)类的传习旧说的论点。所以自汉以降的浑、盖之争，其内涵实系浑天家与《周髀》所载天文观的讨论。其讨论焦点，则在宇宙结构问题。盖天说的代表观点是：

> 天似盖笠，地法覆盘，天地各中高外下。北极之下，为天地之中。其地最高，而滂沲四隤，三光隐映，以为昼夜。天地高于外衡冬至日之所在六万里。北极下地高于外衡下地亦六万里，外衡高于北极下地二万里。天地隆高相从，日去地恒八万里。日丽天而平转，分冬夏之间日所行道为七衡六间。每衡周径里数，各依算术，用勾股重差推晷影极游，以为远近之数，皆得于表股者也。(《晋书·天文志》引《周髀算经》)

(接上页)视"周髀家"为盖天说者，如金祖孟《古宇宙论研究的歧途》，该文收入他的《中国古宇宙论》，华东师范大学出版社1991年版。

① 钱说详见所著《盖天说源流考》，文载科学出版社1983年版《钱宝琮科学史论文选集》。

浑天说的代表观点是：

> 浑天如鸡子，……地如鸡中黄，孤居于（天）内，天大而地小。天表里有水，天之包地，犹壳之裹黄。天地各乘气而立，载水而浮。周天三百六十五度四分度之一。又中分之，则一百八十二度八分之五覆地上，一百八十二度八分之五绕地下。故二十八宿半见半隐。其两端谓之南北极。北极乃天之中也，在正北，出地上三十六度。然则北极上规经七十二度，常见不隐。南极天之中也，在正南，入地三十六度。南极下规七十二度，常伏不见。两极相去一百八十二度半强。天转如车毂之运也。周旋无端，其形浑浑，故曰浑天也。（严可均《全后汉文》卷五十五录张衡《浑天仪》）①

据上所引，浑、盖二说对天体的认识均建立在实测与计算的基础上，并因各自地理视野的不同，其宇宙结构亦出现较大差异。兹就《周髀》与张衡的宇宙结构之异同作一比较：

	盖天说	浑天说
形状	天象盖笠，地法覆盘。	天圆如鸡子，地如鸡中黄。

① 按：这段文字诸本引录多有增损，题名也有《浑天仪》、《浑仪注》（《开元占经》）、《浑天仪注》（《晋书·天文志》）、《浑天仪图注》（《经典集林》）之异。本书所引均从严辑，后不复注。

续上表

	盖天说	浑天说
天地关系	天地各中高外下，北极之下为天地之中，其地最高，滂沲四隤。	天大地小，天之包地，犹壳之包黄，天地各乘气而立，载水而浮。
运动	日附着于天盖笠面平转，行七衡，不能转到地下。	日与五星行黄道，月行白道（即九道），能转到地下。
观测地	极下	地中（古夏都阳城。或京城附近某地，如东汉洛阳）
仪器	圭表	浑仪
形象图	盖图（即“七衡六间图”）	浑象
坐标系	地平坐标	赤道坐标

由此比照，我们再看通贯中国天文学史的浑、盖之争，其内涵也就包括了由观测地点、方式的不同而带来的对天体形状、天地关系、天体运动以及计算数据的差异。而从历史的角度来看通贯中国天文学的浑、盖之争，大略经历了四个阶段。第一个阶段是先秦至西汉时期。在这一阶段，虽然尚未形成浑、盖对等的宇宙结构体系，但其思想因素已生发于古老的天文学观念。正因如此，当时学界对浑、盖思想，多处于不自觉的状态而兼而有之。比如《吕氏春秋》中《有始》、《圆道》、《序意》、《上德》、《恃君》等篇，皆多浑天观；然观其《有始

览》中“极星与天俱游而天极不移”至“白民之南，建木之下，日中无影，呼而无响，盖天地之中也”一节，又可视为盖天说较早的记录。《淮南子》的天文观多浑天之论，但其《地形训》也认为：“建木在都广，众帝所自上下，日中无影，呼而无响，盖天地之中也。”其天数依据正是《周髀》计算内衡、中衡、外衡的去极度数，以及把“夏至之日中”放于从“极下”到“冬至之日中”之中途的结论。

第二个阶段是西汉中后期到东汉末，形成了浑、盖二说在不断交互中的对垒。在西汉，官方天文学取法《周髀》处甚多，如武帝元封七年公孙卿、壶遂、司马迁等“定东西，立晷仪，下漏刻，以追二十八宿相距于四方”（见《汉书·律历志》），即从《周髀》“立二十八宿以周天历度之法”发展而来。又如《汉书·天文志》载“日有中道，月有九行”一节，也是来源于《周髀》“七衡六间”图，并为浑天家接受，成为“日行黄道，月行九道”的观测理论。至于西汉末出现的大量纬书，在将儒经神学化的同时，为支撑其兼括天象与人事的宇宙图式，同样大量借鉴了《周髀》的天文计算成果。而浑、盖在科学史意义上的争锋，实源于西汉中叶浑天说的确立。据扬雄《法言·重黎》记述，汉武帝元封中巴郡天文学家落下闳应召入京，订太初历，即于地中转浑天；汉昭帝时天文学家鲜于妄人与大司农中丞麻光等二十人作“日、月、晦、朔、弦、望、八节、二十四气”等测候（见《汉书·律历志》）；汉宣帝时大司农中丞耿寿昌于甘露二年“以圆仪（按：即浑仪）度日月，考验天运之状”，使浑天之说成为官方天文学的主要思想。所以《晋书·天文志》叙述汉代浑天仪发展历史，即传承扬雄说法：“暨汉太初，落下闳、鲜于妄人、耿寿昌等造圆仪以考历度。”也正因为浑天说在接受了《周髀》一些计算成果的基础上，复依“浑仪”观测天象以制历法，才正式开启了浑、盖理论的对话。这一现象在西汉末年的扬雄身上最为典型。扬雄初信盖天之说，后经桓谭影响，通过天象观测，转奉浑天，并作《难盖天八事》以通其意。[①] 在“八事”中，据天文史家（如钱宝琮等）的研究，其中第三、第七两条理由不够充分，余六条对盖天说平面星图所得出结论的质疑，皆属合理。如扬雄在“第二事”中指出：

> 春、秋分之日正出在卯，入在酉而昼漏五十刻。即天盖转，夜当倍昼。今夜亦五十刻，何也？

这是针对盖图所展示的春、秋分日道（中衡）在青图画内的部分仅略大于其外的部分之一半，春秋分夜长应约等于昼长二倍的错误提出的驳正。又如针对盖图中透过青图画看见黄图画仅极小部分，均匀分布在“黄道”内的二十八宿可见度问题，扬雄在“第五事”依据实证作驳难云：

> 周天二十八宿。以盖图视天，星见者当少，不见者当多。今见与不见等，何出入无冬夏，而两宿十四星当见，不以日长短故见有多少，何也？

他如第一事对盖天星图投影法、第四事对盖图天河形状、第六事对盖天太阳在地面上平转、第八事对盖图星象布局等等的质疑，皆是站在浑天立场依据浑仪星辰布局真象批评盖天七

① 详见《隋书·天文志》有关“扬雄难盖天八事以通浑天”的记载。

衡图难以自圆其说的天文现象。在汉代因天文实测水平进步将浑天说推至一较高地位的同时，也有颇多学者持盖天观反驳浑天，东汉初的王充即是。王氏在《论衡·说日篇》于天文学做出两点贡献：一是反对“周髀家说”中夹杂的阴阳家说，反对其“天形如倚盖”、“南高而北下”诸错误见解，主张《周髀算经》中的天体理论，被史家称为比较进步的盖天思想（或称其为“平天说”）。二是本于盖天之说，通过直觉感受，针对浑天说宇宙图式“日随天而入地”必经水中的概念，反驳“凿地一丈转见水源，天行地中，出入水中乎”？至于王充持“天平正与地无异”观解释天地运行的自然现象云：“日随天而转，非入地。夫人目所望，不过十里，天地合矣，实非合也，远使然耳”，显然以眼前事物的直观取代科学的抽象思维，有幼稚的一面，但他对“日入水中”的质疑，确实切中浑象之弊，其后张衡强调的“天地各乘气而立，载水而浮”的命题，正内涵着古代浑天论者不可克服的矛盾。到东汉中后期，浑、盖对话因以张衡为代表的天文学家依据浑仪、浑象建构了比较完备的天体运动图式，使浑天学派的观点得到当时的普遍承认。对此，《晋书·天文志》继论西汉浑仪之发展后复云：

> 后至和帝时，贾逵系作，又加黄道。至顺帝时，张衡又制浑象，具内外规、南北极、黄赤道，列二十四气、二十八宿中外星官及日月五纬，以漏水转之于殿上室内，星中出没与天相应。因其关戾，又转瑞轮蓂荚于阶下，随月虚盈，依历开落。

张衡的天球理论及星官体系，得到了汉末蔡邕、郑玄、陆绩的支持，更加确立了浑天说的地位。

第三个阶段是自三国以后到明清时代，浑、盖学术在漫长的争锋、交变过程中不断发展。具体地说，这一漫长时期宇宙结构论表现出三大趋向：一是各派理论均在变异中衍化、发展。比如浑天说经三国吴人王蕃、晋代葛洪等人的发展，到隋人刘焯、唐人僧一行对旧浑天说的改造，特别是明以后天文学家如章潢、黄润玉借鉴西方天体观对浑天说的再阐，确实使古老的浑天理论在不断完善中发生了很大变化。同样，汉以后出现的诸如虞耸的“穹天论”、虞喜的“安天论”、姚信的“昕天论”等，又是从盖天、宣夜诸说中衍化而出的天体观。二是浑天学说的进一步确立，成为我国古代宇宙结构思想的代表性理论。这一则表现在通过天文仪器的实测，《周髀》“盖图”之“七衡六间”数学模式误差越来越大，以至汉以后天文大家多倾向于浑天；一则表现在魏晋以后官方史书皆奉浑天为正宗。三是浑、盖合一思潮的形成。在汉代，张衡的浑天学术，实质上已汲取了《周髀》中的计算成果和一些盖天理论，而从理论上兼取浑、盖，则在汉以后。三国初赵爽为《周髀》作注，于序文中即认为“浑天有《灵宪》之文，盖天有《周髀》之法，累代存之，官司是掌”，并提出“兼而并之，故能弥纶天地之道，有以见天地之赜”。公元六世纪初，南朝梁人崔灵恩、北齐人信都芳均认为浑、盖优劣互见，首倡“浑、盖合一”论。崔氏针对历代论天“互执浑、盖二义，论盖不合于浑，论浑不合于盖”的观点提出“浑盖为一”学说(《梁书·崔灵恩传》)。信都芳在所撰《四术周髀宗》的自序中说：“浑天覆观，以《灵宪》为文；盖天仰观，以《周髀》为法。覆仰虽殊，大归是一。”(按：该书已佚，说见《北史·信都芳传》)皆合取浑天之象、盖天之法。唐代僧一行对旧浑天说的质疑，实质上是在浑盖互补基础上的新发明。所以宋人张行成谓："盖浑之理无异，唐一行知之。而盖天家学失其本原，故子云、康节，皆非其说也。"(《翼元》卷一)迨元明以降，因受西方天文历法的影响，浑、盖合一又渗入了西历色彩。如明末李之藻受学意大利耶稣会教士利马窦，得西学测量天体方法，编译《浑盖通宪图说》二卷，即借用西方平面悬仪、地盘及三规之法，糅合《周髀》七衡法与浑象图，虽与前述崔灵恩等浑盖合一观甚殊，然其择善而取的精神，还是相通的。清人梅文鼎《论盖天与浑天同异》云："盖天即浑天也，其云两家者传闻误耳。天体浑圆，故惟浑天仪为能为肖。然欲详求其测算之事必写记于平面，是为盖天。"虽有非历史化之嫌，但其论点则可使人勘破浑盖合一论者的思想宗旨。

从以上三阶段的浑、盖对话来看，张衡的浑天思想及其阐述不仅是浑天说的奠基或核心，而且也是古代宇宙结构理论的重点或焦点，所以历代对其成就具有的较高评价，是不言而喻的。但值得注意的是，古代浑盖之争主要是围绕"天圆如浑"、"天平如盖"、"天(或"日")在地中行"之类问题展开，并没有接触到大地的形状。而随着元明以后西方"地形观"的进入，天文学界开始关注"地"的"球"体问题，张衡所说的"地如鸡中黄"类的见解，也就被奉为我国古代"地圆说"的肇始，于是张衡浑天说的先进性又增进了"地球"意识。这一观点曾被天文学界广泛接受。然而近三十年间(自本世纪 60 年代开始迄今)，有些学者已经对张衡"地圆说"提出质疑，并由此引发浑、盖的第四阶段的对话，即由"地圆"、"地平"为焦点展开的当前有关浑、盖问题的新论辩。由于天文学界对此问题仍持论截然相悖，且褒贬殊甚，所以在给张衡浑天理论予以科学客观的评价前，有必要作出专门介绍与说明。

（二）“地圆”与“地平”问题

在古宇宙论中，人们是把天穹的表观现象当作宇宙，其论点的差别，主要在观测者地理视野的悬殊。就浑天而论，观测者于地中仰观天象，制造了宇宙模型“浑象”和测天仪器“浑仪”，其研究重点，是在天体问题（即浑天说的“天球”理论），而对大地的认识，古人虽每提及，却并没有从认识论的意义上加以辨析。所以我国天文学界对地形观的认知，是由元、明时代西方“地圆”理论传入中土以后，即以利玛窦来华为界标的。换言之，到明清时代，我国天文学界对西方地圆说持有反对和包容两种态度：反对者如清人杨光先就提出“球下人如何倒立”、“球中水如何不倾”、“球下人尽为地所覆压”诸理由反驳“地圆”说；而包容者则提出了“地圆说”的“西学东源”论，明万历间人王英明《历体略》首开其说，清代梅文鼎、余廷灿、焦廷琥、许桂林等推波助澜，以确立中国固有的“地圆说”的理论。① 近现代天文学史研究者对中国古代“地圆”思想的肯定，恰是渊承明清“西学东源”论而来，其中最有力的证据即是张衡浑天说的地形观，特别是张氏《浑天仪注》中的“天体圆如弹丸，地如鸡中黄”一节论述。直到本世纪六十年代唐如川的论文《张衡等浑天家的天

① 有关资料参见阮元《畴人传》卷四十三至四十六。有关论点详见郭永芳《西方地圆说在中国》，文载《中国天文学史文集》第四集，科学出版社1986年版。

圆地平说》面世，这种认为张衡所论“地是球形”或“天地俱圆”的权威观点受到了挑战，[①]从而开启了当代围绕地形观的浑盖之争。继唐文后，我国天文学界对古天文学家的地形观表现出三种态度：一是坚持张衡浑天思想的“地圆”说，郑文光、席泽宗的见解是其代表；[②]二是坚持张衡浑天观是“地平”思想，唐如川、王立兴、宋正海、金祖孟等力主其说；[③]三是认为张衡及魏晋时期浑天家并无“地圆观”，而我国古代“球形”大地观是从唐代僧一行对旧浑天说的批判肇始，经宋人张载到明代章潢、黄润玉而完成，如陈久金持见即此。[④]

---

① 唐文原载科学出版社 1962 年版《科学史集刊》第四期，近三十年来反复被天文史学界引述。按：唐文在文章的第一部分，即指明当时赞成张衡持“地圆”观即有天文史家陈遵妫、历史学家范文澜，以及科学普及读物如赖家度、曹增祥两本《张衡》。另日本学者能田忠亮《汉代论天考》(文载日本恒星社 1943 年版《东洋天文学史论丛》)亦持见相同。

② 其代表论著是郑文光、席泽宗《中国历史上的宇宙理论》，人民出版社 1975 年版；郑文光《试论浑天说》，《科学通报》1976 年第 6 期、《中国天文学源流》，科学出版社 1979 年版。按：英人李约瑟在其巨著《中国科学技术史》第四卷、第二十章《天文学》中也认为张衡“清楚地告诉我们，球形大地的概念是如何从天球概念中自然地产生出来的”。

③ 唐文已见前述。其他诸家详见王立兴《浑天说的地形观》，载《中国天文学史文集》第四集；宋正海《中国古代传统地球观是地平大地观》，《自然科学史研究》第 5 卷第 1 期；金祖孟《中国古宇宙论》，华东师范大学出版社 1991 年版。按：金著为其十余年讨论古宇宙论之地形观的论文汇集，详情参见著者“后记”：《十年来的研究和论战》。

④ 详见陈久金《浑天说的发展历史新探》，文载上海科学技术出版社 1978 年版《科技史文集》第 1 辑“天文学史专辑”。按：陈文中的一些观点，特别是我国古代“地圆说”受西方天文思想影响的见解与前引“地平论”者相近，但其将古代“地圆”思想仍归于浑天学派的历史发展，则又与“地平论”者截然对立。

也正因为“地圆”与“地平”观的对立，对张衡浑天思想中地形观的理解也就出现了两种不同的图式：

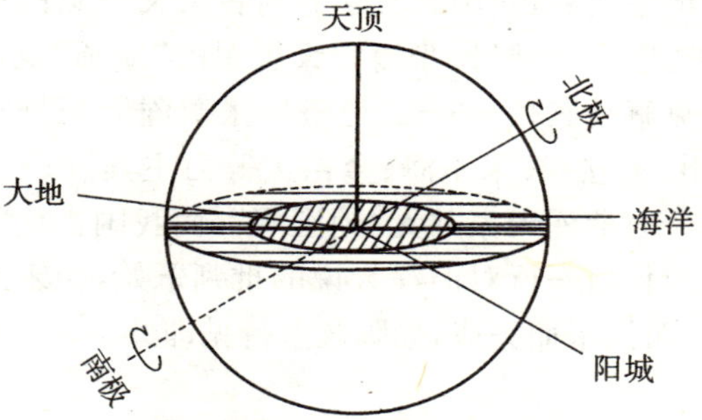

张衡的“地平”图

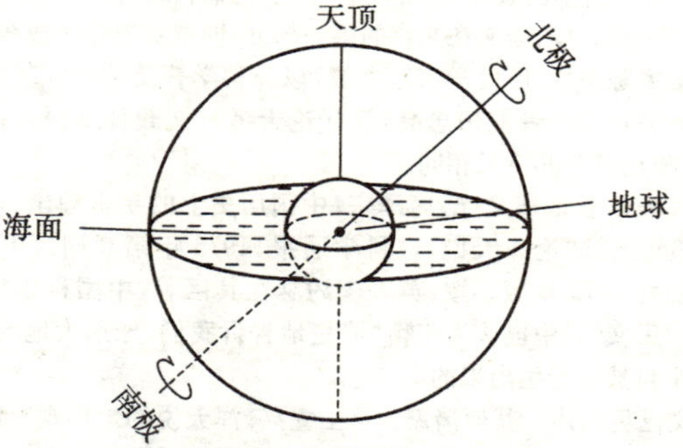

张衡的“地圆”图

由此可见，“地平”论者认为张衡的大地观是圆形平面，“地圆”论者则认为是一球体，这关系到对张衡天文学成就之先进程度的评价，所以有必要就历史文献并综合诸家论辩作如下三层次的分析。

首先，从张衡天文学资料文本的研究来看，他的浑天思想没有明确的地圆观。在张衡《浑天仪注》中有几个命题值得注意：1.“浑天如鸡子……地如鸡中黄，孤居于（天）内。天大而地小。天表里有水。”在这里，张衡将天、地、水并列，“孤居于天内”的地是不包括海洋的狭义的“陆地”，所以不存在“大地”为圆体的观念。2. 由此“天表里有水”引出“天之包地，犹壳之果黄。天地各乘气而立，载水而浮”。此谓“乘气而立”，显然是受元气论的影响，并无天文实测意义，而“载水而浮”，所“浮”之“地”亦即狭义“陆地”，所以在地心引力未能发现的古代，张衡对大地一部分的海洋只能认为是平面的。缘此，明代章潢在引录《隋书·天文志》中有关记述时云：“水由地中行，不离平地，地之四表皆天，安得有水？谓水浮天载地，尤妄也。”其说对地形虽仍模糊，但驳正“载水而浮”则非常合理。至于“鸡中黄”的解释，我赞成唐如川文中所说，仅应视为一种比喻，不能得出地圆结论。明人俞安期汇纂《唐类函》卷一、天部一《初学记》载：“《纂要》云：……天圆而色玄，地方而色黄”，可为佐证。3.“周天三百六十五度四分度之一，又中分之，则（半）覆地上，（半）绕地下。”此以地面分割球形的天，加之“天大而地小”，地也不可能成为与天等量的球体，故只应是圆形平面。4.“二十八宿，半见半隐。”从观测者的视角看，二十八宿在球形天体构成圆圈，在地上只能见到一半，所以金祖孟认为“地面本身只能是一个圆形平面；而且，圆面的中心和天的球心是相互重合的”（《论张衡的地平说》），是信而可征的。被奉为浑天说代表理论著作的张衡《灵宪》，内中亦多地平思想。如其云“地体于阴，故平以静”、“自地至天，半于八极”，皆明确从地平观出发的认识。唐如川在他的文章中，除上述地平明证外，还针对《灵宪》提到的天地径、周里数进行推算，以说明地圆说的不可信。如《灵宪》谓："将复其数，用重差勾股，悬天之景，薄地之仪，皆千里而差一寸，得之。"此用《周髀》重差与勾股两种算法，测量天地，视"地"为大直角三角形底边直线，所以地也只能是平面。《灵宪》又云："悬象著明，莫大乎日、月。其径当天周七百三十六分之一，地广二百四十二分之一。"①据祖暅《浑天论》解释："天周分母，圆周率也；地广分母，圆径率也。"(《开元占经》卷一引)由张衡对日月直径的度量看"圆周"与"圆径"关系，天地圆周与直径竟完全相等。对此，唐文提出三条理由说明张衡地平说，诚为信谳。② 此外，从张衡其它诗文中提到的有关天象概念，也看不出张衡有地圆思想。金祖孟《论张衡的地平说》列举张衡《二京赋》之"日出之地"与"日入之地"、《思玄赋》之"六区"、"六合"、"四极"、"八极"，《髑髅赋》之"有中有旁"等词语，说明张氏并无地圆思想，也是合理的。

其次，从科学史文献来看，我国古代在元明以前并无明确的地圆观念。认为我国古代宇宙观中大地为球形观的学者，常将其理论依据推溯到战国年间的名家惠施，亦即《庄子·天下篇》所载惠施之说"南方无穷而有穷"，"我知天下之中央，燕之北，越之南是也"。对此我们只要考虑到惠施作为名家，思想要在说明地的无限大性质，以阐发其相对的(含有一定辩证意

① 据钱宝琮《张衡灵宪中的圆周率问题》考证，两数应分别作"七百三十分之一"与"二百三十二分之一"，文载《科学史集刊》1958年第1期。

② 按：三条理由详唐如川《张衡等浑天家的天圆地平说》文，兹不复述。

味）诡辩观，其地圆说是很难成立的。因此，地圆与地平的焦点仍在张衡的“鸡中黄”说。[①] 关于张衡地平思想，已如上述，问题在如果张氏确有地圆观，后代浑天家当有所阐发，可是根据历代文献，在元明西学东传以前似难找到这样的确凿证据。王立兴在《浑天说的地形观》文中，用图表形式列述了自张衡以后王蕃、葛洪、何承天、僧一行、邵雍、李如篪、李治、赵友钦、史伯璇、黄润玉、朱载堉、章潢等诸家地形观，对古代有没有地圆观作出了非常明晰的回答。从古代天文学家的自我表白中，也能得到诸多旁证。如元代赵友钦《革象新书·天道左旋篇》云：“地在天内，天如蹴球，内盛半球之水，水上浮一木板，比似人间地平，板上杂置细微之物，比如万类。”其说与张衡《灵宪》相近。[②] 又如明人李之藻在万历四十一年上神宗皇帝书中说：“（西人）言天文术数，有我中国昔贤所未及道者：一曰天包地外，地在天中，其体皆圜，皆以三百六十度算之”（引自阮元《畴人传》卷三十二《李之藻传》）；清人梅文鼎《历学或问》亦云：“浑天虽立两极，以言天体之圆，而不言地圆，直谓其平正焉耳”（引自盛百二《尚书释天·在璿玑玉衡节》），可谓言之凿凿。

---

① 在张衡前，纬书中如《尚书纬·考灵曜》有地游说，但无理由说明地圆。又宋代沈括《浑天仪》引述《内经·素问》一段话也引起有否地圆思想之争，详见席泽宗《天文学在中国传统文化中的地位》（载《天文爱好者》1989 年第 7 期）与金祖孟《试评〈内经〉中的“地圆思想”》。

② 至于明初黄润玉效法赵友钦浑天模型，并在其《海涵万象录》中将“地”的观念由水上木板（浮板）改为“猪尿胞”（天体）中的“泥丸”，实承何承天宇宙模型中中央拱出水面的地形观，其中借鉴的正是盖天说“地法覆盘”思想，表现出浑盖合流的趋向。

最后，从地理学看历史上的地形观，最易接触到所讨论问题的本质。宋正海《中国古代传统地球观是地平大地观》从测量学、地图学、航海学、潮汐论多方面论证我国古代地平观，极有说服力。我认为宋文最重要的两条依据是对中国古代地图技术的评估和有关地理“纬度”测量的探讨。就前者而论，被誉为“中国制图之父”的晋代裴秀的“制图六体”和“计里划方”法，皆出于平形大地观，故无法消除地球曲率半径所产生的制图误差。假如张衡已有明确的地球观，裴秀采纳其法必在情理之中。与之不同，古希腊哲学家认为地圆，地图学为解决曲率问题，也就发展起经纬度、经纬网和地图投影的理论技术。就后者而言，结穴在地球“子午线”的测量。在我国古代，规模较大的一次大地测量是唐开元十二年僧一行和南宫说进行的。据宋文考论，他们已经测出地上南北相差 351.27 里，北极高度相差 1 度的结果，但由于没有球形大地观念，所以也没有子午圈和地理纬度的概念，以致未能像古希腊学者埃拉托色尼将子午线 1 度之长(351.27 里)乘以圆周度数(365.25 古度)，求出子午圈长度，测得地球的大小。这也决定了我国古代不乏类似“地圆”的比喻，却缺少这方面的科学的实证理论。

在世界上，最早产生大地球形观的是古希腊毕达哥拉斯学派的哲学思想，他们从经验和纯理论出发，主张大地应是和谐的球形。这又决定于他们认为对衬形式是完美属性之一，最完美的对衬形式是球形的原理。此经亚里士多德——托勒密地心说到哥白尼日心说的发展，逐渐得到了物理学的证明(如视太阳光线为平行光线，以及对物理辐射线的认识)。而中国古代则不然，天文学家一方面受到先哲(包括孔子)“天道曰圆，地道曰方”(《大戴礼·天员》)思想的影响，一方面又受到秦汉以来日见严重的“天尊地卑”思想的约制，尽管有些类似“地圆”的猜测，但“直到西方科学知识传入之前”，“始终未出现大地为球形的明确记载”①。虽然，从现有文献并未看到张衡及浑天家有地圆思想，可是从特定的时代观之，也不能依此过多地贬损张衡天文学贡献，尤其是他通过实测所建构的宇宙结构体系，在东汉时代无疑具有明显的进步性。

（三）浑天学说的主要成就

张衡的浑天学说成就是基于他的科学实证思想的。尽管根据中国古天文学史的发展状况，张衡并没有明确提出“地圆”说，同时因受时代的局限，在其天文学论著中不仅传承了一些较为落后的计算方法，甚或渗合以“取则天象”、“天人感应”的神学观，然其浑天说的天文学史价值却从多方面表现出来。为说明这一点，势必回顾我们在第二章之“著述考辨”中所论及的刘昭《后汉书》注引、《开元占经》辑的《浑天仪注》（《占经》中部分文字分属《浑天图注》）的归属问题，这在很大程度上影响了对张衡天文学成就的评价。关于文献问题，已见前述，惟《浑天仪注》中天文学思想是否与张衡主张吻合，陈久金《浑天说的发展历史新探》将其与《灵宪》比较，提出两点质疑：其一即“地平”与“地圆”问题。陈文认为《灵宪》的主张“为地

① 详见《大百科全书·天文卷》刘金沂撰写的“中国古代天文学思想”条。按：关于地圆说由西方传入，古人已多有表述。如刘献庭《广阳杂志》卷二：“地圆之说，直到利氏东来而知之。”又，王韬《地球图跋》：“大地如球说，始自有明，由利玛窦（传）入中国，其说始创，顾为畴人家言者，未尝悉信之也。”

平”,《浑天仪注》“为地圆”,并紧接着说:“关于这一问题,唐如川曾经做过详细的研究工作(结按:即指唐氏《张衡等浑天家的天圆地平说》文),他的结论大体说来是正确的。”这一点是不能令人信服的。因为,如上所说,《浑天仪注》与《灵宪》一样,都持“地平说”,同时,唐文恰恰是针对后人对《浑天仪注》有关“地如鸡中黄”的误解进行辩驳而得出浑天家“地平说”结论的。其二是历法问题。即《浑天仪注》末尾一段关于冬夏至点的位置与当世通行历法实差两度的认识,陈文认为此与张衡仅距后汉四分历制定约三十年的时代不符,确实值得怀疑。关于这一点,陈久金在《〈浑天仪注〉非张衡所作考》(简称《考》文)文中再次认定《浑天仪注》末段有关历法的计算,为西晋末年的新思想或新发明。但是,如果我们考虑到张衡曾参加历法的修定,以及《浑天仪注》有关历法的探讨,显然不能确定《注》文即距张衡百年后的作品。《浑天仪注》中论历的一段文字是:

> 冬至在斗二十一度少半(“半”疑衍),最远时也,而此历斗二十度(二十一),俱一百一十五度强矣,冬至宜与之同率焉。夏至在井二十一(应为五)度半强,最近时也,而此历井二十三度(一十四),俱六十七度强矣,夏至宜与之同率焉。

《考》文据此,认为“此历”所测冬、夏至日所在“比后汉四分历平均后退了二度”,依照岁差原理,应“比张衡时代晚了一百多年”。对此,陈美东《〈浑天仪注〉为张衡所作辩》(简称《辩》文)作了三点辨析:①《辩》文认为冬至和夏至日所在赤道度应相距 182 $\frac{5}{8}$度，依后汉四分历所载 28 宿赤道度推算，“冬至斗二十一度少”与“夏至井二十五度半强”正相距 182 $\frac{5}{8}$度，故《浑天仪注》所载与东汉四分历并无大差距。②《辩》文认为《浑天仪注》关于“此历”的话是紧接“本二十八宿相去度数，以赤道为距耳，故于黄道亦有进退也”这一命题之后的。因此，将这段话理解为冬、夏至日所在赤道宿度与黄道宿度的对比，则不会产生以上的误解。③《辩》文认为《浑天仪注》的历法思想的基本法则已见在东汉初贾逵的论历观，特别是《浑》文所述“冬至斗二十度少”与“此历二十度”数值与贾逵所说极为相近，所以视此文为东汉时产物，是可以肯定的。同时，《辩》文还对《浑》文提及的黄赤道进退计算法进行了推算（数据从略），认为“此历”两个度值与黄道度值的差异，是完全属于合理范围内的。据此辨析，我们再看《浑天仪注》的天体结构思想，实在早于张衡的纬书《春秋元命苞》已有如“天如鸡子，天大地小，表里有水。天地各承气而立，载水而浮”的相同见解，而东汉初王充对“天何得从水中行”的质疑，也说明《浑天仪注》中“载水而浮”诚为浑天旧说，并非至汉以后才产生的观点。三国时王蕃以为“前儒旧说，天地之体状如鸟卵，天包地外，犹壳之裹黄”（《晋书·天文志》引），此“前儒”至迟是指东汉时人，这与张衡作《浑天仪注》亦无矛盾。至于《灵宪》与《浑天仪注》的观点出入，以及后者较前者对浑天思想的表述更为清晰、完整，有的学者（如孙文青、陈美东）认为系一作于张衡初任太史令期，一作于复职太史令期，可备一说。有鉴于此，我们可以结合《灵宪》与《浑天仪注》中的基本论点，对张衡浑天学说在当时的实际成就做以下几点评估。

1. 张衡居太史令职甚久，长期潜心于天文学研究，使其成为汉代浑天论的集成者，同时也为浑天说在中国古代天文学史的隆盛地位奠定了理论基础。根据历代史书中《天文志》记载，浑天之说在张衡之前比较模糊，西汉天文学家落下闳等造浑仪以考历度，东汉初贾逵又加"黄道"，浑学日明，然均未成为后世效法之系统理论。这种情况直到张衡"制浑象，具内外规、南北极、黄赤道，列二十四气、二十八宿中外星官及日月五纬"(《晋书·天文志》)，始变其浅陋，而蔚然大观。正是张衡完成的较为完整的浑天理论思想，并经稍后的浑天论家陆绩、王蕃的继承与修补，为晋、唐浑天学说的发展提供了"元典"与"范式"。所以晋人葛洪引述《浑天仪注》的浑天观后，即谓："诸论天者虽多，然精于阴阳者少。张平子、陆公纪(绩)之徒，咸以为推步七曜之道，以度历象昏明之证候，校以四八之气，考以漏刻之分，占晷景之往来，求形验于事情，莫密于浑象者也"(《晋书·天文志》引录)，系对张、陆浑天理论与实证价值的肯定。而张衡对浑天说的集成，是以其实测手段印证他的理论思想，最明显的就是《灵宪》中有关"道根"、"道干"、"道实"的宇宙起源论与《浑天仪注》中的"天如鸡子，天体圆如弹丸"的宇宙结构论。

2. 张衡的浑天理论的一大贡献，即为较早且比较完整地提出"天球"思想，从而改变了前此较为落后的天体"半球"观念。在我国早期天文思想中，"天圆地方"说的"天圆"实质是出于观测者视野错觉的半球形象，故《大戴礼·天员》记有曾子"如天圆而地方，则四角之不掩"的疑虑。而《周髀》所载盖天之说"天似盖笠，地法覆盘"，其"盖笠"之喻，同为"半圆"之天体形象，是非常明确的。而以张衡为代表的浑天家学说，其作为一学术流派的突出风格，是为肯定球形天空，亦即天圆说。①浑天说的观点显然仍在很大程度上以天地相连的视觉假象为条件，但与前此的同半球形、球盖形的天相比，其天球观无疑是进步的。问题是在，浑天学家明确的“天圆”概念起于何时，目前天文学史和文化学史的研究家皆推溯到先秦时代的慎到，其理由是依托于一则孤证，即《慎子》中包括“天形如弹丸，半覆地上，半隐地下，其势斜倚，故天行健”的一大段阐述。倘作辨伪，我们就必须注意到流传至今的《慎子》有两大版本系统，一是由陶宗仪《说郛》到《守山阁丛书》本，取文严谨，颇重旧貌；一是明人慎懋赏的万历刻本，后陈乃乾《慎子三种合帙》即影此本，较前本有多出文字，上引“天形如弹丸”一篇极为完整的天文学理论文字即出于此。而对照历代有关文献，这段文字又明显地杂糅和抄袭了秦汉以来甚而晚至宋元的天文学成果，实系赝品。对此，陈兴伟《慎到浑天说真伪考》考论甚详，其中确认所引如“月如银丸，受日之光”一段，“参用的便是张衡的阐释系统”。② 由此，探究浑天家的天圆之说，在先秦与汉初并未明确，倘溯其源，仅在道家学说之“道”“气”观。而明确的天圆思想，显然是在武帝太初立浑仪以观天制历后，所以西汉末纬书如《春秋元命苞》已假其说诠解神灵，扬雄《太玄经》从自然哲学观出发，认为“驯乎玄，浑行于天，视度于地”（《玄首都序》）、“天穹隆而周乎下，地旁礴而向乎上”（《玄告》），显亦

---

① 按：李约瑟《中国科学技术史》直接将“浑天说”译作“天球说”（The Celestial Sphere），实能把握其最基本的特征。详见：J. Needham: Science and Civilization in China, Vol. 3, p. 216。

② 陈兴伟《慎到浑天说真伪考》，载《文献》1996 年第 2 期。

接受浑天思想。当然，天圆思想较全面的科学阐释，实赖张衡而完成，这就是他在《浑天仪注》中宣称的“天体圆如弹丸”，“半覆地上”，“半绕地下”的论点，否则后代浑天学家也不可能论浑则首推其功。张衡的圆平面的大地观也是从天圆派生，其说虽未发展出“地球”意识，但其较“地方”观念，同样是一种进步。虞喜言天地之状，“方则俱方，圆则俱圆”（《晋书·天文志》引《安天论》），其意实与张衡相埒。可以说，在银河系发现之前，天圆说的天体观是具有阶段性和先进性的科学意识。

3. 浑天说在汉代天文学界逐渐取得官方的正统地位，与张衡的科学实证思想是相辅相成的，这也是张衡所倡浑天理论的一个重要成就。在球形天体的认识方面，张衡基本上脱离了神学的束缚和哲学的思辨，而是以科学的态度详尽阐明北极与南极的位置、距离，赤道的定义及其南、北极的度数。在论及地形时，张衡又将球形的天和天上二十八宿划为上下两半，提出天周和地广的比值就是圆周率之观点。而在天与地的关系方面，张衡通过浑仪实测，认为北极出地与南极入地都是三十六度，上规与下规的直径皆为七十二度，在汉世诸多浑天论者中是最为具体而精确的。至于黄道、赤道，张衡《浑天仪注》论及黄赤交角和二至点的北极距时云：“北极小规去赤道五十五度半，南极小规去赤道出地入地之数，是故各九十一度半强也。黄道斜带其腹，出赤道表里各二十四度。……故夏至去极六十七度而强，冬至去极百一十五度亦强也。”又云：“各分赤道黄道为二十四气，一气相去十五度十六分之七。”其描述也是极为详尽的。应该说，这种科学的实证观以及由此取得的天文学成就，是与张衡反谶求实的思想切切相关，其在当时谶纬神学泛滥的思想界尤具卓越之意义与价值。

4. 在张衡的浑天理论中，其“天表里有水”、“天地各乘气而立，载水而浮”(《浑天仪注》)的命题，为我国古代科学的潮汐研究提供了较早的理论依据。在我国古代，有关潮汐成因的说法约有三类：一是神话式诠解，如神龙变化、海蝤闹海、伍子胥冤魂愤怒等等，皆无稽之谈。二是元气说与阴阳论的结合，即海水与月亮皆属阴类，故同气相求、相互感应而生潮汐。三是构造论潮汐观，其理论依据即为浑天说的地载水而浮，而水受冲击涌上大地，即为潮汐。[①] 就张衡的天文论著而言，其中渗杂有一定的神话比喻，如“姮娥窃之以奔月”、“姮娥遂托身于月”(《灵宪》)云云，也有较浓厚的阴阳思想，如“行迟者觌于东，觌于东者属阳；行速者觌于西，觌于西者属阴，日与月共配合也”(同前)，然其浑天观对潮汐理论的影响，则更多在构造论方面。后代浑天家如晋人葛洪、唐人卢肇和五代丘光庭均用浑天说的天包水、水包地解释潮汐原因。如卢肇《海潮赋》运用“浑天之法著，阴阳之运不差；阴阳之运不差，万物之理皆得”的观点，认为“日傅于天，天右旋入海，而日随之。日之至也，水其可以附之乎？故因其灼激而退焉。退于彼，盈于此，则潮之往来，不足怪也”。丘光庭《海潮论》也延传张衡的观点，认为“天周于气，气周于水，水周于地”，并指出“则海之潮汐，不由于水，盖由于地也。地之所处，于大海之中，随气出入而上下。气出则地下，气入则地上。地下则沧海之水入于江河，地上则江河之水归于沧海。入于江河之谓潮，归于沧海之谓汐”。其

① 对此，详参寺地尊《唐宋时代潮汐论的特征——以同类相引思想的历史变迁为例》，载《科学史译丛》1982 年第 3 期。又，前引宋正海《中国古代传统地球观是地平大地观》一文，亦有较详细的论述。

潮汐观取法于张衡的浑天理论，显而易见。尽管随着自然科学认识水平的提高，源于阴阳论的月亮对潮汐作用日益为人重视，但在汉、晋时代张衡对构造论潮汐观形成的影响，还是值得肯定。

与张衡浑天理论相符契的，尚有他对日月食的观测，对行星运动的认识，以及制历思想与圆周率的计算等，这些成就自当专作论述，而仅就上述张衡对浑天学说之宇宙结构体系的建设而言，誉为集大成，信而可征。

（四）后人对张衡浑天理论的接受与发展

浑天宇宙结构理论至张衡而蔚然大国，继张衡后历代浑天论家如蔡邕、陆绩、王蕃、葛洪、何承天、李淳风、僧一行、邵雍、张行成、赵友钦、黄润玉、章潢等，虽于天体探讨颇有发明，但基本模式，显然是传承了以张衡为代表的东汉天文学家建立起的宇宙结构。这种传承或接受，最突出地表现在三个方面：

一是对天球的认识。自张衡对天圆思想作出全面而系统的理论阐释，历代浑天学家无不以此为浑天之大法，且与盖天诸家进行抗衡的。如王蕃在《浑天说》中阐述天体与两极等计算方法与公式前，首先标明“前儒旧说，天地之体，状如鸟卵，天包地外，犹壳之裹黄也；周旋无端，其形浑浑然，故曰浑天也”（《晋书·天文志》）。何承天《论浑天象体》亦云：“详寻前说，因观浑仪，研求其意，有悟天形正圆，而水居其半，地中高外卑，水周其下”（《隋书·天文志》），皆传习张氏旧说，一脉相承。

二是有关天外有天的宇宙无限论的认识。如前所述，张衡在《灵宪》中有云："过此而往者，未之或知也。未之或知者，宇宙之谓也。宇之表无极，宙之端无穷。"这虽然源于汉代的元气说而属于自然哲学范畴，但从现代宇宙学的观念来看，其间又不乏具有天文科学成份的天才假说。也正是这种将可观测的"天地"与不可实测的无限"宇宙"在概念上的自觉区分，不仅为我国古代传统的浑天理论向现代宇宙学转变提供了思想契机，而且使浑天理论在不断发展中与宣夜说的"天了无质"、"高远无极"思想取得某种默契与交融。元代邓牧《伯牙琴·超然台记》谓"天地大也，其在虚空中不过一粟耳"。天文史学界多视为传宣夜之说，其实质亦与张衡浑天之论相符。另元人有《琅环记》回答"天地毁乎"云："天地亦物也。若物有毁，则天地焉得不毁乎？"回答"既有毁也，何当复成"云："天地毁于此，焉知不成于彼也？"又，明人有《豢龙子》回答"天地有始、无始"云："自一元而言，有始也；自元元而言，无始也。"已显然超越了旧有的形而上学论断，而具有对生生不息的天体演化图式的科学领悟。

三是对天体现象的经验性解释。张衡的天文学思想，虽基于其实测手段，但由于测量方法与水平的限制，许多观点又是来源于经验性图解法，此法亦为后世浑天论家长期沿用。例如张衡《浑天仪注》从浑仪赤道的直接度量，对黄道进行分度云：

> 黄道进退之数也，本当以铜仪日月度之，则可知也。以仪一岁乃竟，而中间又有阴雨，难卒(按：严辑误作"率")成也。是以作小浑，尽赤道、黄道，乃调赋三百六十五度四分之一，从冬至所在始起，令之相当

值也。取北极及衡,各针穿之为轴,取薄竹篾,穿其两端,令两穿中间与浑半等……令篾半之际从冬至起,一度一移之,视篾之半际少多,赤道几何也。其所多少,则进退之数也。从北极数之,则去极之度也。各分赤道、黄道为二十四气,一气相去十五度十六分之七。每一气者,黄道进退一度焉。所以然者,黄道直时,去南北极近,其处地小,而横行与赤道且等。故以篾度之,于赤道多也。

从上引可知,张衡由赤道度量对黄道分度的推测,在当时确为一创举。但是由于张衡并不懂得有关球面三角的测量方式,所以他对日月在黄道上的运行采用赤道上的二十八宿来表示,在精密分度和测量方面皆存在不可避免的技术上的困难,这也决定了他只能使用经验性图解方法。这种方法和结果在蔡邕编制黄道宿度表以及刘洪的进一步测量,皆沿习未变。到隋代刘焯制《皇极历》和唐代僧一行的实测中,张衡的结论得到部分修正,但其经验的方式,直到元、明时代天文学因受阿拉伯和西方的影响(如郭守敬《授时历》的计算),才得到根本改变①。

可以认为,正缘于张衡所受的历史局限和由此而来的经验式解释方法,其思想特别是一些计算结果随着时代的不断进步而日见其漏洞与缺陷,而这些漏洞与缺陷一则使浑天说理论自身面临着难以克服的危机,一则又显示出后代浑天论

① 参见李约瑟《中国科学技术史》第二十章《天文学》七《天文仪器的发展》中有关"汉代和汉以前的浑仪"条的论述。

家对张衡学说必然的发展与超越。这在两方面较为突出：其一，张衡的圆形平面大地观决定于浑天家以“阳城为中”的局限(亦即一行称其实测依据为“阳城日晷”)，从而必然产生“天地各载水而浮”、“天出没水中”的天地相连的错觉，这既成为后代部分制历学者反对浑天说的突破口，也是历世持浑天说者不断反省、修补的一个基本命题。其二，由于张衡所主观测思想与方法的局限，他的诸多观测数据的误差也就自然受到后代一些天文学家(包括诸多持浑天论者)的批评、修正。比如对天周的计算，梁代祖暅《浑天论》即认为张衡“以日月之经居一度之半，又言八极之维径二亿三万二千三百里，既非考定日月径，又不明其理，饰辞华说，不足穷核者也”。又如张衡沿袭《周髀》“日影千里而差一寸”的旧说，以狭窄的地方性视野推导出“北极出地三十六度”的定量表述，尤为后人批评之焦点。隋代刘焯《浑天论》说：“张衡、郑玄、王蕃、陆绩先儒等，皆以为景千里差一寸，言南戴日下万五千里，表景正同，天高乃异，考之算法，必为不可。寸差千里，亦无典据；明为意断，事不可依。”而唐代开元年间僧一行与南宫说经实测，得出交州南距阳城不超过五千里，夏至表影南长三寸三分，则影差一寸不到三百里的结果，以及“交州望极，才高二十余度……大率去南极二十度以上之星则见”(《新唐书·天文志》)的认识，从而不仅打破了张衡等所持的“日影千里而差一寸”的规律，而且纠正了以为“北极出地三十六度”不可更变的错误观点。

三、对日食与月食成因的阐释

由于古人对阴阳的重视，所以在张衡的天体观测思想中，日月运行以及各种变化，自然受到极大的关注，尤其是被汉代神学视为灾异现象的日食与月食，同样成为张衡天文学研究领域中的重要课题。

我国古代对日、月食的观测早在《诗》、《书》中即多记载，如《尚书·胤征》所载“乃季秋，月朔，辰弗集于房”，有的学者即将这次日食推溯到公元前2165年(或前1948年)。而在人事取则天象的古代，尤其是阴阳学术以日状阳喻君、以月状阴喻臣之思想观念的形成，视日、月食为灾异并喻政治的兴衰，也就非常自然。如春秋战国时代遇日食则有“救日”仪式，据《左传》昭公十七年：“夏六月甲戌朔，日有食之。祝史请所用币。昭子曰：‘日有食之，天子不举，伐鼓于社，诸侯用币于社，伐鼓于朝，礼也”，即为其例。《晋书·礼志》亦载：“汉仪……日有变，割羊以祠社，用救日变。”至于月食，或以“月照天下，食于詹诸(蟾蜍)”(《淮南子·说林训》)的神话作解，或认为“月为太阴之精。以之配日，女主之象”(《晋书·天文志》)，以至汉人多将月食和女主当政、外戚擅权联系起来。而作为主管观测天文之史官的张衡，深谙“救日”故事，且假天象以陈治政良策，实为职守所限，所以《后汉书·五行志》在“阳嘉四年闰月丁亥朔，日有食之，在角五度。史官不见，零陵以闻”条下，刘昭注引太史令张衡《日蚀上表》，即有“今年三月朔方觉日蚀，此郡惧有兵患。臣愚以为可敕北边须塞郡县，明烽火，远斥候，深藏固闭，无令谷畜外露”云云①，明显将日食与政治相连结。这

① 此处“日蚀”之“蚀”，今通用“食”。按：刘昭引张衡表奏中“今年三月”，以为“不详是何年三月”。考《后汉书·安帝纪》：延光“四年三月戊午朔，日有蚀之”。《五行志》延光四年同之。张衡所奏系延光四年三月朔方日食，当无疑问。

种思维方式直到明末思想家顾炎武在论证刘向乱世多日食的观点时还有表现:“余所见崇祯之世十七年而八食,与汉成略同,而稠急过之矣。然则谓日食为一定之数,无关于人事者,岂非溺于畴人之术,而不觉其自蹈于邪臣之说乎?”(《日知录集释》卷三十“日食”条)

然而,神学的涂饰与政治的比附,并未完全窒息天文科学的发展,相反,在中国古代正因为对日、月食的高度重视,其交食理论成为人类科技史上较早的重大贡献之一。18世纪法国思想界泰斗伏尔泰在其《风俗论·导论》中即指出:“在所有民族中,只有他们(指中国人)始终以日蚀月蚀、行星会合来标志年代;我们的天文学家核对了他们的计算,惊奇地发现这些计算差不多都准确无误。”而其中张衡的一份贡献,尤弥足珍贵。在《灵宪》中,张衡通过观测对日食与月食提出了他的科学解释:

> 夫日譬犹火,月譬犹水,火则外光,水则含景。故天日宣明于昼,纳明于夜。如有瑕,必露其匿。
>
> 夫月,端其形而洁其质,向日禀光。月光生于日之所照,魄生于日之所蔽。当日则光盈,就日则光尽也。众星被耀,因水转光。当日之冲,光常不合者,蔽于地也,是谓“暗虚”。在星星微,月过则食。①
>
> 日之薄地,暗其明也。由暗视明,明无所屈,是以望之若火。方于中天,天地同明。由明瞻暗,暗还自

---

① 按:“在星星微,月过则食”句从刘昭注,严辑作“在星则星微,遇月则月食”,误。

夺，故望之若水。火当夜而扬光，在昼则不明也。月之于夜，与日同而差微。

在张衡之前，有关日、月食的类似见解实于典籍有征，惟综观诸家所述，可以说直到张衡《灵宪》，才出现此对交食理论较为全面的科学阐释系统。合观上引论点，约有数端：

其一，视日、月之食是有规律的自然现象，这是张衡论点的科学基础。早在战国年间，荀况就认为："日、月之有蚀，风雨之不时，怪星之党见，是无世而不常有之。"（《荀子·天论》）东汉初唯物主义思想家王充也认为："日月合于晦朔，天之常也"（《论衡·说日》）；"在天之变，日月薄蚀"、"食在常数，不在政治"（《治期》）。张衡虽因居职所需，时因天象隐喻政事，但他对日、月之光华及暗蚀的认识，则完全是依据自然规律的。

其二，张衡提出太阳如"火球"、因"火"而生"光"的思想，在当时尚属卓越的见解，这一思想甚至比晋人刘智在《论天》中所说"阴阳相应，清者受光，阳者受温"更为明晰、准确。

其三，由太阳因火生光派生出月本无光，"向日禀光"的观念。这种月光源于日光反射作用的说法，《周髀算经》"日兆月，月光乃出，故成明月"已肇其端，而西汉时京房亦曾记述"月与星辰，阴者也；有形无光，日照之乃有光。先师以为日似弹丸，月似镜体。或以为月亦似弹丸，日照处则明，不照处则暗"（郭璞《尔雅疏·释天》引），可见月相盈亏之理，渊源甚久。在这一点上，张衡的贡献在于他不似前人作抽象的表述或仅依据阴阳理论（如京房）进行推衍，而是将月"向日禀光"的思想与其交食理论相结合，使"月光生于日之所照"成为他对天体现象作科学论证的一个重要环节，是有超越前贤理论意义的。

其四，基于对日月运行及其关系的认识，张衡提出了他"当日之冲，光常不合者，是谓暗虚。在星星微，月过则食"的有关交食形成的论断。[①] 关于交食问题，我国先民至迟在公元前八世纪就认识到月食发生在满月，日食发生在朔日的规律，《易·丰卦》"月盈则食"、《诗·小雅·十月之交》"朔月辛卯，日有食之"，已见一斑。由于合朔正是日、月同度，汉人开始自觉地认识到日食为月体相掩太阳之故。《开元占经》卷九引刘向《五经通义》："日蚀者，月往蔽之。"《淮南子·说山训》："月望，日夺其光，阴不可以乘阳。"高诱注："月十五日与日相望东西，中绳则月食，故夺月光也。差则亏，至晦则尽，故曰：'阴不可以乘阳也'。"均已较为明确地接触到日、月交食的关系。当然，在汉代这一观点并没有得到完全认同，比如王充在《论衡·说日》中一方面认为交食为自然现象，同时却坚决反对"说日食者，月掩之也"的观点，而以为日食为日光自然减弱的结果，这也使王充在交食问题上进步的哲学观坠陷于违反科学的错误思想。继王充之后，张衡并没有接受他的驳论，相反，则通过科学观测，进一步阐发了月体经过"地"影产生月食(按：当慎用"地球"一词)，月体经过太阳轨道时因"月"影出现日食的道理。宋代沈括曾明确而具体地指出："黄道与月道，如二环相叠而小差。凡日月同在一度相遇，则日为之蚀；正一度相对，则月为之亏。虽同一度，而月道与黄道不相近，自不相侵；同度而近黄道、月道之交，日月相值，乃相凌掩。正当其交

① 按："暗虚"概念是由京房提出的，但将此概念运用到交食理论，特指"地"影，乃为张衡的创见。

处则蚀而既，不全当交道，则随其相犯浅深而蚀。”(《梦溪笔谈》卷七)沈说堪称我国古代交食理论的科学总结，然其渊承于张衡的科学思想，当无疑义。所以顾炎武在反对当时有些人视“日食，月掩日也；月食，地掩月也”的思想完全归于“西洋天文说”，即以张衡《灵宪》“暗虚”说为例，以为“其说亦不始于近代”(《日知录集释》卷三十“月食”条)，是符合科学史实的。

其五，张衡对日、月食的观测与研究是置放于他的天体运动思想范畴加以认识，所以与他曾参与修订历法以及其制历思想有着逻辑的联系。对此，在张衡所存论文中虽没有明确的表述，但根据史书记载他曾参与修历的事实，以及他在《浑天仪注》中阐发的历法新见，当同他的交食理论为一不可分割的有机整体。东汉顺帝汉安二年(公元 143 年亦即张衡逝后四年)，太史令虞恭、治历宗䜣等讨论历法时就明确认为：“课历之法，晦朔变弦，以月食验天，昭著莫大焉。”(《后汉书·律历志》)这一观念的出现，不可能与前任太史令张衡上述见解无关。而这一观念在后世发展为交食乃治历津筏之思想，如“效历之要，要在日食”(《晋书·律历志》)、“使日蚀皆不可以常数求，则无以稽历数之疏密”(《新唐书·历志三下》引一行《大衍历议·日蚀略例》)、“历法疏密，验在交食”(《元史·历志二》)，显然也与东汉时代张衡等倡导的科学的交食理论有着渊承意义。

当然，张衡的交食观的完形，还决定于他对前人天体运动思想的继承与开拓。

四、天体观测与行星运动

张衡天文学理论的一个重要支柱，就是对天体(包括恒星与行星)的观测以及有关其运动规律的认识。值得复述的是，在张衡所处的汉代，天文学尚未完全独立于占星术，所以张衡对天体的认识也没有摆脱占星术的影响，如谓“日月运行，历示吉凶。五纬经次，用告祸福，则天心于是见矣”(《灵宪》)。[1]但是，诚如丹皮尔在《科学史》中所说：“占星术与炼金术在天文学与化学的早期发展中都起了真正的和高尚的作用。”汉代占星术如果抽去其神学目的论之本质，其对天象特别是星宿予以极大之关注的本身，却成为推动有汉一代天体观测与行星运动理论发展的自觉力量。

(一) 天体观测成果

我国上古天文学大体可划分为两派：一是天文观测家，主要责任是观测恒星、流星、彗星等星象之隐现，其间夹杂了大量星占法术，比如《周礼》的保章氏以及春秋时的粹慎等人可属此类；一是实用天文学家，亦即历法家，主要责任是推算日月五星的行度，注重观测(实践)与推算(理论)的结合，比如《周礼》的冯相可属此类，而司马迁《史记》之《历书》、《天官书》所载也多类于此。而到东汉时代，这种划分虽然仍很明显，但

① 《文献通考·象纬考》录有张衡部分天文占例，可参考。

同样也出现了合流现象，张衡对恒星等天体的实际观测成就与对日月五星行度的推算成就，充分说明了这一点。

从天体观测来看，张衡的贡献首先在对星座星数的定量观测方面。据先秦史料，最初记录星官数约三十八个，包括恒星数目约二百余颗。[①] 而《开元占经》引录石申《天文》佚文（“石氏曰”），其中涉及星座含二十八宿计一百二十官，星数五百余颗。[②] 最早描述全天星官的著作是《史记·天官书》，所载星官九十一个，恒星五百余颗。到西汉末，据《汉书·天文志》称：“凡天文在图籍昭昭可知者，经星常宿中外官，凡百一十八星，积数七百八十三星，皆有州国官宫物类之象。”可知其时对星座星数的观测已有了长足的进展。在此基础上，张衡通过对星座数与恒星坐标的实测，绘制了在汉代最为详尽的星图，尽管这幅星图经汉末战乱而丧失，但于其残存的文字间仍能蠡测他在这方面取得的成果。《灵宪》中仅存有关星座星数的一则记录是：

> 中外之官，常明者百有二十四，可名者三百二十，为星二千五百，而海人之占未存焉。微星之数，盖万一千五百二十。

张衡所言星官与恒星数目显然较《汉书·天文志》有成倍增长，考虑到观者曾制造漏壶滴水发动齿轮所带动的浑象辅助

---

① 参见吴其昌《汉以前恒星发现次第考》，载《真理杂志》一卷三期，1943年。

② 详参中国天文学史整理小组编著《中国天文学史》有关资料与论述。

观测，其所谓“星二百五十”的新数目当是可信的。惟根据后人的研究与目测所限，张衡所说的“微星之数”或为推测虚拟之词，抑或文献舛误，难以征信。[①] 而因张衡“所铸之图遇乱堙灭，星官名数，今亦不存”，故三国时吴太史陈卓复“列甘氏、石氏、巫咸三家星官，著于星录。总有二百五十四官，一千二百八十三星，并二十八宿及辅官附座一百八十二星，总二百八十三官，一千四百六十五星”(《隋书·天文志》)，则成为我国观测天象的基础，沿用了一千多年。

尽管张衡所制星图遇乱堙灭，他所说的星数也在龙蛇之间，但从现存资料看，张衡在《灵宪》与《浑天仪注》中论及的“北极→七曜(日、月与五星)→二十八宿”，已构成了比较完整的天体观测系统。张衡《灵宪》云：

> 天有两仪，以儛道中，其可睹，枢星是也，谓之北极。……五星，五行之精，众星列布，其以神著。有五列焉，是有三十五名。一居中央，谓之北斗，动变定占，实司王命。四布于方各七，为二十八宿。日月运行，历示吉凶；五纬经次，用告祸福。
>
> 星也者，体生于地，精成于天，列居错峙，各有逌属。紫官为皇极之居，六微为五帝之庭。明堂之房，大角有席，天市有坐。苍龙连蜷于左，白虎猛据于右，

---

① 陈遵妫《中国天文学史》第一册、第九章《星数》认为：“眼力特别好的人，而且在古代灯火烟灰比较少的时代里，也可能看到七等星，那末，一夜里所能看到的微星之数，可能为七八千颗。张衡说‘微星之数，盖万一千五百二十’，显然不是实际观察的结果。”

朱雀奋翼于前，灵龟圈首于后。

又，《浑天仪注》云：

二十八宿半见半隐，其两端谓之南北极。北极，乃天之中也；在正北，出地上三十六度。然则北极上规经七十二度，常见不隐。南极，天之中也；在正南，入地三十六度。南极下规七十二度，常伏不见。两极相去一百八十二度半强。

从北极数之，则去极之度也。各分赤道黄道为二十四气，一气相去十五度十六分之七。每一气者，黄道进退一度焉。所以然者，黄道值时，去南北极近，其处地小，而横行与赤道且等。

又，《西京赋》云：

正紫宫于未央，表峣阙于阊阖。……若夫长年神仙，宣室玉堂，麒麟朱鸟，龙兴含章，譬众星之环极，叛赫戏以辉煌。[1]

从上举数例，虽然张衡言谈中还渗杂着取则天象的星占色彩，但他对天体观测之本身，在当时确实具有较为完整的科学意义和价值。这里主要包括几个方面：一是对北极天中的认识。

---

① 按：王延寿《鲁灵光殿赋》云："其规矩制度，上应星宿，亦所以永安也。"此亦张衡论西京宫室上应星宿之意。

在汉代，当时最接近北极的小熊星座β星被视为“北极”标志，称为“北极星”或“北辰”。同样由于汉代视北极为“太一”之神，奉为“中宫大帝”，故其重视尤甚，张衡也必然受到相对的影响。然而从张衡对“北极”认识的总体态度来看，其主流无疑是出于天文科学的思考。因为由于地球自转，人们的天体视运动首先感到“天道左旋”，其由东向西运行是围绕北极——南极轴运转，而北半球人则感觉到天体越往南转动幅度越大，越往北转动幅度越小，这样在正北就形成一不动的轴心，其它星辰皆围绕其运行，这就是张衡视天中为北极的道理。《隋书·天文志》“经星中宫”条载：“北极五星，钩陈六星，皆在紫宫中。北极，辰也。其纽星，天之枢也。天运无穷，三光迭耀，而极星不移。……贾逵、张衡、蔡邕、王蕃、陆绩，皆以北极纽星为枢，是不动处也。”这又说明视北极为不移之天中，是与浑天学派关系尤为密切的。二是对日、月与金、木、水、火、土五星（七曜）的认识。《隋书·天文志》在“七曜”条中对“日循黄道东行，一日一夜行一度，三百六十五日有奇而周天”、“（月）行有迟疾。其极迟则日行十二度强，极疾则日行十四度半强”等的论述，即多引张衡上述观点，特别是“月望行黄道，则值暗虚”的思想。当然，与对北极或南极的观测略有不同，张衡对七曜的观测是置放于太阳视轨道和周日视运动去辨识的。三是对二十八宿的认识。古代对二十八宿的划分，是依据土星视运动而来，所以张衡对二十八宿的认知，也是根据整个天体运动来进行考察的。从观测理论来看，张衡对二十八宿的认识有几点特征：第一，他是出于对整个天体运动观测看待这一问题，所以认为二十八宿在两极之间“半见半隐”。第二，他是以北极与七曜为观测主体来认识二十八宿，故有东方苍龙七宿“连蜷于左”、西方白虎七宿“猛据于后”、南方朱雀七宿“奋翼于前”、北方玄武(龟)七宿“圈首于后”的说法。第三,他接受了前人有关二十八宿为月躔所系,即月亮视运动的标志点的观念,①所以将对二十八宿的观测与日、月食联系起来,构成了较为宏大而整齐的天体运动网络。

(二) 行星运动理论

张衡天体观测的内在精神,是天体运动的观点,其中特别是有关行星运动理论,贡献尤多。对此,张衡在他的天文著述中有几则论点值得引录:

> 天致其动,禀气舒光;地致其静,承候施明。天以顺动,不失其中,则四时顺至,寒暑不忒;致生有节,故品物用成。

> 凡文耀丽乎天,其动者七:日月五星是也。周旋右回,天道者贵顺也。近天则迟,远天则速。行则屈,屈则留回,留回则逆,逆则迟,迫于天也。行迟者觌于东,觌于东者属阳;行速者觌于西,觌于西者属阴,日与月共配合也。摄提、荧惑,地候见晨,附于日也;太白、晨星见昏,附于月也。二阴三阳,参天两地,故男女取则焉。方星巡镇,必因常度。苟或盈缩,不逾

① 如《吕氏春秋·圜道》:“月躔二十八宿,轸与角属,圜道也。”《论衡·谈天》:“二十八宿为日、月食,犹地有邮亭。”

于次。(《灵宪》)

天转如车毂之运也,周旋无端。……赤道横带天之腹,去南北二极各九十一度十九分度之五。横带者,东西围天之中腰也。……黄道斜带其腹,出赤道表里各二十四度,日之所行也。日与五(星)行黄道无亏盈。月行九道:春行东方青道二,夏行南方赤道二,秋行西方白道二,冬行北方黑道二。四季还行黄道,故月行有亏盈。

黄道斜截赤道者,即春秋分之去极也。斜截赤道者,东西交也。然则春分,日在奎十四度少强,西交于奎也;秋分,日在角五度弱,东交于角也。(《浑天仪注》)

根据张衡所述,其对天体及其运动已有以下清晰的认识:

① 天体始终处于运动之中,张衡早在公元二世纪就已将天体的周日视运动规律记录于他的天文论著中。

② 地为宇宙的中心,天绕地作周日旋转。

③ 地的外层包裹着天球,不动的恒星附在天球之上。

④ 七曜在地与天球之间运动。

⑤ 七曜的视运动速度决定于同地的距离,即近快远慢的规律。

⑥ 七曜运动速度也有快慢两类,快者为月亮,包括水星、金星,属阴性;慢者为太阳,包括火星、木星和土星,属阳性。

⑦ 七曜与地距离常有变,故行速有快慢,顺留逆之变化

是行星运动距离地远近变化的反映。①

⑧ 将天体与黄、赤道交角理论结合起来，使我国古代天体测量学之太阳视运动的精确水平达到了一个新高度。②

⑨ 通过大地与日、月之间运动位置的相对关系，探讨月球的朔望盈亏原理，并对杨泉《物理论》中有关月亮盈亏理论起了先导作用。③

⑩ 有关太阳回归年与"月行九道"的认识，奠定了张衡治历思想的科学基础。

从上可知，张衡对天体运动的认识，在当时是颇具卓越的先进思想的。与之相较，三国时陈卓曾论及天体间距离时谓："上元之初，日月如叠壁，五星如连珠，故曰重光。重光者，日在上，月次之，星居下，地在宿内"(《开元占经》卷一引)，其中日

① 以上第②条至第⑦条详参陈久金《浑天说的发展历史新探》。

② 按：关于黄道与赤道交角，贾逵已经明确提出，而张衡的论述则在数据上更为具体精密。据郑文光、席泽宗《中国历史上的宇宙理论》第四章《对天体与地球运动的认识》，古时周天为 365.25 度，今值则为 360 度，古时一度合现在 0.986度，24 度即合现在 23 度 39 分 18 秒。而经现代天文学推算，东汉时黄赤交角值应为 23 度 39 分 45 秒，这样张衡所得出的值仅差 27 秒。

③ 杨泉《物理论》云："月阴之精，其形也圆，其质也清，禀日之光而见其体。日不照则谓之魄。故月望之日，日月相望，人居其间，尽睹其明，故形圆也。二弦之日，日照其侧，人观其傍，故半照半魄也。晦朔之日，日照其表，人在其里，故不见也。"对照张衡《灵宪》"月光生于日之所照，魄生于日之所蔽，当日则光盈，就日则光尽"，其思想渊源，不言而喻。又，王充《论衡·说日》曾对陨石"不圆"推导出星不圆，由"星不圆，知日月五星亦不圆也"，而张衡则通过对天体运动的观测，在《灵宪》中指出"奔星之所坠，至地则石也"，认为不可因陨石之形得出星体不圆的结论。这也是张衡对天体物理运动现象具有进步认识的一个表现。

远月近符合实际，余则多误，是张衡思想的倒退。当然，张衡对天体运动的看法也有谬误，其中最典型的就是“地中”说、“地静”说，特别是后者，因为在汉代有关大地运动的观点早已存在的情况下，①他的这种观念显然是陈旧而落后的。

五、治历思想与圆周率计算

我国古代天文学的根本任务是为农耕经济服务，授时制历即其基本精神。张衡的治历思想，缘于资料散佚，仅见于史书的点滴记载和他对“二分”（春、秋分）、“二至”（冬、夏至）行度的零星认识。同样，有关圆周率问题，也由于张衡数学论著的堙失，其思想亦仅能通过《灵宪》中对“天周”、“地广”度数的认识略推其意。也正因为同属于数理天文学范畴的历法观与圆周率计算，在目前可见的张衡天文学理论中并不占有极重要的地位，但又不能忽略其同为张衡天文学体系的组成部分，所以有必要作一介绍。

（一）反谶纬的治历思想

古之天文，最重历法，特别是汉以后，先秦至汉世所争论的宇宙论，后来并无明显进展，而天文研究的重点，基本归属

① 如秦汉之际李斯《仓颉篇》中有“地日行一度，风轮扶之”，《黄帝内经》有“上者右行，下者左行”诸说。西汉末出现的纬书《春秋纬·元命苞》谓“天左旋，地右动”，《尚书纬·考灵曜》亦有“地有四游，冬至地上北而西三万里，夏至地上南而东三万里，春秋二分其中矣”的观点。

于历法方面。舒继英《乾元秘旨》“万年书”条云:“历之由来久矣。自汉至明,修辑者七十余家,创制者十有三家,其中太初、大衍,皆称精当。至元郭守敬授时历出,而前人莫有及焉。迨西法行,而后更由疏入密,由同得异,识者遂以为观止也。”舒氏所言基本符合实情。而在论历代修历之后,舒氏复谓:“凡造历必造观天之器。……浑天为得其情,郭守敬循之”,又向我们展示了这样一个线索,即由西汉司马迁、邓平、落下闳等制太初历、唐僧一行等制大衍历,再到元郭守敬制授时历,所采用的观测仪器多为浑天之法,也就是说,浑天论家在古代制历过程中起了主导作用。如此,我们追溯张衡所处的东汉以前,已曾有战国四分历、秦颛顼历、西汉太初历与三统历。其中太初历对五星运动周期、日月食周期的研究,以及平分一回归年为二十四气,每一气长 $15\frac{1010}{4617}$ 日,以无气之月为闰月等,皆较前历有极大的进步。西汉末刘歆改称太初历为三统历,一则将董仲舒的历史循环论的三统说引入历法,并附会以《易·系辞传》中的神秘数字,一则也对日见疏漏的太初历进行了科学改造,使朔望月与回归年计算的准确性有所发展。[①]而在张衡所处的东汉时代,又有两次修历:一次是建武十二年太史待诏张盛、景防、鲍邺等奉命用四分法推算弦、望和月食时刻,到章帝元和二年诏废太初历,重订四分历,颁布施行,史称“后汉四分历”。另一次是桓帝延熹中刘洪针对旧历回归、朔望月嫌长

---

① 据《续汉书·律历志》载:“刘歆研机极深,验之《春秋》,参以《易》道。以《河图帝览嬉》、《洛书·乾曜度》推广九道,百七十一岁进退六十三分,百四十四岁一超次。与天相应,少有阙谬。”按:刘氏参以《春秋》、《易》道,颇多附会,然所得数据,比较先进。

的问题，而重新修改制定的乾象历。① 历东汉之世，与上述两次改历并行的还有五次“议历”事件，亦即史称的“元和论历”、“永元论历”、“延光论历”、“汉安论历”和“熹平论历”（详见《后汉书·律历志中》、徐天麟《东汉会要》卷十四《律历上》）。在这五次议历事件中，其中争议在两方面最为明显：一是贾逵元和议历，继承刘歆“月行九道”之法，支持李梵、苏统有关“月行当有迟疾”的观点，弥补太初历的疏误，为后汉四分历的颁施奠定了理论基础。二是围绕后汉四分历是否合“谶”的争论，这一争论在延光议历达到高潮。可以说，张衡的治历思想正是基于上述议历背景并结合两大争论焦点展开的。

首先，张衡是以科学的思想治历，坚决反对当时将历法研究附会于经学图谶的神学思潮，而这又与他在政治上“反谶”观是完全一致的。在汉代，将制定历法附会于天人感应的政治观、神学观，可谓司空见惯。如西汉昭帝元凤三年张寿王上书即云：“历者，天地之大纪，上帝所为……今阴阳不调，宜更历之过也。”又认为：“阴阳不调，谓之乱世。”（《汉书·律历志上》）这种观点到谶纬兴起尤甚，张衡所经历的“延光论历”即是一次极鲜明的争锋。据《后汉书·律历志中》载：

---

① 据钱宝琮《从春秋到明末的历法沿革》考论，后汉四分历的“岁实”和“朔策”为：1 回归年＝365 $\frac{1}{4}$ 日；1 朔望月＝29 $\frac{499}{940}$ 日。刘洪乾象历修正四分历回归年（365.25 日）、朔望月（29.53085）嫌长的错误，减短回归年为 365 $\frac{145}{589}$＝365.2462 日，朔望月减为 29.53054 日。尽管与现今实测 1 回归年是 365.2422 日，1 朔望月是 29.530588 日相比，乾象历的计算回归年太长，朔望月嫌短，但与旧历相比，诚进步甚大。

> 安帝延光二年，中谒者亶诵言当用甲寅元，河南梁丰言当复用《太初》。尚书郎张衡、周兴皆能历，①数难诵、丰，或不对，或言失误。衡、兴参案仪注(者)，考往校今，以为《九道法》最密。诏书下公卿详议……

在用“历”方面，从上引文字已见当时三派，即“甲寅元”、“太初历”与“九道法”；而结合下文“公卿详议”的内容，实质上又表现出两种态度，亦即附会图谶神喻与信奉科学实际的对立。如侍中施延等赞同亶诵，主张用甲寅元(即殷历元)云：“甲寅元与天相应，合图谶，可施行”；太尉刘恺等赞同梁丰，主张用太初历，其理论依据亦仅是诸如“孝章改四分，灾异卒甚，未有善应”类的天人感应思想；而太子舍人李泓等主张用四分历，也是“四分历本于图谶，最得其正，不宜易”的附会之见。与之相对，张衡等对亶诵、梁丰的质疑，显然出于科学的态度，亦即以对天体行度(包括月行九道、回归年等)的实测与计算的数据说话，才使好为附会者“或不对”、“或言失误”。尽管这次议历由尚书令陈忠以“天之历数，不可任疑从虚，以非易是”的折衷思想作结，改历事寝，九道法亦未施行，但张衡反图谶的治历思想，在继后“汉安论历”、“熹平论历”的争锋中仍起着进步的作用。

其二，由于张衡治历思想本于科学实际，所以他才提出以九道法改进后汉四分历。在张衡之前，李梵等就发现自西汉末以来月行当有迟疾等新观点未被后汉四分历吸收，贾逵论历

① 孙文青《张衡年谱》以为时张衡任公车司马令。其说甚是。

亦予以支持。所以到延光二年，张衡、周兴再次提出以九道法改历，至汉安二年尚书郎边韶上言用去六十三分法改造四分历，实延其绪。所谓九道法，据《后汉书·律历志中》："用九道为朔，月有比三大二小。"亦即以月行迟疾的观测依据求得月亮运动和位置，是一种定朔计算。在《浑天仪注》中，张衡基于"月行九道"的认识，对"二至"（夏至、冬至）、"二分"（春分、秋分）的"去极度"进行了详尽的计算与论述，得出"夏至去极六十七度而强，冬至去极百一十五度亦强也"、"黄道斜截赤道者，即春秋分之去极也。……春分日在奎十四度少强，西交于奎也；秋分日在角五度弱，东交于角也"、"冬至在斗二十一度少半，最远时也"、"夏至在井二十一度半强，最近时也"等结论，与四分历的有关数据相对，显然贯彻了论者的改历见解。虽然张衡、周兴、边韶等建议用月行迟疾观革新四分历的主张未能实施，但是，他们的思想方法与治历成就，无疑对其后刘洪乾象历的制定有着或多或少、或显或隐的影响。

（二）数学研究与圆周率

崔瑗赞誉张衡是"数术穷天地"，而在汉代，"数术"本身即为一较宽泛的概念。概括地说，汉代数术既包括天文、历法等科学的数理内容，也兼括诸如五行、星占、风角、卦气、六壬、九宫、形法、建除等含有神学意蕴的内容。[1] 而张衡以"善术算"著称，且好律历、卦候、九宫、风角，以为"数有征效"，是凿凿可

① 《隋志》以后的正史皆将数术归于"五行"类，颇能表明古代对数术的一种观念。按：刘歆《七略》即将天文、历法及卜筮、日忌等统归"数术"，当为汉人的普遍思想。

考的。但是,如果我们撇开张衡数术中的神秘成份,仅就他的天文学成就来看,其对我国古代数学的研究同样有着一定的贡献,尤其是在圆周率计算史上应占一席之地。[①]

张衡在数学方面曾作有《算罔论》。范书本传记云:“作浑天仪,著《灵宪》、《算罔论》,言甚详明。”李贤注:“衡集无《算罔论》,盖网络天地而算之,因名焉。”又张衡曾于公元一二六年(顺帝永建元年)因大疫上疏有“尊灵见罔”之说,故孙文青《张衡年谱》以为灵指《太玄》,罔指“无极”,《算罔论》乃“推衍无极而算之”、“内容当如今之算理哲学”。虽然,张衡的《算罔论》具体内容已不可考,但在他的天文论著《灵宪》中,尚可睹其计算圆周率之概况。《灵宪》论“天周”与“地广”有两节文字说明其数据:

悬象著明莫大乎日、月。其径当周天七百三十六分之一,地广二百四十二分之一。

八极之维,径二亿三万二千三百里,南北则短减千里,东西则增广千里。自地至天半于八极,则地之深亦如之。通而度之则是浑矣。

钱宝琮《张衡〈灵宪〉中的圆周率问题》[②]根据前一则资料(即

① 对张衡在圆周率计算方面的成就,在有关古代天文学史论著中或有论及,如陈遵妫《中国天文学史》和钱宝琮的论著;然在古代数学史著中则多略去,如李俨、杜石然的《中国古代数学史话》。

② 钱氏之文为目前唯一一篇专论张衡圆周率问题之作,弥足珍贵。钱文初载 1958 年《科学史集刊》创刊号。

“天周”是 $736d$，“地广”是 $242d$。按：设 d 为日或月的直径），得出其圆周率为 $\pi=\frac{736d}{242d}=3.04$。并由此认为圆周率值太小，故其分数的分子、分母数值均有可疑。于是钱氏又依据有汉其他文献（如《论衡》）日、月直径里数，并结合前引《灵宪》第二则资料，求出“地广”的平均数是 232500 里。而经过推算，钱氏又认为《灵宪》中“天周七百三十六分之一”之“六”字为衍文，“地广二百四十二分之一”之“四”字宜为“三”字，由此得出圆周率则为 $\pi=\frac{730}{232}=3.1466$。这个数值比数理天文学界常认定为张衡的圆周率近似值 $\pi=\sqrt{10}=3.1623$（此数据详见陈遵妫《中国天文学史》第一册第 104 页）还要精密。① 可以说，$\pi=3.04$、$\pi=3.1623$、$\pi=3.1466$ 三个数据在张衡的天文论著中均有相对的文献依据或符合推理的依据，但究竟那种更切合张衡对“天周”、“地广”的推算结果，尚无确证。不过，从后代如刘徽《九章算术注》认为张衡圆周率 $\pi=\sqrt{10}$ 不够精确，且批评其“欲协其阴阳奇耦之说而不顾疏密”（卷四），祖暅《浑天论》批评张衡圆周率“伤于周多而径少，衡之疏也”（引自《开元占经》卷一），既可知张衡于圆周率颇有研究，又可见衡率在魏晋时

① 张衡圆周率 $\pi=\sqrt{10}$ 是依据刘徽《九章算术注·少广》尝引之方法推算而出（参见茅以升《中国圆周率史》）。此率虽比现在的密率过大，但入算较易。而在《开元占经》中又载张衡的圆周率为 $\pi=\frac{92}{29}$，比密率更大，所以张萌麟《纪元后二世纪间我国第一位大科学家——张衡》认为衡率或者“是从 $\pi=\frac{92}{29}$ 改为 $\pi=\sqrt{10}$”的。陈遵妫《中国天文学史》第一册引衡率亦以 $\pi=\sqrt{10}$ 为准。

代已见其粗疏。《隋书·律历志》载:“自刘歆、张衡、刘徽、王蕃、皮延宗之徒,各设新历,未臻折衷。宋末南徐州从事史祖冲之,更开密法,以圆径一亿为一丈,圆周盈数三丈一尺四寸一分五厘九毫二秒七忽,朒数三丈一尺四寸一分五厘九毫二秒六忽,正数在盈、朒之间。”而由祖冲之求得圆周率 $3.1415926<\pi<3.1415927$ 的精确度来看,在东汉时张衡即能求出 $\pi=3.1466$ 的近似值如果属实,精通数学的刘徽、祖暅等是毫无理由批评其“不顾疏密”的,因此定衡率数据为 $\pi=3.1466$ 也是难以想象的。至于张衡率切近于 3.04 还是 3.1623,虽难着实,但他通过对“天周”、“地广”的计算得出的率数本身,无疑在天文学史抑或数学史上均是值得重视和进一步探讨的。

第七章 制作侔造化

——张衡的科技创造

崔瑗在《河间相张平子碑》中赞美张衡“数术穷天地”之同时，即谓其“制作侔造化”，此二者可谓相辅相成。换言之，如果没有张衡毕生孜孜以求的科技制作，他对宇宙天地的认识和所取得的卓越的天文学成就，仅依据凭空想象和数据推算，那是不可设想的。近代物理学家爱因斯坦说过：“西方科学的发展是以两个伟大成就为基础，那就是希腊哲学家发明形式逻辑体系（在欧几里德几何学中），以及通过系统的实验发现有可能找出因果关系（在文艺复兴时期）。在我看来，中国的贤哲没有走上这两步，那是用不着惊奇的。令人惊奇的倒是这些发现[在中国]全都做出来了。"[1]中国先哲何以能做出"令人惊奇"的科学成就，我认为很重要的一个方面是他们长期以实证精神进行的科技制作与创造，张衡平生创制的浑天仪(象)、候风地动仪以及自动车、指南车、滑翔机、自飞木鸟模型等机械仪器，可算是最鲜明而伟大的范例。

一、道·技·器：一代科学家的胸襟

从中国古代文化思想的结构来看，大略可划分为器物文化、制度文化和精神文化三大层面，然从古代思想家对其间之关系，特别是"道"与"技(艺)""器(物)"关系之看法，又往往表现出一元化形态，即以"道"为主，以"技""器"为辅，以"技""器"为手段，以"道"为目的的观念。《庄子·养生主》托"庖丁"说："臣之好者道也，进乎技矣。"《易·系辞》云："形而上者谓之道，形而下者谓之器。"朱熹解曰："形而上者，无形无影是此理。形而下者，有情有状是此器。"(《语类》卷九十五)观诸说思想本质，确实存在着重道而轻技、轻器的倾向。在此长期形成的思维定势下，尤其是在汉代浓重的经学氛围中，张衡何以能够排除正统观念和世俗非议的干扰，专注于科学技艺和器物的创造，诚为我国学术思想史上应予重视的课题。

---

① 引自《爱因斯坦文集》第一卷第 574 页，商务印书馆中译本 1976 年版。

（一）道技关系与经学失衡

张衡作为天文学、地震学研究专家，其中一个重要贡献即在工艺技术方面，而这一点又与三代及秦汉科学技术的不断发展紧密相关。据考古发现与文献资料记载，我国先民早在旧、新石器时代即为生存和发展创造了大量的器物文明，在先秦文献中，诸如《世本·作篇》记载的上古三代工艺发明①，《周礼·考工记》记载的春秋时代手工技术，《墨经》中有关先秦光学、力学、几何学发展的记录等等，均为不容置辩的事实。而至秦汉时代，在农业方面有关水利工程及器械的制造，在冶金方面有关冶铁、炼钢、热处理诸技艺的发展，以及在交通、建筑、造纸、纺织、漆器等方面的进步，特别是在机械制造方面有关齿轮技术的发明（为世界上最早的控制论机械之一），尤为显明。在东汉张衡采用齿轮系之天文仪器及其自动化处理等发明，无疑是在前人诸多成就上的进一步发展。虽然我国古代科学技术随着社会的进步在不断前进，但对科技的态度却始终存在着某种思想错位。这表现在一方面对科技发展和器物创造持赞美态度的人，将技的功用提升到道的境界，以为非“圣人”莫属；如《易·系辞上》云：“备物致用，立成器以为天下利，莫大乎圣人。”《周礼·考工记》云：“智者创物，巧者述之、守之，世谓之工。百工之事皆圣人作也。”又云：“炼金以为刃，凝土以为器，作车以行陆，作舟以行水，皆圣人之所作也。”另

① 按：《史通·正史篇》：“楚汉之际有好事者录自古帝王公卿大夫之世，终于春秋，号曰《世本》。”今据商务印书馆《世本八种》，其中秦嘉谟辑补本最详。

一方面，对具体的科技人才，又显然视为不入“士”流之卑位；如《礼记·王制》云：“凡执技以事上者，祝、史、射、御、医、卜及百工。凡执技以事上者，不贰事，不移官，出乡不与士齿。”直到明代末年，王徵于《远西奇器图说序》中尚有“今之所录，特工匠技艺流耳，君子不器”的说法。而正是在这种以儒学为主导的正统观念支配下，张衡于浓重的经学氛围中从事技艺创造，自然为当世士流轻视①；倘换个角度，张衡之所以能够在当时潜心于器物制造并取得丰厚的成果，又当落点于东汉中叶的社会实际，其中最显明的即是作为汉代文化主潮之经学的失衡问题。

作为汉代儒学特殊形态之经学，其重道轻技的思想有三个层面：

1. 儒学的政治文化在汉代经学中得到进一步强化，一切技艺均围绕政治这一中心而为统治者服务。董仲舒《春秋繁露·玉杯》以《春秋》学指导当世政治文化云：“《春秋》之序道也，先质而后文，右志而左物。”又论君子之道须“六艺(经)”赡养云：“《诗》《书》序其志，《礼》《乐》纯其美，《易》《春秋》明其

① 在中国文化学术思想领域，儒家学派因注重于社会伦理的学问，故对自然科学缺少积极的影响。陈寅恪在《金明馆丛稿初编·天师道与滨海地域之关系》中认为：“中国儒家虽称格物致知，然其所殚精致意者，实仅人与人之关系，而道家则研究人与物之关系。”尽管道家学者如老子出于愤世精神曾指出“民多利器，国家滋昏；人多技巧，奇物滋起。绝巧去利，盗贼无有”，《庄子·天地篇》也曾借“汉阴丈人”抱瓮出灌的故事，阐发“有机械者必有机事，有机事者必有机心”的道理，然道家在思想上比较注重于人与物之关系本身，则于科技事业不无促进。所以汉代科技进步，主要在术数家与方技家，其理论基础是阴阳学说和道家思想。

知。”其间无不从士之修养、学问与王朝政治之关系考虑的。囿于这种思维定势，东汉时代的科技才出现天文学过多地附会于占星术，历法牵就于预测王朝政治兴衰之谶纬的情况。张衡一生同样包裹于这一政治文化氛围，但他不同于一般经学之士，而明显表现出一种游离意识。他曾于离开太史令职位后上邓骘书，认为“太史之秘府，道家所贵”，要求“再得当之，窃为幸矣”，而这种不跻身政治仕途“自去史职，五载乃还”（范书本传）的行为颇受当时讥议，张衡亦因此“设客问，作《应间》以见其志”（同前）。《应间》有一段答辩词云：

> 斐豹以毙督燔书，礼至以掖国作铭，弦高以牛饩退敌，墨翟以萦带全城，贯高以端辞显义，苏武以秃节效贞，蒲且以飞矰逞巧，詹何以沉钩致精，奕秋以棋局取誉，王豹以清讴流声。仆进不能参名于二立，退又不能群彼数子，愍《三坟》之既颓，惜《八索》之不理，庶前训之可钻，聊朝隐于柱史。

在这里，张衡明确表示自己不能按圣人的要求“立德、立功、立言”（参名于二立），又不及上举能人才士（包括技艺之徒）为政治（道）效力，唯情愿“朝隐柱史”，潜心于数理与天文之研究。张氏在科技上的成就，应该说是与当世重道轻技观念相左的游离意识相关。

2. 在中国古代封建社会，“士”的角色定位决定其重道轻技，这在通“经”致用的汉代尤其如此。考察中国古代“士”（知识分子）的社会功能，一在“任事”，一在“致圣人之道”，孔子说的“士志于道”（《论语·里仁》）、孟子说的士“尚志”（《孟子·

尽心上》),大抵如此。缘此,科技被限制于国家事务之内,治国为本,科技为末,也就成为中国古代文化史的一独特现象。汉代以察举选士,以孝廉为最,要在重符合伦理道德规范之行为;又以“通经”选才,①其要在“致圣人之道”,经学亦成干禄之具。所以兴盛于西汉的《春秋公羊传》为“士”下的定义就是“德能居位曰士”,相反,视科学技术则为“技艺末务”。② 从张衡一生行事来看,他从任南阳主簿到供职朝廷,始终追求较高的道德修养和尽心尽力的循吏作风,这不能不说是当时“士”之角色的认同,但在他毕生致力于科技研究这一点上,又保持了自己的独特风格,这同样表现出与“士”之角色相左的思想倾向。在这一点上,固然与张衡生性好淡泊清静有关,如其早岁即有“举孝廉,不行;连辟公府,不就”(范书本传)的行为,然考究其思想主流,仍当在他热爱科技创造而表现出的与经学的离异。在《应间》中,张衡假托“间余者”言云:

> 盖闻前哲首务,务于下学上达,佐国理民,有云为也……吾子性德体道,笃信安仁,约己博艺,无坚不钻,以思世路,斯何远矣……徒经思天衢,内昭独智,固合理民之式也。故尝见谤于鄙儒,深厉浅揭,随时为义,曾何贪于支离,而习其孤技邪?

① 汉代以通经致用,详见两汉书《儒林传》的有关记载。

② 按:这种观念一直通贯整个封建社会。即如唐代科举取士增设“明算”一科,其目的也不在发展数学,而是培养因封建社会经济发展所需的低级官吏。又如唐代仿周礼六官之制,设三省六部,其中工部最贱,这种现象一直到近代人何刚德《春明梦录》记清廷旧制,还认为“工部专管工程,职务猥琐,以天下贱工目之,亦尚恰称”。

所谓“孤技”，正是当时士人对张衡性善“机巧”，不务佐国利民之道的指责。对此，张衡的态度是：

> 君子不患位之不尊，而患德之不崇；不耻禄之不夥，而耻智之不博。是故艺可学而行可力也。

在张衡看来，科学“孤技”是一种有益于社会进步的智慧和力量，只要“输力致用”，同样能达至高尚的道德境界。所以张衡认为他与时儒的态度，是“观同（指致圣人之道）而见异（指对科技的态度）”。

3. 汉代经学的笺注学风，标明其重道思想又是一种对三代圣贤之道的追摹与复写，这种缺乏革新精神的文化惰性，是与科技创造格格不入的。张衡处东汉经学衰落之际，一则受经学影响而研习《周礼》之学，尊道崇礼，一则又不苟且于笺注学风，好为创造。所以在经学笺注与科技创造之间，张衡选择的无疑是后者。因此，他作《应间》回答时人“贪于支离”、“习其孤技”的责难有云：

> 方将师天老而友地典，与之乎高睨而大谈，孔甲且不足慕，焉称殷彭及周聃？与世殊技，固孤是求。子忧朱泙曼之无所用，吾恨轮扁之无所教也。子睹木雕独飞，愍我垂翅故栖；吾感去蛙附鸱，悲尔先笑而后号也。

“与世殊技，固孤是求”，既是张衡对世俗之见的反击，也是他对科学技艺不懈追求的表白。从与当世经学思潮相抗拒这一点看，张氏显然取法扬雄《解嘲》为自撰《太玄》的辩护，但分析其内涵，二者又有不同，即扬雄自辩的是数理与哲理的创见，张衡自辩的则是尤为时人轻贱的“孤技”：科学技艺和器物创造。

从上述三点来看，汉代重道轻技确与经学相关，而东汉中叶张衡的科技创造，在文化意义上又不仅限于个人的奇想，其标明的正是经学的失衡。换言之，汉代经学之“道”的神圣性坠落以后，在东汉向两方面发展：一曰方术与谶纬的交织，其神怪之说有违儒者“立成器以为天下利”（《易·系辞上》）的宗旨；一曰科学器物的创制，其专注于技艺同样有乖于儒者以人为本的宗旨。对前者，张衡是总体反对而部分接受，而于后者，他又是当时好为“奇器”的杰出代表。仅就张衡好奇技、制奇器与经学失衡的关系而论，又不外乎三点：一是经学赖以寄存的汉代政治体制的腐败，使张衡无心于效法前儒走通经干禄的老路，而专心于科技的创造。二是经学衰落后知识结构的更新，这表现于张衡的人生精神就是由通儒向玄儒的转移，尤其是他突破儒学传统而表现出的对墨学（特别是《墨经》中的机械思想）的关注（如《思玄赋》所云：“结典籍而为罟兮，敺儒墨以为禽”），显示了博通的精神。三是个人的挚爱，这又决定于张衡对器物创造及文化内涵所具有的卓越见解。

（二）器物创造的文化内蕴

机械的发明与器物的创造，是人类区分于其它动物的主要标志之一，人类文明的发展也正是依靠人造器物的发明与进步而来。但在中国古代文化思想史的衍化流变过程中，又明显地存在着这样一种现象：由原始器物文明在不断进步中诞生出的较高层次的精神文明，如先秦诸子中的“道”论，又以其抽象的人文理性形成对器物文明的贬抑态度，即重道轻器的观念，这种观念在汉代通过经学政治化的衍生而达到极端程度，这是问题的一个方面。问题的另一个方面是，尽管中国古代以儒学为代表的“圣学”传统建立后，始终存在重道轻器的思想，但器物文化的自然发展，则完全符契于我国文化传统中的求实精神，这也决定了器物文化观念自身的进步，同样促进着整个古代文明的发展。比如汉代天文学即能在一定程度上摆脱经学的困扰，一变先秦“道”论之冲漠无朕，而表现其重象数、重模式、重实证的科学精神，即为一个典型例证。由此思路拓开，张衡在东汉之世对其“孤技”的挚爱与自信，殊非偶然，而是代表了一种进步的文化意识。明末思想家王夫之反思重道轻器之传统时云：“未有弓矢而无射道，未有车马而无御道”，“无其器则无其道”（《周易外传》卷五），诚明哲之论。至于清代阮元言西洋“奇器之作”，“虽小道必有可观”（《畴人传》卷四十四《西洋二》），则反映了持重道轻器观者亲见西方现代科技后惊愕之余的矛盾心态。

作为我国古代科学机械发明史上的重要里程碑，张衡浑天仪、地动仪等器物创造成就乃有目共睹；而作为对器物文化之创造精神持肯定态度的理论先驱，他对器物的重视以及创造器物本身，又包涵了深刻的文化内蕴。首先，一切机械或器物的发明，都是为人们的生产、生活以及科学活动提供有利的运动或条件，子贡曾为机械下一定义为“用力甚寡而见功多”（引见《庄子·天地篇》），义甚贴切。据史书记载，东汉之世创造家可考者十余人，其创造多以有利于生产生活的发展为前提。如在张衡之前，东汉初南阳太守杜诗“善于计略，省爱民役，造作水排，铸为农器，用力少，见功多，百姓便之”(《后汉书·杜诗传》)；在张衡之后，灵帝时人毕岚尝铸作天录虾蟆吐水之法，作翻车渴乌，以简洒道之费[①]；扶风人马钧见当时绫机制作粗拙，便易以十二蹑之制，效率倍增[②]，皆具有促进生产力发展的作用与价值。张衡制作天文仪器观测天象以助农时，制地动仪测报地震，成为我国地震学之父，同是这种文化价值的体现。其二，汉代机械与器物创造的发展，标明了对自然的观测由玄想与推理向实用实测方向进化，具有较强的经验性和实践性。张衡浑天理论对仪器的依赖以及地动仪的预测结果由被人怀疑到普遍接受，在说明科技进步的同时也象征着文化实证精神的弘扬。其三，与汉代文化主潮之经学重复古的思想相反，张衡等发明家的器物创造是以革新的思想为基础，其中在机械学方面对弹力、惯力、重力、摩擦力的利用，以及用连续运动代替间歇运动的发明，均超越前人，具有推动历史前进的“变易”之文化精神。其四，我国古代的器物创造有两类，一类是供宫廷玩赏的“奇器”，一类是有助于生产生活和解释未知世界的“器具”，二者在创造发明上同具有科技进步的意义，但在目的上却截然不同：前者属于为统治服务的休闲文化，后者是造福于人类的实用文化，张衡的器物创造正因属于后者，所以尤为后世景仰。

① 详见《后汉书·张让传》。

② 详见《三国志·魏志》裴松之注引《魏略》。

二、天文学与浑天仪

古代经典天文学，实质是天体测量学与天体力学，古代天文学家为了观测天象和推算日月五星行度及运动规律，也就必须借助相应的仪器，因此，在一定意义上，天文仪器的先进程度决定了天文学理论的发展进程。在我国天文学史上，浑天仪的制造正是与浑天学说理论相伴生的。根据较早对“浑天”作诠解的扬雄《法言·重黎》所说“（落）下闳营之，鲜于妄人度之，耿中丞象之”，浑天仪器又有“浑仪”与“浑象”两种，前者系观察天象与天体运行的测量仪器，后者是因观测成果制成的天球模型（即天球仪）。而关于张衡对浑天仪制造的贡献，范书本传仅有“研核阴阳，妙尽璇机之正，作浑天仪，著《灵宪》、《算罔论》，言甚详明”的记录，所以对其内涵与实质，还须作进一步探究。

（一）浑天仪产生时代诸说法

历代史书《天文志》记述“浑天仪”的创制，多远溯上古，延及秦汉，然因实物丧失，即如张衡所制，亦仅靠少量的文字记载作出推测，故引起一些产生年代的歧义。而随着近代考古的发现，又颇出新见。然撮要而论，对浑仪创制年代问题能够自立其说的，约有四种看法：

1. 上古说。持此说者多认为《尚书·尧典》所载“在璿玑玉衡以齐七政”之“璿玑玉衡”即为最早的浑天仪。如《史记索引》引马融说:“璿,美玉也。玑,浑天仪,可转旋,故曰玑。”《史记集解》引郑玄说:“璿玑玉衡,浑天仪也;运转者为玑,持正者为衡。”《玉海》引张行成说:“舜之玑衡,浑天法也。”都是对“玑衡”的解释以推测浑仪的年代①。

2. 先秦说。此说将浑仪制作年代基本定位于公元前700年至前360年间②。其理由有二:一是从传统旧籍如《周髀算经》、《甘石星经》来看,其对岁时长度、廿四气节、天文南北线、太阳半径、北极四游、二十八宿距离以及“入宿度”、“去宿度”诸问题均有论述,而这些问题又多为汉代浑天家所探究之内容。二是马王堆汉墓帛书《五星占》对五星行度在速度快慢、方向顺逆等方面的定量说明,与西汉《淮南子·天文训》中的记录极为相近,这又将我国有关五星行度的计量提前了一百二十余年。因此,倘若先秦时代没有类似汉代浑仪的天文器械,是不可能达到如上所载的天文成就的。

3. 西汉说。这就是扬雄所谓“落下闳营之”的说法。据朱文鑫《历法通志·历代仪象考》引《尚书通考》:“汉落下闳为武帝于地中转浑天”,可知武帝时落下闳即营造浑仪,并始用浑天之说。又,《汉书·律历志》载:汉武帝元封七年改历,曾下诏实测,所谓“乃定东西,立晷仪,下漏刻,以追二十八宿相距于

---

① 按:古人多以璿玑玉衡以齐七政归虞舜事,然亦或以为“帝喾”、“宓牺”、“羲和”旧器,说详《宋史·天文志一》。又,对“璿玑玉衡”另有一权威解释:伏胜《尚书大传》:“旋者还也;机者几也,微也。其变几微,而所动者大,谓之旋机;是故旋机谓之北极。”《史记·天官书》:“北斗七星,所谓‘旋、机、玉衡以齐七政’。”皆不以为“浑天仪”,而解释为“北斗七星”或“北极”。

② 详见徐振韬《从帛书〈五星占〉看“先秦浑仪”的创制》,载《考古》1976年第2期。按:有关此说的资料与论点,多源徐文。

四方，举终以定朔晦分至，躔离弦望”。而落下闳测定新历历元、并制太初历，司马迁《史记》所载五星行度，大抵皆为所制浑仪实测的结果。

4. 张衡说。持此说者系南朝宋太中大夫徐爰。据《宋书·天文志》载徐爰说：“设使唐、虞之世，已有浑仪，涉历三代，以为定准，后世聿遵，孰敢非革。而三天之仪，纷然莫辩，至扬雄方难盖通浑。张衡为太史令，乃铸铜制范，衡传云：‘其作浑天仪，考步阴阳，最为详密。’故知自衡以前，未有斯仪矣。”徐氏之说是针对王蕃谓《虞书》“在璿机玉衡，以齐七政”则“今浑天仪日月五星”而作出的驳论，然其云张衡之前无浑天仪，昔人皆不以为然。沈约在《宋书》中引述徐说后即于“史臣案”引扬雄《法言》并云：“以此而推，则西汉长安已有其器矣。将由丧乱亡失，故衡复铸之乎？王蕃又记古浑仪尺度并张衡改制之文，则知斯器非衡始造明矣。”

从上引四说来看，很明显“上古说”仅推测之词，“张衡说”有割断历史之嫌[1]，而通过“先秦说”与“西汉说”，基本已可理出浑仪制造历史的线索。也就是说，先秦虽无文献记载有“浑仪”之名，但从一些观测结果可得出有类似仪器的结论。而西汉武帝时落下闳等营造浑仪，以及东汉贾逵、张衡等改造重铸斯器，既史乘可稽，又是符合天文学发展之客观状况的。

---

① 按：《玉海》卷四引录桓谭《新论》云：“扬子云好天文，问之于黄门作浑天老工。曰：‘我少能作其事，但随尺寸法度，殊不晓达其意。然稍稍益愈，到今七十，乃甫适知，已又老且死矣。今我儿子爱学作之，亦当复年如我乃晓知，已又且复死焉。’其言可悲可笑也。”此为西汉末即有制造浑天仪一证。

（二）对张衡“浑天仪”有关资料的考查

如前所述，张衡制造浑天仪的史料初见范书本传，仅“作浑天仪，著《灵宪》”一语，李贤注引蔡邕《表志》谓“今史官所用候台铜仪，则其法也”。据《浑天仪注》记载，张衡在制浑仪前先为“小浑”，即以针及薄竹篾制成模型，并在此基础上制作漏水转浑天仪。有关浑仪制作结构诸资料，也以张衡注文残篇最古，其与浑天仪的关系，殊为密切。沈约《宋书·天文志》谓：“衡所作浑仪，传至魏、晋，中华覆败，沈没戎虏；晋安帝义熙十四年，高祖平长安，得衡旧器。”此后，即无可考。由于仪器亡失，范书所言衡制浑天仪究竟是观测天象之浑仪，还是类似天球模型的浑象，史书资料颇有歧义，当代一些天文学史著分言浑仪与浑象时均谈到张衡的创造，语亦未详。实际上稽考史料，张衡究竟是既制浑仪、亦作浑象，还是仅作其中一件，有的见解是比较模糊的。如《晋书·天文志》引葛洪说：

> 张平子既作铜浑天仪，于密室中以漏水转之，令伺之者闭户而唱之。其伺之者以告灵台之观天者曰，“璇玑所加，某星始见，某星已中，某星今没”，皆如合符也。

又记云：

> 至顺帝时，张衡又制浑象，具内外规、南北极、黄赤道，列二十四气、二十八宿中外星官及日月五纬，

以漏水转之于殿上室内，星中出没与天相应。因其关戾，又转瑞轮蓂荚于阶下，随月虚盈，依历开落。

《隋书·天文志》于记录"后汉张衡为太史令，铸浑天仪，总序经星，谓之《灵宪》"后，录其仪器，则分述"浑天仪"与"浑天象"。其论"浑天仪"云：

> 永元十五年，诏左中郎将贾逵，乃始造太史黄道铜仪。至桓帝延熹七年，太史令张衡，更以铜制，以四分为一度，周天一丈四尺六寸一分。亦于密室中，以漏水转之。①

又论"浑天象"云：

> 浑天象者，其制有机而无衡。……不如浑仪，别有衡管，测揆日月，分步星度者也。……由斯言之，仪象二器，远不相涉。则张衡所造，盖亦止在浑象七曜，而何承天莫辨仪象之异，亦为乖失（按：此指何承天以后赵史官丞南阳人孔挺依古浑仪法所制浑天仪即张衡作的说法）。

《晋书》所记，已见歧义。而《隋书》载言，虽以为张氏所制为浑象，但又分别于"浑仪"、"浑象"条分述其事，且说明何承

---

① 按：此段文字同见《后汉书补注》引"长孙无忌曰"。又，此云张衡于"桓帝延熹七年"制铜仪，时间后张衡逝年即顺帝永和四年达二十五年之久，显然有误。

天有视张衡制造者即浑仪一说，予后世颇多悬想。史志中明确记载张衡所造即浑象而非浑仪者，以沈约《宋书·天文志》较早：

> 古旧浑象以二分为一度，凡周七尺三寸半分。张衡更制，以四分为一度，凡周（天）一丈四尺六寸。蕃以古制局小，星辰稠穊，衡器伤大，难可转移。更制浑象，以三分为一度，凡周天一丈九寸五分四分分之三也。

至元脱脱等撰《宋史·天文志》，于"仪象"条辨析尤明：

> 汉马融有云："……玑衡者，即今之浑仪也。"吴王蕃之论亦云："浑仪之制，置天梁、地平以定天体，为四游仪以缀赤道者，此谓玑也；置望筩横箫于游仪中，以窥七曜之行，而知其躔离之次者，此谓衡也。"若六合仪、三辰仪与四游仪并列为三重者，唐李淳风所作。而黄道仪者，一行所增也。如张衡祖落下闳、耿寿昌之法，别为浑象，置诸密室，以漏水转之，以合璿玑所加星度，则浑象本别为一器。唐李淳风、梁令瓒祖之，始与浑仪并用。
>
> 至落下闳制圆仪，贾逵又加黄道，其详皆不存于书。其后张衡为铜仪于密室，以水转之，盖所谓浑象，非古之玑衡也。

综观上引诸条，排除其重复与矛盾之处，古人的看法主流是：

古之璇玑(浑仪)→落下闳之浑仪(亦谓“圆仪”)→贾逵“黄道”→张衡“浑象”(即“铜仪”,或称“浑天仪”。)→王蕃等“浑象”→孔挺等“浑仪”→李淳风等“浑仪”、“浑象”并用(按:李淳风之“浑仪”始并用“六合”、“三辰”、“四游”三仪;一行另加“黄道仪”,并称“四仪”,初定宋元“浑天仪”规模)。这种看法于“浑仪”发展历史颇有谬误(如前述对璇玑即浑仪的推想、对先秦汉初浑仪认识的阙如),即于张衡制造天文仪器一端,且多龃龉。也就是说,并举张衡为浑仪、浑象者,其言实例均为一物;而明确认为张衡仅作浑象者,说法亦未稳便。略为其说:

1. “浑仪”与“浑象”当有不同功用。王蕃《浑天象说》即有明确区分:“浑天仪者……其为用也,以察三光,以分宿度者也。又有浑天象者,以著天体,以布星辰。”《隋志》论浑象亦谓:“其制有机无衡。”二者一为观测仪,一为模型仪甚明。

2. 落下闳、贾逵所制“其详皆不著于书”,张衡后作铜仪,当系应用于天文观测,这一点在诸家史志所载灵台观天者所说星之出没“皆如合符”,已有明证。

3. “浑象”与“浑仪”一重要差别在“有机无衡”,亦即不能起到“以窥七曜之行,而知其躔离之次”的作用。而今观张衡总系经星之《灵宪》,其序即云:“昔在先王,将步天路,用定灵轨。寻绪本元,先准之于浑体,是为正仪,故灵宪作兴。”所谓“灵轨”、“正仪”,明显指观测天体运行轨道的浑仪。且据《灵宪》的文字记载,对七曜运行、躔离之次皆有详尽的记录与说明。

4. 张衡《浑天仪注》系目前所存最早的记录浑仪观测结果的文字,其中如“赤道横带浑天之腹,去极九十一度十九分之五”、“黄道斜截赤道者,则春分、秋分之去极也”等大量有关“黄、赤道”、“二至”、“二分”、“去极度”、“入宿度”、“五星行度”

以及二十八宿列布与运动的认识，其展示的天体运动状况，已初定晋唐浑仪测量形势，如果认为张衡仅制“有机无衡”的天球模型，是不能令人信服的。

5. 或如前人所说，张衡对古浑象进行改造(更制)，兼取了古浑仪测量天体运行的一些功能和方法，亦即兼具部分浑仪的功用，那为何至唐代李淳风等复以“浑象”、“浑仪”并用呢?

6. 是否在张衡时代“象”、“仪”不分，即如一些天文史著所述衡制浑象，亦称浑天仪。对名称互用现象，古代常有，似可接受；惟论其实质，在东汉时“象”、“仪”不分，不能成立。因为诸家史志也明确认为古之璇玑即浑仪，又谓衡制“非古之璇玑”，同时又说“古旧浑象”、“张衡更制”云，可见其区别自古而然。

如此，结论似有两条：一是张衡制浑象兼得浑仪之功用，然如前第5则所述，颇为不妥。另一条结论则是，张衡既为观测天体运行之浑仪，又制表现观测结果之浑象，前者仅见《灵宪》、《浑天仪注》中的文字记录，后者史志记载较详，并可见其于仪器制造的贡献。

（三）水运浑象的发明与构造

对张衡所制浑象的记载，最早的是王蕃《浑天象说》有关古旧浑象以二分为一度，周天七尺三寸半分，而“张衡更制，以四分为一度，凡周一丈四尺六寸一分”的说法，尽管张制在王蕃看来仍显疏阔，然较古浑象则已臻精密。至于张衡更制浑象的具体形状与记录天象的程度，其记载以前引《晋书·天文志》一段文字最详。举其大要，略有几端：

1. 张衡所制浑象，已具“内外规、南北极、黄赤道，列二十四气、二十八宿中外星官及日月五纬”。如果对照张衡《灵宪》与《浑天仪注》中对天体的观测，可知他的浑象仪内涵已颇为丰富。其所涉及天象情势，试观下列三图，能见大概：

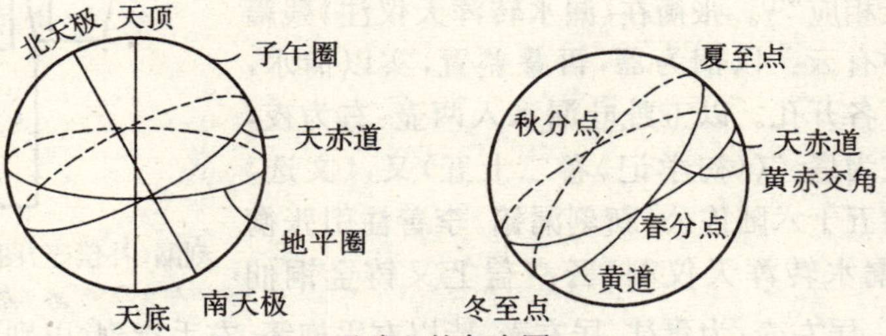

天球上的各个圈

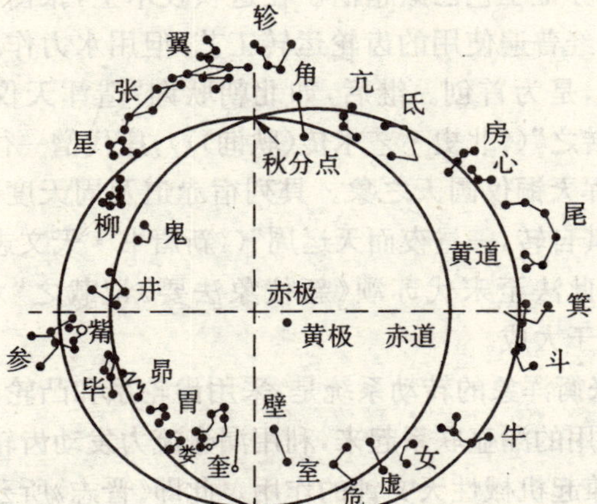

二十八宿图

（此三图转录自张润生等编著《中国古代科技名人传》）

这一系列图式，正与张衡天圆地平的浑天理论思想吻合。

2. 张衡为使浑象能自行运转，他采用漏水技术使水力成为仪器转动的原动力，亦即“以漏水转之于殿上室内，星中出没与天相应”①。张衡在《漏水转浑天仪注》残篇中有云：“以铜为器，再叠差置，实以清水，下各开孔。以玉虬吐漏水入两壶：右为夜，左为昼。”（《初学记》卷二十五）又，《文选》卷五十六陆佐公《新刻漏铭》李善注引张衡《漏水转浑天仪制》云：“盖上又铸金铜仙人，居左壶；为胥徒，居右壶，皆以左手抱箭，右手指刻，以别天时早晚。”亦证工艺已颇精湛。在这项技术上，张衡虽然借助了汉代已经普遍使用的齿轮运转工艺，但用水力作为天文仪器的动力，是为首创。继后，如北朝耿询“造浑天仪，不假人力，以水转之”（《北史·艺术传（耿询）》），唐代僧一行、梁令瓒等“更铸浑天铜仪圆天之象。具列宿赤道及周天度数。注水激轮，令其自转，一昼夜而天运周”（《新唐书·天文志》），皆效法张衡。此法至宋代苏颂《新仪象法要》记载之“水运仪象图”，方臻于大成。

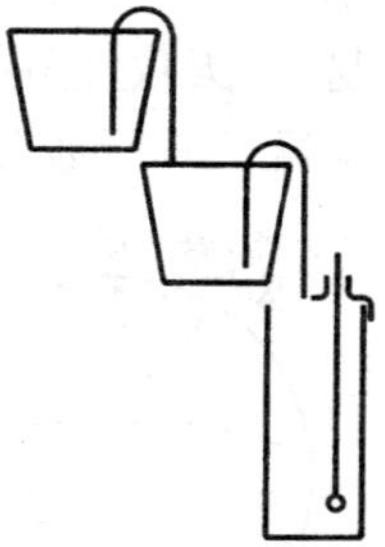

刻漏（补偿壶）图

3. 张衡浑象的转动系统是：采用齿轮系和凸轮机构将浑象与计时用的漏壶联系起来，利用漏壶流力发动齿轮，带动浑象运转，兼起机械性天文钟的作用。此即《晋志》所云“因其关戾，又转瑞轮蓂荚于阶下，随月虚盈，依历开落”。而综观张衡

① 对张衡的漏水方法，李约瑟在《中国科学技术史》第四卷《天学》第一分册、第十二章中指出：这是一种“极其简单却又非常巧妙的办法，即在贮水壶和受水壶之间加入一个或许多个补偿壶”。

浑象的动力结构，可作以下图示：

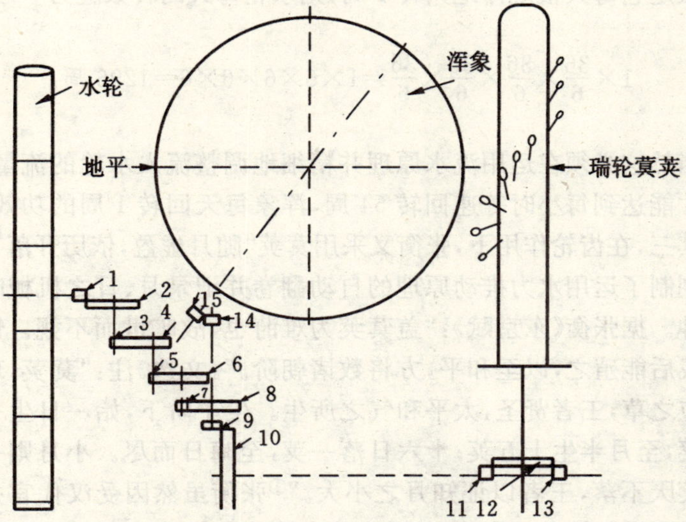

张衡水力天文仪器中齿轮系推想图
（参照刘仙洲《中国机械工程发明史》绘制）

这里包括三层面：其一，利用漏水流量原理，带启齿轮系统运动，在水轮速度与流量的调节上必须达到相当精密的程度。这里包括保持贮水壶出水口流量的匀速运动，以致水轮的原动力间接传达到浑象，使之均匀运动。其二，齿轮系互动与每天仪象运转一周的计算。对此，刘仙洲《中国机械工程发明史》第五章如前图作出的推测是：因浑象每天等速回旋一周，假定采用四对齿轮为一齿轮系，每对齿轮速比均为 6（如图），即使 1，3，5，7 四个小齿轮的齿数皆为 6；2，4，6，8 四个大齿轮都是 36；再在齿轮 8 的轴上和浑象的轴上各装上一个 12 个齿的小斜齿轮 14

和15。这样齿轮8的转数即代表浑象转数。刘著的结论是：假定它每天很规律地只转1周，则水轮每天的转数应为

$$1\times\frac{36}{6}\times\frac{36}{6}\times\frac{36}{6}\times\frac{36}{6}=1\times6\times6\times6\times6=1296\text{ 周。}$$

当然这必须在运用流水原理并精细地调整流入水轮的流量，才能达到每小时等速回转54周，浑象每天回转1周的功效。其三，在齿轮作用下，张衡又采用蓂荚“随月虚盈，依历开落”，创制了运用水力推动原理的自动翻卷并记录月、日之机械时钟。据张衡《东京赋》：“盖蓂荚为难莳也，故旷世而不觌。惟我后能殖之，以至和平，方将数诸朝阶。”《文选》注：“蓂荚，瑞应之草，王者贤圣，太平和气之所生。生于阶下，始一日生一荚，至月半生十五荚；十六日落一荚，至晦日而尽。小月则一荚厌不落，王者以证知月之小大。”①张衡虽然因受汉代官办天文学与神学的影响，其说亦兼有神瑞之意，但他首将自然生落之蓂荚运用于浑象装置，则是科学的创举。结合上述浑象之齿轮运动原理，根据前引刘著的推论，则每当浑象回转一周，齿轮12只回转

$$1\times\frac{12}{60}\times\frac{15}{90}=1\times\frac{1}{5}\times\frac{1}{6}=\frac{1}{30}\text{周。}$$

---

① 据《白虎通·封禅》：“日历得其分度，则蓂荚生于阶间。蓂荚者，树名也。月一日一荚生，十五日毕。至十六日一荚去，故夹阶而生，以明日月也。”清人陈立《疏证》复引《大戴礼》注引《援神契》：“蓂荚，尧时夹阶而生，以记朔也。”又《御览》引《世纪》：“尧时有草夹阶而生，每月朔日生一荚，至月半则生十五荚，至十六日后，日落一荚，至月晦而尽。月小余一荚。”可知在张衡前已多有关蓂荚的记载。

而在制作过程中，又有两点值得注意：一是因蓂荚开落是一种间歇运动，开落各占十五天，且每一个动作都比前一动作落后一天，故须用十五个同样的凸轮作用十五个蓂荚，所以工艺比较复杂。二是如果遇上小月(29天)，势必用手帮助它回转12度，再继续自动地运行，这也是张衡所处时代工艺水平的局限。

通过对张衡浑象仪的三层次的展示，已可见在东汉之世，这样的机械系统运动结构是比较先进的。

三、地震学与地动仪

张衡在科学发明与仪器制造方面的另一大贡献，是创制了我国(也是世界科学史上)第一台测量地震的仪器"地动仪"，这也使他成为历史上研究地震科学的创始人。有关张衡创制地震仪的资料，详见范书本传"阳嘉元年，复造候风地动仪"的一段记录[①]；而在其《文集》中收有《阳嘉二年京师地震对策》一文，亦可见其有关地震观的另一方面。

(一) 东汉地震灾害与地震学的兴起

作为一种自然灾害，地震是地球表层构造的活动，是地壳

① 对"候风"的理解，代有争论，即"候风地动仪"为测地震之仪器，还是"候风"另为一器。对此，拟于下节有关"气象学"中加以阐述，而在本节中用"地动仪"一词意在其为一物，则"候风"仅具修饰之用，测量地震是为本质；其为二物，则"候风"尤宜另当别论。

运动的一种特殊形式；究其本质，是地应力与岩石的矛盾，亦即地震的发生，是地壳中地应力逐渐积累而突破了岩石的强度，致使应力突然释放的结果。在我国先秦时代，对地震灾害即有零星的记录和解释。据地震学史的研究，我国最早记录地震始于公元前1831年，对因地震而伤亡人数的记录始于公元前193年(汉惠帝二年)①，而对其发生原因，在春秋时代也就有了“阴阳说”(《国语》)、“天体运转周期说”(《晏子春秋》)与“海水冲击说”(《庄子》)等②。但是，尽管先民早有如“百川沸腾，山冢崒崩；高岸为谷，深谷为陵”(《诗·小雅·十月之交》)的大地震记录(按，诗中所言指周幽王六年九月六日地震之事)，然在东汉之前，却没有专人记录和研究地震，由史官记录和研究地震，当自张衡始。推究其因，则应落点于东汉地震灾害频仍的历史现实。

从地震学史的角度考察，我国地震灾害确实存在着周期性的运转，而张衡所处的时期，恰是历史上地震频率最高发期。据王嘉荫所列“我国强烈地震频率表”③，自纪元以来有两次大地震高峰：一是纪元100—200年(即汉和帝永元十二年至汉献帝建安五年)，计强震22次；二是纪元1600—1700年(即明神宗万历二十八年至清圣祖康熙三十九年)，计强震20次。其规律为1500年是地震高发的大周期，300年是地震高发的小周期，张衡正在我国纪元以后第一个地震大周

① 详参中国科学院地质研究所编《中国地震地质概论》，科学出版社1974年版；王嘉荫编著《中国地质史料》，科学出版社1963年版。

② 详参唐锡仁编著《中国地震史话》，科学出版社1978年版。

③ 载王著《中国地质史料》第28页。

期间生活了三十九年（衡于公元139年去世），而且在此百年之中，又以张衡所经历的三十九年地震尤为频繁、强烈。根据《后汉书·五行志》（参见和、安、顺本纪）记录，这一阶段较大的地震（包括强震）即有二十余次，兹排列如次：

公元107年	永初元年，郡国十八地震。
公元108年	永初二年，郡国十二地震。
公元111年	永初五年正月丙戌，郡国十地震。
公元113年	永初七年正月壬寅、二月丙午，郡国十八地震。
公元114年	元初元年，郡国十五地震。
公元115年	元初二年十一月庚申，郡国十地震。
公元116年	元初三年二月，郡国十地震；十一月郡国九地震。
公元117年	元初四年，郡国十三地震。
公元118年	元初五年，郡国十四地震。
公元119年	元初六年二月乙巳，京都郡国四十二地震，或地坼裂，涌水，败坏城郭民室。
公元120年	永宁元年，郡国二十三地震。
公元121年	建光元年九月己丑，郡国三十五地震，或地坼裂，坏城郭室屋，压杀人。
公元122年	延光元年七月癸卯，京都郡国

	十三地震;九月戊申,郡国二十七地震。
公元 123 年	延光二年,京都郡国三十二地震。
公元 124 年	延光三年,京都郡国二十三地震。
公元 125 年	延光四年十月丁巳,京都郡国十六地震。
公元 128 年	永建三年正月丙子,京都汉阳地震,汉阳屋坏杀人,地拆涌水。
公元 133 年	阳嘉二年四月己亥,京都地震;六月,洛阳地陷。
公元 137 年	永和二年四月京都地震;十一月,京都又震。
公元 138 年	永和三年二月乙亥,京都金城陇西地震,裂城郭,室屋多坏,压杀人;四月,京都又震。
公元 139 年	永和四年,京都地震。

上举计 21 年的地震史实,其中公元 115 年、116 年、119 年、122 年、124 年、125 年、128 年、133 年、138 年均属强震(见《后汉书·五行志》),可见这一时期地震的强密程度都达到了历史的高峰。而在公元 140 年至 200 年之间,类似上列强震亦仅三次(分别为公元 144 年、161 年、180 年),此说明这一百年强震大周期中的重震期又在前四十年间,也恰是张衡由青年到

老年的时代。由于这一时期地震灾害的频仍、强烈，而且还出现京城多震的现象，所以既使人民的生命财产受到重大损失，也给帝王与朝臣带来了巨大的惊恐，地震问题也就成为人与自然关系中的一大主题。

然而，在谶纬神学极盛的东汉时代，科学的地震研究是举步维艰的。因为当时从帝王到士大夫对地震的态度，其主流是将自然灾害与政治隆替结合起来，并附会以神学解释的。如东汉建武二十二年九月，光武帝刘秀家乡南阳大地震，刘秀立即下诏自责："日者地震，南阳尤甚。夫地者，任物至重，静而不动者也。而今震裂，咎在君上，鬼神不顺无德，灾殃将及吏人，朕甚惧焉。"(《后汉书·光武帝纪》)在此取则天象的神学思维模式规囿下，东汉时代围绕地震展开了多次包裹于神氛中的政治斗争。比如《后汉书·五行志》载："和帝永元四年六月丙辰，郡国十三地震。《春秋汉含孳》曰：'女主盛，臣制命，则地动坼，畔震起，山崩沦。'是时窦太后摄政，兄窦宪专权，将以是受祸也。后五日，诏收宪印绶，兄弟就国，逼迫皆自杀。"这是典型的假借地震灾害铲除政治对手的事件。而在安、顺之世，帝王对地震所持的"朕秉政不明，灾眚屡臻；典籍所忌，震食为重"(《后汉书·顺帝纪》)的担忧，和大臣借灾言政，排除政敌的现象更是屡见不鲜。在此情势下，张衡出于史官的职守，也常借地震来发表"政善则休祥降，政恶则咎征见"(《阳嘉二年京师地震对策》)的善政思想，但从他在太史令任上对地震的关注与研究而创制出地震仪本身，又显然是与当时神学观针锋相对的科学思想。张衡地震仪制成后，有次"机发而地不觉动"，以致"京师学者咸怪其无征"，而当几天后陇西地震(当为永和三年事)驿报传到京师，众人“于是皆服其妙”，“自此以后，乃令史官记地动所从方起”（范书本传）。所以从地震学史来看，这次对地震方位的成功测定，开启了我国用仪器远距离观测和记录地震的历史，可谓是一划时代的贡献；然从思想史的角度看，这又是张衡以科学验证战胜神学虚伪的伟大实践。自张衡创制地震仪以后，史官开始记录与观测地震，而这种具有一定科学意义的地震学的肇兴，又确实与东汉中叶地震频发以及朝野上下对其极度重视有着密切的历史联系。

（二）地动仪的构造与作用

张衡地动仪的制造，范书本传作了较为详细的记录：

> 以精铜铸成，员径八尺，合盖隆起，形似酒尊，饰以篆文山龟鸟兽之形。中有都柱，傍行八道，施关发机。外有八龙，首衔铜丸，下有蟾蜍，张口承之。其牙机巧制，皆隐在尊中，覆盖周密无际。如有地动，尊则振龙机发吐丸，而蟾蜍衔之。振声激扬，伺者因此觉知。虽一龙发机，而七首不动，寻其方面，乃知震之所在。验之以事，合契若神。自书典所记，未之有也。[①]

对这一发明，远在一个世纪前日本和英国学者就曾加研究，并

---

① 司马彪《续汉书·张衡传》周天游辑注引《书钞》、《初学记》、《御览》、《事类赋注》有关文字，与范传大同小异。

绘制其复原图[①]。我国学者对其进行研究当以王振铎先生最早且较为全面[②]。目前一些地震史家和博物学家又在此基础上有进一步研究，并绘制与铸造了地动仪复原模型，其中以中国历史博物馆 1959 年的复制品最具代表性。所以依据范传的记录，参照诸家的研究，对张衡地动仪构造之演绎与推测，主要仍如王氏着重探讨的三个方面：

1. 外部形状。据范传："精铜制成，员径八尺。合盖隆起，形似酒尊，饰以篆文山龟鸟兽之形。……外有八龙，首衔铜丸，下有蟾蜍，张口承之。"这里包括三点：其一，该器由铜制成，径为八尺（合今二尺六寸余），形如酒尊（樽），上加隆起之盖，其含浑天之象。其二，器面铸以"山龟鸟兽"之形，以喻状天地之象，即象征大地之山峦和天上青龙、白虎、朱雀、玄武二十八宿。而八方之篆文，又喻意《易传》伏羲依鸟兽之行迹画八卦之意。其三，外有八龙在上，象征阳气；下有蟾蜍，象征阴气，其铜丸吐、承之运动，恰恰说明了张衡认为地震源于阴阳二气相激相荡之理论，史家视其为"阴阳之宗"（《后汉书·方术列传》），于此亦可窥一斑。可以说，从地动仪外形看，已渗合了张衡的阴阳思想、浑天理论，并兼取神话传说，成此优美的造型。

2. 内部结构。据范传："中有都柱，傍行八道，施关发机。

---

① 如英人 John Milne 教授即有一幅推想"候风地动仪"的外形图，图见《万国科学丛书》（The International Scientific Series），《地震学》（Earthquakes and Other Earth Movements）书中。

② 王氏对张衡地动仪研究的主要成果有两篇论文：一是《汉张衡候风地动仪造法之推测》，载《燕京学报》第二十期；二是《介绍一千八百年前的张衡地震仪》，载《文物》1976 年 10 期。按：王氏后一篇文章观点基本沿承前文主张，仅在内容上略有补充，且增添了一定的儒法斗争色彩。

……其牙机巧制，皆隐在尊中，覆盖周密无际。”所谓“都柱”，当为一上粗下细的立柱，为机械之主干；“八道”即为装置于立柱周围并与之连结的八根曲杠杆。而这些机巧，皆隐于尊中，在外不易看出，只有当运动时，才能体示出尊内“都柱”、“八道”与尊外“口衔铜丸”的“八龙”间的相互关系。

3. 运动情状。据范传：“如有地动，尊则振龙机发吐丸，而蟾蜍衔之。振声激扬，伺者因此觉知。虽一龙发机，而七首不动，寻其方面，乃知震之所在。”由此可见，当地面一有震动，都柱即向震方倾倒，压住震源一方曲杠杆的下端，而连结在此曲杠杆上端的龙首上额自然张开，所衔铜丸坠落于下方对衬的蟾蜍口中，并发出声音，使人知晓，且辨出震源方向①。

根据王振铎的推断，对张衡地震仪主要机械与运动形式可用以下简图展示：

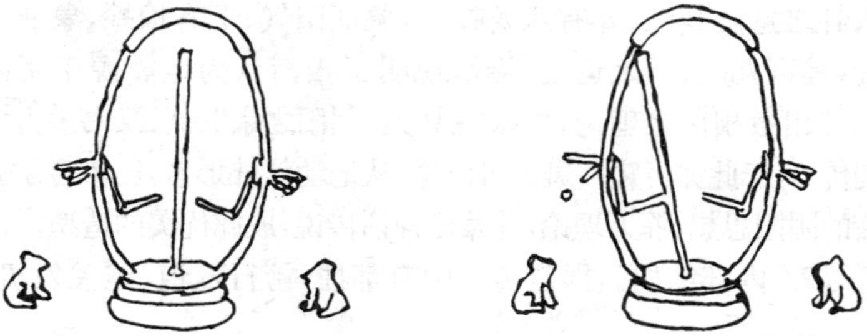

地动仪主要机构运动图

对张衡地震仪的构造，尚有两点最宜重视：一是对物理学之惯

① 据《清实录·康熙实录》：“康熙七年五月，……钦天监监副吴明烜疏言，……又地震方向，各有所占。请造滚球铜盘一座，并设台上。”可知清人始用滚球取代都柱，然其运动原理，仍不出张衡所造。

力的应用，使其通过“立柱”的主导作用带动整个机械的运动，这成为我国古代应用惯力原理的第一个著名而成功的实例。二是机械学的发展。早在先秦时代，有关机械制造即有如《墨子·公输篇》“造云梯之械”的记录，而至汉人始用枢纽之机构代替古之连环，使机械构造趋向复杂，而张衡地震仪以一立柱带动八支曲杠杆，引发龙首吐丸之举，可知当时制造工艺已考虑到机构间复杂之互动关系。特别是“虽一龙发机，而七首不动”，尤当有较复杂之节制摆力的机构①，实已达汉代“机巧”的最高境界。张衡以后，传地动仪制作方法可考者有两家，一是南北朝时的王延明、信都芳撰《器准》，论及地动仪制作；一是隋朝初年的临孝恭撰《地动铜仪经》有专门研究②。

在地动仪的作用方面，张衡虽不能达到预报地震的境地，但他却能够利用仪器测出人们感觉不到的地震（按十二度烈度计算，张衡地动仪能测度约为三度左右），以及地震的方向，以便帮助朝廷尽早布置赈灾，在地震史与文化思想史上均有着不可轻忽的意义。

四、“候风”问题与气象学

由于范书本传对所记述的“候风地动仪”的阐释仅限于

---

① 详见王振铎《汉张衡候风地动仪造法之推测》中有关“第一层推动柱”、“第二层推动柱”的论述，以及文后附录的地动仪“机构横断面”、“机构纵断面”两幅图画。

② 按：两著皆佚，今见《魏书·信都芳传》与《隋书·临孝恭传》的有关记载。

"地动"问题,而"候风"二字未作明示,致为后世研究张衡的科学创造留下一大疑窦。于是直到本世纪科技史研究者对《张衡传》中的"候风"究竟属地震学还是气象学问题,歧见尤甚,而论其争议焦点,又首先在对"候风"的解释。

(一)关于"候风"的争议

"候风"一词,在汉代与望气有关,同属于天文占验系统,从古代气象学属于天文学(近代始归于地球物理学)这一历史状况出发,其属于气象学范畴,应是没有疑问的。而有争议的问题在于,张衡的"候风地动仪"的"候风"作何解释,则有两种对立的看法:一种看法是"候风"二字类同候气,因为汉人认为地震的发生是源于"气"或"风"的作用,故候风地动仪当为一物。此说的理论依据可举《黄帝内经·素问》之《五运行大论》托名"歧伯曰"为例:"(地)大气举之也,燥以干之,暑以蒸之,风以动之,湿以润之,寒以坚之,火以温之。……故燥胜则地干,暑胜则地热,风胜则地动,湿胜则地泥,寒胜则地裂,火胜则地固矣。"席泽宗《"气"的思想对中国早期天文学的影响》正据此"风胜则地动"说论证张衡"候风地动仪"为一物,并认为"近人有不察者,以为它是'候风仪'和'地动仪'两个仪器,这是一个误会"。席氏所云"近人",即指本世纪一些学者将"候风"视为另一仪器的认识。

视"候风"为张衡所造一独立之测风仪器的观点,可以范文澜、竺可桢为代表。范氏于《中国通史简编》第二编、第三章中认为:张衡"作候风仪和地动仪。候风仪制法不见记载,可能是一种预测大风的仪器。《晋书·五行志》记魏时洛阳西城上有候风木飞鸟被雷震坏，或即张衡的候风仪。”竺氏论见《中国过去气象学上的成就》文[①]，依据《三辅黄图》、《观象玩占》等典籍中有关“相风铜乌”的记载，认为候风仪即为测风的气象仪。

继范、竺二氏观点提出后，又有张德钧撰《候风仪》文驳论其非，王其亨《浑源圆觉寺塔及古代候风鸟实物》、史延廷《“候风地动仪”之“候风”究竟为何物》诸文复为论辩，其在史料研究范围和思想见解均有了进一步的拓展[②]。

针对以上两种说法，很显然从字面词义解释，前说似较稳妥，但由于缺乏对科学史状况的广泛考察，所以容易因此解释而忽略张衡在我国早期气象学方面的贡献。相对而言，后说将“相风铜乌”类的测风仪等同“候风仪”，似无实证，但其于汉代气象成就之考察中认识张衡的有关贡献，又拥有一定的史料依据。为了对张衡科技思想有较全面认识，还是有必要对范传所述“候风”作多角度的审视。

（二）对“候风”问题的推测

如前所述，“候风”一词在汉代不为少见。如高诱注《淮南子·齐俗训》谓“綄，候风也，楚人谓之五两”。又《尔雅》亦载：“又船上候风羽，谓之綄，楚谓之五两。”至于“候风仪”，系今人

① 竺氏文载《科学大众》卷九，1951 年 5 月版。

② 张文载《文物》1961 年第 2 期；王文载《文物》1987 年第 11 期；史文载《北方论丛》1992 年第 2 期。按：诸文中史文进谓张衡所造“候风仪”当为较“相风铜乌”更为先进的测风仪器，是对范、竺之说的发展。

推测之词，能否成立，还应回到范书所记的“候风”问题。对此，试作以下推测：

1. 从文献学考察，尚有与范传“候风地动”连称不同的记载。考唐初虞世南辑《北堂书钞》卷五十五引录司马彪《续汉书·张衡传》于“浑天仪”后仅有“造地动仪”四字[①]，宋初编《太平御览》卷二三五则引作“造候风地动仪”。而清人辑录司马彪书，姚之骃辑本从《书钞》，汪文台辑本从《御览》。且彪书在范书之前，其原文之本真是值得思考的。又，魏收《魏书·信都芳传》：“（王延明）又聚浑天、欹器、地动、铜乌、漏刻、候风诸巧事，并图画为《器准》，并令芳算之。会延明南奔，芳乃自撰注。”（李延寿《北史·信都芳传》所载同此）这里显然从器械制造的观点，并列“候风”与“地动”、“铜乌”，是否在南北朝已明确视“候风”为一单独仪器，宜为重视。

2. 从太史令职守看张衡与“候风”之关系。据《后汉书·百官志》“太史令”下辖人员中包括“明堂及灵台丞一人”，刘昭注引《汉官》：“灵台待诏四十二人，其十四人候星，二人候日，三人候风，十二人候气，三人候晷景，七人候钟律。一人舍人。”由此可见：其一，候星、候风等即为占星、占风，皆属天文观测范围，自然也属张衡研究的领域。其二，东汉灵台即为天文台[②]，在台上候风者归属灵台丞管理，且灵台丞又受太史令管辖，张衡两任太史令，其关注候风，亦为份内工作。其三，既然

---

① 此据中国书店 1989 年影印清光绪南海孔氏三十有三万卷堂校注重刊影宋本。

② 东汉灵台筑于京城洛阳附近，据 1974 年考古发现，其遗址在今河南偃师县境内。

候风在灵台上与候星、候日相等，观星观日皆须借助天文仪器，观风须用气象仪器亦在情理之中，久任太史令的张衡负责或参与一些仪器的制造，更是职守所在。

3. 从东汉风灾看“候风”的重要性。据历史记载，汉代风灾，东汉较多，而汉安帝朝尤甚。《后汉书·五行志》列举东汉大风灾十三次，其中十次为张衡亲历：

公元 93 年	和帝永元五年五月戊寅，南阳大风拔树木。
公元 107 年	安帝永初元年，大风拔树。
公元 108 年	安帝永初二年六月，京都及郡国四十大风拔树。
公元 109 年	安帝永初三年五月癸酉，京都大风，拔南郊道梓树九十六枚。
公元 113 年	安帝永初七年八月丙寅，京都大风拔树。
公元 115 年	安帝元初二年二月癸亥，京都大风拔树。
公元 119 年	安帝元初六年夏四月，沛国、勃海大风，拔树三万余枚。
公元 123 年	安帝延光二年三月丙申，河南、颍川大风拔树。 六月壬午，郡国十一大风拔树。
公元 124 年	安帝延光三年，京都及郡国三十六大风拔树。

由于风灾严重,朝廷对此自然天象也极为重视。当然这种重视亦如对地震的态度,首先是向神学与政治的依附。如前引《五行志》,即把安帝永初元年风灾归咎于邓太后执政,并为西羌大乱凉州十余年的征兆。又把延光二年六月的风灾视为安帝亲谗坏政的天象映示。源此,汉代候风与望气一样,都具有"观妖祥,辨吉凶"(《周礼·春官》)的占验性质。比如《史记·天官书》即有风来自"西方,有兵"之说。这种候风之术经翼奉、京房的发展成为"风角",其法主要以六情十二律为占,如《后汉书·郎𫖮传》郎𫖮上书所云:"今月十七日戊申,征日也,日加申,风从寅来,丑时而止。丑、寅、申皆征也,不有火灾,必当有旱。"而张衡又被奉为汉代风角"四大家"之一①,善为候风之占,应在情理之中。但是,我们同样不可忽略,在此占验式的候风之法中,候风者势必依靠一定的测风仪器,而其候风法本身,也无疑包涵着早期气象学的科学内核。

4. 从气象学看测风仪器的制造。对风速、风向的测量和对风力破坏程度的计算,是我国古代气象科学取得的杰出成就之一。而就仪器制造来说,汉代的相风铜鸟类测风器的制作,已标明了这种成就。据《三辅黄图》卷四引郭延生《述征记》:"长安宫南有灵台,高十五仞,上有浑仪,张衡所制,又有相风铜鸟,遇风乃动。"考张衡《西京赋》"凤骞翥于甍标,咸溯风而欲翔",《文选》薛综注:"谓作铁凤皇,令张两翼,举头敷尾,以臿屋上,当栋中央,下有转枢,常向风如将飞者。"可知西汉之世已有相风鸟器。对此,李淳风的《观象玩占》介绍"相风

① 李淳风《乙巳占》卷十云:"京房善用德,张平子善用日辰,伏氏善用刑,翼氏善用温寒。"此即视京房、翼奉、张衡、伏氏为风角四家。

鸟”制法与运行原理尤为详细:“凡候风必于高平远畅之地,立五丈竿,于竿首作盘,上作三足乌,两足连上外立,一足系下内转,风来则转,回首向之。”又据《晋书·五行志》“雷震”条载:“魏明帝景初中,洛阳城东桥、城西洛水浮桥桓楹同日三处俱时(《宋志》无“时”字)震。寻又震西城上候风木飞鸟。”这已明显将“候风”二字与测风木鸟结合在一起。另外,本世纪七十年代初在河北安平县逯家庄出土汉墓中的墓室壁画“东汉建筑群鸟瞰图”,即明确绘制有“伺风鸟”与“测风旗”,其墓址与张衡晚年为相之河间邻近,其时间亦仅距张衡数十年,也是耐人寻味的①。

由上陈述,虽然对张衡造有“候风仪”、“候风仪”即“相风铜鸟”,抑或是相风鸟的改良风信仪器,均无实证,但作为一种基于东汉时代气象学成就以及张衡自身科研范畴的合理推测,应该是可以成立的。尤其是张衡曾为我国古代气象学作出过贡献,更是毋庸置疑。

五、从机械制造看汉晋学风之变

与先秦时代相比,汉代的机械制造有了长足的进步,然稽考汉史,于机械制造贡献最大者,又无过于张衡。张衡在他著名的“浑天仪”、“地动仪”的制作之外,对其它机械制作亦寄注了极大的热情和兴趣。虞世南《北堂书钞》卷五五“张衡留意天文”注引《文士传》:“张衡性精微,有功巧艺。”而衡作《应间》亦

① 详见河北省文物管理处编《河北省三十年来考古工作》,文载《文物考古工作三十年》,文物出版社 1979 年版。

自云:“约已博艺,无坚不钻。”翻检史籍,张衡曾或为制作之机械器物尚有数种:一曰“自动车”:张衡《应间》云:“参轮可以自转。”傅玄《傅子》云:“张衡能令三轮独转。”又,范传《集解》引王应麟说:“即记里鼓车。”二曰“自飞木雕”:《应间》云:“木雕犹能独飞。”《太平御览》卷七百五十二引《文士传》:“张衡尝作木鸟,假以羽翮,腹中旋机,能飞数里。”据《墨经》记载:“公输子削竹木以为鹊,成而飞之,三日不下。”又,《韩非子·外储说左上》:“墨子为木鸢,三年而成,飞一日而败。”张衡在制作中表现出对墨家思想的接受,于此亦可见一斑。三曰“指南车”:沈约《宋书·礼志》有“指南车,其始周公所作”,“后张衡始复创造”之说。而虞世南《北堂书钞》一四〇引崔豹《古今舆服注》认为马钧遗法,非张衡所造。因此王振铎认为“孤证不足凭”[①]。四曰“土圭”:《太平御览》引《义熙起居注》云:“十四年相国表曰:‘平陈,获张衡所制浑天仪、土圭。’”是为张衡曾制土圭以测日一证。虽然这些木制机械有的是否张衡创制,颇有疑问,但从张氏在浑象仪与地动仪对水力、惯力以及齿轮运动的利用,特别是他的“博艺”眼光与“无坚不钻”的精神,使其机械制造范围较广,水平较高,是可以想见的。而从学术思想的发展来看,张衡对“孤技”的偏好,又恰恰反映了汉晋学风衍变过程中一重要环节。

在思想史的发展意义上,我认为汉代的象数哲学形成的类比意识,促进了科学思维;而出于神学、政治考虑对占星、观天、候风等行为的重视,也在客观上促进了科技的发展。但是,探究汉代文化思想的主流或本质,其神学意识、经学规范、政

① 详王氏《指南车记里鼓车之考证及模制》,载《史学集刊》第三期。

治观念又在很大程度上束缚了科技的进步与发展，而汉晋学风之变的明显转机，则首推东汉时代如王充、张衡的求真实、反虚妄的科学理论，尤其是张衡研究科学理论的同时，潜心于科学实验与机械制造。进而言之，张衡专力于机械制造以及其对机械学的态度，对由汉代神学虚妄向魏晋科学征实之思想的衍变，有三方面颇为突出：

一是对科技制作领域的拓展，促成了探求物理的风气。诚如上述，张衡因“善机巧”，好为机械之学，极大地拓宽了科技制作领域。而勘求汉晋文化之异，有一明显标志即为神学、经学失衡情况下科技的进步。魏晋时代在农业生产器具、天文观测仪器、地理制图工艺、化学炼丹以及冶金、瓷器制作各方面均取得巨大成就，其间机械发明，尤多奇思妙构。如三国魏人马钧“巧思绝世”，专心钻研机械设备，《三国志·魏书·杜夔传》裴松之注引傅玄《马钧传》详细介绍了马氏有关指南车、翻车、木制女乐舞象的制作和对连弩、绫机的改进，使其成为一代“天下之名巧”。他如诸葛亮创制木牛流马、晋代刘景宜发明连转磨，南朝祖冲之、祖暅父子对浑仪、刻漏的改造，以及如飞行玩具“竹蜻蜓”类的奇器的大量出现，充分说明了时人重科技创造的风气。也因与这种重视科技创造的风习相关，魏晋时代文化领域掀起与神学虚妄、政治比附不同的探求物理之风，其反映于哲学意识，即为“物无妄然，必有其理”（王弼《易略序》），反映于文学观念，即为“象其物宜，则理贵侧附”（刘勰《文心雕龙·诠赋》）。

二是由科技地位的提高而出现相对的科技独立意识。在东汉，张衡虽自言本圣人之法进行机械制作，却仍受到当世“习其孤技”的责备，并不得不为《应间》以解嘲答难。到魏晋时代，观念颇多变化。汉末建安之世，孔融作《肉刑论》即谓“贤者所制，或逾圣人，水碓之巧，胜于断水掘地”(《太平御览》卷七六二引)[①]。继此“贤者”，不仅好为科技制作，而且几无轻蔑之意。如王戎“性好水利，广收八方园田，水碓周遍天下”(《晋书·王戎传》)；“耿询造浑天仪，不假人力，以水转之”(《北史·耿询传》)；祖冲之“于乐游苑造水碓磨，武帝亲自临视”(《南史·祖冲之传》)等，皆情之所钟，其制造者也不会受到社会的指责和外界的干扰。所以傅玄在《马钧传》后感叹道：“先生之巧，虽古公输、墨翟、王尔，近汉世张平子，不能过也。公输般、墨翟皆见于时，乃有益于世，平子虽为侍中，马先生虽给事省中，俱不典工官巧，无益于世。用人不当其才，闻贤不试以事，良可恨也。”其在为科技制作者鸣不平时，又可看出时人对科技的重视。而这种摆脱神学与政治羁缚的科技独立意识，显然又与张衡的科学实践精神是一脉相承的。

三是因科技的发展而带来了文化思想的进化观。在张衡的思想中，其进化观之形成，很大程度源于他对科学机械的创造，因此他在《应间》中回答时人对其“孤技”的指责，即认为上古之世“浑元初基，灵轨未纪，吉凶分错，人用瞳朦”，故有黄帝时之风后、颛顼时之重黎、周初之公旦、春秋之孔子等圣贤之士，或创器物以资生，或制礼乐以致用，比较明确地揭示了物质进化与文明发展的关系。魏晋中人因受玄学的影响，虽已淡化了如张衡的圣贤观念，但其由科技进步带来的进化论思想，殊无二致。如葛洪《抱朴子·钧世》云：“且夫古者事事醇素，今

① “断水”之“水”，《御览》引作“木”，据《四部丛刊》影宋巾箱本《广韵》去声十八“碓”下引文改。

则莫不雕饰，时移世改，理自然也。……若舟车之代步涉，文墨之改结绳，诸后作而善于前事，其功业相次千万者，不可复缕举也。”这种文化发展观基于当时科技进步（特别是机械制造），以及由此进步带来的生产力与生活水准的提高，是很明显的。

汉晋学风之因革转移，悉由渐进，且范围颇广，然张衡的机械制造与好为“孤技”的思想，于其间的作用，确实不可等闲视之。

第八章　传响诗骚　肇发新声
——张衡的文学成就

一、总　　述

张衡不仅是我国古代杰出的科学家，也是东汉时代最优秀的文学家。范书本传记云："衡少善属文，游于三辅，因入京师，观太学，遂通《五经》，贯六艺。"此明其少好文学。崔瑗在《河间相张平子碑》中评谓"道德漫流，文章云浮"、"瑰辞丽说，奇技伟艺"，亦兼及其文学创作。作为汉赋"四大家"之一，张衡既是创制"大赋之极轨"（如《二京赋》）的雄才，又为首开"抒情小赋之先河"（如《归田赋》）的智者，同时他的哲理赋创作（如《思玄赋》、《髑髅赋》）表现的玄理意识和道德精神，又成为汉、晋"言志"赋艺术承变之显著标志。而在诗歌创作方面，钟嵘《诗品序》云："词赋竞爽，而吟咏靡闻"，系对两汉文学实绩的基本概括，所以读汉诗，除无名氏的汉乐府诗以"感于哀乐，缘事而发"（《汉书·艺文志》）取胜，其他冠名作家的作品如韦孟《讽谏诗》《在邹诗》、韦玄成《自劾诗》《戒子孙诗》、傅毅《迪志诗》、班固《咏史诗》等，皆追求一种道德的完善，因缺乏个性情感而显得"质木无文"。在这样的创作氛围中，张衡笔下出现的《同声歌》、《四愁诗》，则以充满哀怨忧伤的个人情绪显示出的卓异风采，又成为东汉后期文学思潮情感化趋向的一大象征。缘此，我们可以认为张衡既是传承汉代正统文学创作的一大家，也是东汉时代促进诗赋文学革新转变的关键人物。而认识这一点，有必要将张衡的文学成就置放于汉代文学思想之理论范畴与发展流程作一基本考察。

首先，诞育于先秦时代的诗、骚传统对汉代文学思想之建构与衍变的影响至关重要，而处于东汉中叶的张衡，其文学创作对诗骚传统的接受与发展，同样表现其文艺思想的底蕴与成就。

鸟瞰源远流长的中国文学发展思潮，汉代是第一个波澜壮阔的时期。汉人虽或"矩式周人"以寻求精神支柱，或"顾慕楚风"以骋放豪宕情采，但真正使产生于先秦时代以"文"统摄一切人文艺术活动的"主文"思想得到总结和发扬，使笼含于人文艺术活动之"文"在连续与破裂中诞发出以诗赋为主体的文学意识，诚为巨大贡献。而在此以诗赋为主体的创作过程中，汉人对诗骚传统的接受、运用、诠评、理解，不仅意味着诗、骚作为历史文学所经受的第一次当代检测，而且也构成了汉文学思想的主要范畴。就诗学而论，《诗》三百篇堪称汉文学思想之实用、审美的标本。清人程廷祚云："汉儒言诗，不过美刺两端。"(《青溪集》卷二《诗论十三》)这种美刺观在理论上遥契孔子"无邪"诗旨，在方法上直承孟子言诗"以意逆志"，为汉代诗学之本心①。然论其发展，汉代诗学又有两大特征：一是表现时代整体精神，如《毛诗序》倡"变风"、"变雅"，确立"刺"诗的主导地位，又将诗学中灌注以"言天下之事，形四方之风"的时代气息，这说明它的理论一方面继承了先秦《诗》的讽谏传统，一方面又拓宽了诗学的美刺思想，而显示盛汉文化气象。二是阐发人的性情，陆贾"《诗》以仁义存亡"(《新语·道基》)；贾山"以直谏主，不避死亡之诛"(《至言》)；郑玄云"作诗者以诵其美而讥其过"(《六艺论》)，虽或随时随意发挥，但以《诗》为"谏书"②，实为汉代诗学核心，且辐射于楚辞学、汉赋学理论。由此来看张衡诗赋创作中的讽谏观和礼制观，正与此诗学精神一脉相承，尤其是张衡赋学与盛汉赋家(如司马相如、班固)创作相比，于美刺中更重"刺"的作用，也是与他所处的由盛而衰的东汉中叶政治环境相契应符的。

与诗传统并称的楚骚传统对汉代文学思想形成的影响，这既表现于汉人大量的拟骚诗赋创作，又表现于汉人对屈原

---

① 清人陈乔枞《韩诗遗说考序》评韩诗云："上推天人性理，明皆有仁义礼智顺善之心；下究万物情状，多识于鸟兽草木之名。考《风》《雅》之正变，知王道之兴衰，固天命性道之蕴而古今得失之林。"系对汉人诗学"仁心"的阐发。

② 《汉书·儒林传》载王式语："臣以《诗》三百五篇朝夕授王，至于忠臣孝子之篇，未尝不为王反复诵之也；至于危亡失道之君，未尝不为王深陈之也。臣以三百五篇谏，是以亡谏书。"即为一例。

和楚辞的评价。如果说汉代诗学承先秦遗意所表现的“诗言志”文学观偏重于关心国家治乱的致用思想，那么，楚骚艺术对汉代文学观的影响则偏向于“发愤以抒情”（《九章·惜诵》）的自我情绪，汉人所云“屈平之作《离骚》，盖自怨生”（《史记·屈原贾生列传》）、“春秋之后，周道寖坏，……而贤人失志之赋作”（《汉书·艺文志》）为其理论概述。而在汉人拟骚创作与楚辞研究中，又存在这样的复杂现象：一是借屈以抒怀，通过楚骚长于复沓咏叹的形式和内含的悲剧心绪以发泄文人失意之情，然而也正是这类直接拟骚作品偏偏缺少屈骚那种博大的心胸和震撼心灵的力量，相反，屈骚的浪漫精神却更多地在颂扬大汉江山宏丽的大赋创作中得以复现。二是汉人将对屈原的评价和对楚辞的研究纳入诗教系统之中，这就使他们于推崇屈骚之时往往掩盖其悲世怨情，而屈原的社会批判精神又是在汉代政教松弛的文化衰落期得以宣现。缘此，在东汉中叶张衡的时代，楚骚艺术精神的复归也正是沿着两方面发展：一则出现了如王逸《楚辞章句》“依经立义”、“依诗取兴”的评论思想，以重振楚骚的现实致用性，一则出现了如张衡《思玄赋》类的长篇骚体创作，以表现其个性化的现实悲情。他如张衡的《归田》、《定情》诸赋对个性的张扬，也同样表现了对楚骚幽怨情绪的艺术渊承，以及由此生发的超脱世俗、完善人格的内省智慧。

其二，概述诗、骚精神，可以说《诗》三百篇代表了一种北方文化重群体意识之征实精神，以屈原为代表的《楚辞》创作显示出一种南方文化重个体意识的浪漫精神，而前者正与产生于北方的儒家文化相关，后者则通合于产生于南方的道家文化①。从这层意义考虑,张衡文学创作中所表现的诗骚精神,又正与他人生哲学融合儒道审美之玄儒境界形成同构联系。可以认为,儒家审美观是推动汉代文学思想发展的主要方面,它以政治的、伦理的、道德的力量紧扣汉世文人的心弦,又以道德与艺术合一的观念成为汉代文学思想的基调。张衡诗赋中对道德化"仁美"的追求,以礼乐制度规范文学审美的态度,以致用精神阐扬文学美刺的功能,很明显地表现了这一点。与之相比,道家审美思潮对汉代文学的渗透显出时代的疲弱、衰落特征,这一则与道家文化起于乱世的历史渊源有关,一则因道家思想对汉文学的影响是以儒经文化群体意识衰颓为前提的。缘此,在汉代文学思想中道家审美相对集中体现于西汉初年、两汉之际和东汉中后期,即由汉初崇尚自然、真朴的文风发展到两汉之际儒家文为经世、翼教明道的精神与道家崇尚自然、淡泊自守的精神构成双重主旋律的出现,再到东汉中叶以后文人在对文学教化观有负重感的心境中其审美趣味已企向于老、庄遗风的变化,形成一条清晰的线索。尤其是汉末文人处衰乱之世为排解命途坎懔的困惑,或心冀玄远,颐养天年;或抽身远翥,潇洒游适;或缘情求性,旷怀惬心,皆受道家审美之临照浸染。而这一艺术观之转折,比较清楚地表现在张衡文学思想中与诗、骚精神并存的庄、骚审美,亦即如《归田赋》、《髑髅赋》等创作中那种骚人的幽怨与庄学的超脱的一

① 北方《诗》文学与儒家审美思潮的关系,已有共识。南方《骚》文学与道家审美思潮的关系,刘师培《南北文学不同论》颇有卓见:"荆楚之地,僻处南方。故老子之书,其说杳冥而深远。及庄、列之徒承之,其旨远,其义隐,其为文也,纵而后反。……屈平之文,托词喻物,荒唐谲怪,复与庄、列相同。"

体显现。

其三，汉人的学问因建立在对先秦典籍整理、研究的基础上，故其文学思想也就表现出对历史文化的解释特征，汉代《诗》学解释的师法传统、拟骚作品的大量出现，正表露了因循成规的学风和摹拟复古的文风。即如汉代在诗骚基础上形成的汉大赋，自汉初至武帝时创始之后，很快也进入了承袭摹拟的轨道[①]。试观张衡辞赋创作，亦多摹拟迹象。如其《二京赋》结构作法仿效相如、扬雄、班固“羽猎”、“京都”类大赋，《思玄赋》取法崔篆《慰志》、冯衍《显志》、班固《幽通》，《七辩》摹拟枚乘《七发》、傅毅《七激》等，《应间》类同东方朔《答客难》、扬雄《解嘲》、班固《答宾戏》等，以致前人批评“此前世之可得言者”（陆机《遂初赋序》论及《思玄》）、“皆改名换字，蹈袭一律，无复超然新意稍出于法度规矩者”（洪迈《容斋五笔》卷七论及《二京》）、“规仿太切，了无新意”、“屋下架屋，章摹句写”（刘知几《史通·序例》论及《七辩》、《应间》）。客观而论，张衡文学创作形式虽未能超脱汉代摹拟文风的影响，但若如上引诸家之论，亦贬过其实，换言之，张衡文学的摹拟与创新的关系，以及其文学思想于复古中蜕变的精神，均必须落实于他的具体作品加以探讨，方能得其符应于时的价值。概括地看，张衡在浓重的文学复古氛围中，其创新意义至少有三点最为明显：一是在摹拟形式中增添了时代新内容，如《二京赋》、《思玄赋》对外戚、宦官的批判，《应间》对科学技术所持的肯定态度，均非前

① 有关汉代文学的摹拟，胡小石《中国文学史讲稿》第五章《汉代文学》列有《两汉模仿文学一览表》（人文社 1930 年版）、周勋初《王充与两汉文风》（文章收录周著《文史探微》，上海古籍出版社 1987 年版）复加增订，论详可参。

贤所及。二是在与前人同类题材的创作中表现出文风递变迹象，这在他赋作中有关玮词、典故、偶句的大量运用，增多对动态景象的描写，以及善用三字、四字句法等等，均显示出东京文风的变异与趋态。三是文学新体的创造，这比较突出地表现于《归田赋》对田园抒情小赋的开启，《四愁诗》、《同声歌》对文人五言、七言诗成熟的促进等方面。因此，对张衡的文学思想，不仅要看到与汉世文人共有的摹拟复古，还应当重视其于复古中蜕变，在摹拟中创新的审美价值。

其四，汉代文学以"体国经野，义尚光大"（刘勰《文心雕龙·诠赋》）的大赋创作为正宗，而汉大赋结构又正体示了汉代文化哲学的天人合一之象数模式。倘推究其思想，汉代文学围绕大赋为中心的创作始终存在以开放之心涵摄万物成就其"大我"和以自我为中心排拒外物以成就其"小我"的冲突。这种"大我"与"小我"在汉代的同存，又集中体现于宫廷（廊庙）文学与山林（隐逸）文学两类创作思想。汉代宫廷文学是在大文化之宣启与积极事功精神催促下兴起的，其特征是将作家自我嵌入"崇论宏议，创业垂统；驰骛乎兼容并包，而勤思乎参天贰地"（司马相如《难蜀父老》）的文化氛围，发为铺张扬厉、讴歌颂美之章。在这里，作家的进取心态是通过文学（如大赋）所描绘之万象景观达致"大我"境界的。但是，宫廷文学在汉代的兴盛，既是一统文化的产物，又是在"王制"与"霸道"下集权政治的产物，因而众多士子于发扬"自我"而为"大我"时受到专制的挑战与压抑，使"大我"转换为集权政治的附庸，消弭了"自我"。在此难以维系的集权制度与士大夫阶层双向适应的文化调节机制中，文士为保证相对独立的人格，其所创作的隐逸文学正是通过出与处、仕与隐的人生矛盾表现其情感意志的。假如说在汉代盛世专制压力强大的情形下文人心灵的逃避倾向于隐忍中的抗争（如董仲舒、东方朔等），则到专制压力缓松的衰世，隐逸文学中的自我排拒外物成就“小我”的特点就更为明显，张衡继《二京》类大赋创作后转向《归田赋》“于焉逍遥，聊以娱情”、《髑髅赋》“与阴阳同其流，与元气合其朴”的应化自然、归隐山林之志趣，正经历了由抗争到超升的转化。可以认为，张衡文学思想中宫廷意识与山林趣味的并存，是汉代文学“大我”与“小我”同体映示的典型，而他文学观由廊庙到隐逸的审美走向，又标志了东汉中叶文学历史性的变迁。

二、丰富多彩的辞赋创作

张衡赋作在东汉诸家中是保存最多的一家，今存全赋八篇（《温泉》、《西京》、《东京》、《南都》、《思玄》、《归田》、《髑髅》、《冢》），为研究张衡赋学成就的主要依据。此外，在《北堂书钞》、《艺文类聚》、《太平御览》、《玉海》、《经典集林》、《玉函山房辑佚书》等书中存有部分张衡辞赋佚文，计得残篇六赋（《舞》、《羽猎》、《定情》、《扇》、《逍遥》、《鸿》。按：《鸿赋》仅存《序》文于《御览》卷九百十九），其中不乏佳章，如《羽猎赋》曾被奉为张赋“恢富”的典型[①]，可惜这些赋篇残貌损，已失去应有的研究价值。另有《应间》、《七辩》，属赋体之文，于中亦可窥部分赋学思想。而对所存张赋的态度，前人评价亦甚龃龉，或

---

① 《南齐书·陆厥传》引陆厥《与沈约书》：“孟坚精整，《咏史》无惭于东主；平子恢富，《羽猎》不累于凭虚。”

谓“司马相如赋之圣者，扬子云、班孟坚只填得他腔子满，张平子辈竭尽气力，又更不及”[①]，或谓“平子辞赋，巍乎为世大师”。（潘守廉总纂《新修南阳县志》卷十《艺文》）原其偏颇，要在未能兼顾赋学的问题处境和张衡所处的历史处境。

汉赋的问题处境，在于大一统帝国的建构，刘勰《文心雕龙·诠赋》谓“铺采摛文，体物写志”、“丽词雅义，符采相胜”，王芑孙《读赋卮言·导源》“赋家极轨，要当盛汉之隆”，皆以与汉帝国宏图大业相匹配的大赋创作为鹄的。因为以司马相如为代表的汉赋家既改变先秦《诗》民歌性质而提升文学于宫廷，又从楚骚含蓄渟蕴的个人哀怨情结中走出，面视现实，在物质繁荣的基础上展示雄浑壮阔的创作思想，这也是近代学者推许大赋为有汉“一代文学”的原因[②]。基于这层考虑，我们看刘勰《诠赋》论“十家”“辞赋英杰”，其中对汉赋四大家马、扬、班、张，则分别举《上林》、《甘泉》、《两都》、《二京》，并以“繁类以成艳”、“构深玮之风”、“明绚以雅赡”、“迅发以宏富”论其风格，是既重“立赋之大体”，又重诸家应有之地位的。当然，刘氏谈诸家之异，仅言风格，未及创作思想，所以仅从大赋存在形式来看，张衡也只能是沿袭前人，表现出摹拟的特征。

相对而言，如果考虑到张衡的历史处境，汉代文学史所昭示的事实是，随着东汉和帝以后朝政混乱、社会矛盾激化，政治、学术思潮发生较大变化的同时，赋学思想与风格也发生了

---

① 祝尧《古赋辩体》卷三《两汉体上》引林光朝（艾轩）语。按：前引同见《朱子语类》卷一百三十九《论文上》，略有异文。

② 详见清人焦循《易余籥录》卷十五、近人王国维《宋元戏曲史序》中有关“一代有一代文学之胜”的论述。

明显的转变。这种转变在张衡赋创作中既最为明显，也丰富多彩①。如果我们再将张衡因所在历史处境产生的赋学变化与汉赋的问题处境结合考虑，张衡的贡献最突出表现于京都大赋、抒情小赋和哲理赋三方面。

（一）京都大赋之极轨

在张衡赋作中，属于汉代散体大赋体裁的有《二京》、《南都》、《羽猎》三篇，其中《羽猎》篇残，规模难睹，余二篇皆属都城赋，尤以铺采摛文见胜。两相比较，《南都赋》描写东汉光武帝故乡南阳（亦作者故乡）②，历述其山川、地势、物产、风俗，以及历史人物之美，光武拨乱反正之功，其于玮词之创造、章法之求新，或较前人更有所得，但因偏重一隅，影响甚微。因此，张氏大赋之成就，主要还在被奉为京都大赋之极轨的《二京赋》。

都城赋初创于扬雄之《蜀都》，昌盛于东汉，而衍流于魏晋，其代表作有杜笃《论都》、班固《两都》、傅毅《洛都》、《反都》、崔骃《反都》、张衡《二京》、刘桢《鲁都》、徐幹《齐都》、左思

---

① 对此，可详参郭维森、许结《中国辞赋发展史》，江苏教育出版社 1996 年版。

② 《文选》卷四《南都赋》题注引挚虞曰："南阳郡，治宛，在京之南，故曰南都。"又李周翰注："南都在南阳，光武旧里，以置都焉。桓帝时议欲废之，故衡作是赋，盛称此都是光武所起处，又有上代宗庙，以讽之。"按：高步瀛《文选李注义疏》卷四加"案语"引《后汉书 · 张衡传》，以为"衡永和四年卒，在顺帝时，安得于桓帝时作赋？且此说亦未见所出。五臣注之妄如此。孙志祖乃取之以补李注，殊谬。"高说是。

《三都》等。而推究东汉初、中期京都赋之昌盛，因缘于当时有关建都“西都”(长安)、“东都”(洛阳)优劣的争议。如班固《两都赋序》即明云：当时“西土耆老……盛称长安旧制，有陋洛邑之议。故臣作《两都赋》以极众人之眩耀，折以今之法度。”张衡继作《二京》，其本事除范书本传所云“拟班固《两都》”，“因以讽谏”之外，尚见《艺文类聚》卷六十一《居处部》引《西京赋》文：“昔班固睹世祖迁都于洛邑，惧将必逾溢制度，不能遵先圣之正法也。故假西都宾盛称长安旧制，有陋洛邑之议，而为东都主人折礼衷以答之。张平子薄而陋之，故更造焉。”[①]由此观之，张赋在主体思想上同于班赋，即推崇当朝“洛邑”之制，以折“西都”之说。然何以对班赋“薄而陋之”，且为“更造”呢？这也是我们要探讨张衡创制此京都大赋之“极轨”的原因。可以说，作为汉大赋“极轨”的《二京赋》，张氏并非仅在班赋基础上增添一些内容和文字，而是有着它总集汉大赋创作成就，并成为“极轨”的内在因素。试撮要列举于次：

1. 汉大赋最重才学，其创作非俭腹之士可率尔操觚，所以作为著名学者，张衡《二京》能够成为汉大赋的“极轨”，首先在于他运用其学识进行的文化工程的建构。范书本传明确记载：衡“乃拟班固《两都》作《二京赋》……精思傅会，十年乃成”。与此相应，有关相如作《子虚》、《上林》赋“意思萧散，不复与外事相关”，“几百日而后成”(《西京杂记》卷二)，左思为《三都赋》“构思十年，门庭藩溷皆著纸笔，遇得一句，即便疏之”(《晋书·左思传》)的记录亦层出不穷。观张衡《二京》，其体示

① 按：今本《西京赋》无此段文字，故前人疑为《二京赋序》语，非平子所作，或系编张氏文集者为之。

精思与才学又主要在两方面：一是内含多学科交叉的综合性。刘熙载云："赋取穷物之变。如山川草木，虽各具本等意态，而随时异观，则存乎阴阳晦明风雨也。"(《艺概·赋概》)综观《二京赋》所述，内中包括天文、地理、宗教、历史、艺术、风俗等等，无不与作者的知识学养相关，尤其是张衡对汉代礼仪的重视和史事的稔熟，使其"宏富"程度也达到了汉赋之最。二是汉代文化极重"类"的意识，所谓"离辞连类"(枚乘《七发》)、"依类托寓"(司马相如《封禅书》)的表现，也最集中地体现于汉大赋。在张衡《二京赋》中，这种类的意识极为明显，如论"典礼"，则有朝觐、郊祀、藉田、大射，并分述其时序、仪式、规格、乐曲、服饰、车骑以及祭天地、进明德、勤稼穑诸作用；论"驱疫"风俗的"大傩仪式"，于人则方相、巫觋、振子、万童，于物则斧钺、笤帚、桃弓、棘箭、火炬，于事则桃梗作郁垒、神荼门神，守居护室、除疫捉魔等，陈述汉代典事，最为整饬详明，可补《后汉书·礼仪志》的不足。而此"类"的铺陈，势必要经过大量的实证考查与文献整理，精思耗时，自不奇怪。所以清人袁枚以为"古无志书，又无类书，是以《三都》、《两京》欲叙风土物产之美，……必加穷搜博采，精心致思之功"(《历代赋话序》)，陆次云认为"汉当秦火之余，典坟残缺，故博雅之属，辑其山川名物，著而为赋，以代乘志，……使孟坚、平子生于汉后，亦必不为曩日之制"(《北墅绪言》卷四《与友论赋书》)。其说虽或偏畸，但视张衡《二京》为汉代"类书"，是不无道理的。

2. 汉大赋是铺陈的艺术，其所表现的也是一种完整的结构美。成公绥《天地赋序》说："赋者，贵能分理赋物，敷演无方"；刘熙载《艺概·赋概》说："赋起于情事杂沓。诗不能驭，故为赋以铺陈之。斯于千态万状，层见迭出者，吐无不畅，畅无或竭。”体现的正是赋家对自然事物作对象化审美观照和对外部世界作整体性审美观照之结果。张衡《二京赋》表现的也正是这种通过事物的全方位摹写达到表层结构与深层结构相统一的宏大境界。从《二京》分《西京赋》、《东京赋》的形式看，显然是摹拟班固《两都》分《西都》、《东都》之法，但从《二京赋》的整体结构和气势看，又应是对相如、扬雄以来大赋作家创作结构、体势的沿传与发展。以《东京赋》为例，张衡由安处先生讥笑凭虚公子“贵耳而贱目”、“有胸而无心”，批评西京奢华而不节之以礼落笔，继叙史事，从“周姬之末”、“政用多僻”、“秦政利觜长距，终得擅场”到高祖建汉，文帝“躬自菲薄”、武帝“大启土宇”、宣帝“抚和戎狄”，批评公子“蔽善而扬恶”、“以肆奢为贤”，正面提出“天子有道，守在海外；守位以仁，不恃隘害”的观点。而赋的宏大场景，又是以周成王营建洛邑、王莽篡汉、光武建都洛阳、明帝营造宫室诸史实为线索，以藩国朝见天子、郊祀、大射礼、田猎、驱鬼疫、巡守诸行为作依托，逐层展开，与前半的《西京赋》相接，更显得完整博大。而论其宏规中之精神流动处，又诚如何焯《义门读书志》所谓“全祖相如，固是孟坚以上人”。缘此，葛洪《抱朴子·钧世》云：“《毛诗》者，华彩之词也，然不及《上林》、《羽猎》、《二京》、《三都》之汪秽博富也。”

3. 张衡《二京赋》传承大赋铺张扬厉的描写，却并非“虚辞滥说”、“靡丽多夸”，而是长期储学，“类皆有据”的壮丽篇章①，王世贞《艺苑卮言》卷二谓“孟坚《两都》，似不及张平子。

① 《文心雕龙·神思》云：“张衡研京以十年，左思练都以一纪，虽有巨文，亦思之缓也。”黄侃《札记》评曰：“二文之迟，非尽由思力之缓，盖叙述都邑，理资实事，……是则其缓亦半由储学所致也。”按：黄说甚是。

平子虽有衍辞，而多佳境壮语”，是符合实际的。倘考稽《二京》丰富的内涵，当以四方面最为突出：

① 拓展了汉大赋描写社会生活的层面。何沛雄曾撰文评价《两都》、《二京》，言其描述汉代长安、洛阳包括九个方面，即“京都的形势”、“封畿的范围”、“市内的繁荣”、“帝王的宫室”、“后宫的情形”、“其他的建筑”、“畋猎的壮观”、“游娱的盛况”、“节日的礼仪”①，如果我们作一细致对比，可以发现《两都》所述多为《二京》承继，而《二京》诸多社会生活层面的新内容，诸如都市商贾、侠士、辩士的活动，特别是“角抵之戏”的演出和“大傩”逐疫的情形，均非班赋所能比拟。

② 好为议论，增添了讽谏的内容。据范书本传：“时天下承平日久，自王侯以下，莫不逾侈。衡乃拟班固《两都》作《二京赋》，因以讽谏。”张氏《东京赋》亦谓扬、马之赋“卒无补于风规，只以昭其愆尤”。正因惩于诸家大赋“欲讽反谀”的教训，张衡变班赋“颂汉”之音，而以讽谏立论，使《二京》较《两都》增多了议论的篇幅。如《西京赋》开篇凭虚公子“政亡兴衰”的议论，即连续用了“夫人在阳时则舒，在阴时则惨，此牵乎天者；处沃土则逸，处瘠土则劳，此系乎地者也”等一系列比喻，显然要比班赋开篇有关西都宾的言语更有力度。又如《东京赋》自“若乃流遁忘返”以下几段议论，可谓对《二京赋》思想的总括，深化了全赋的主旨。可以认为，张赋宏富的描写与宏深的议论之辅弼相契，也是其超越班赋而为“极轨”的一大因素。

---

① 详何氏在首届国际赋学会上宣读的论文《〈两都赋〉和〈二京赋〉的历史价值》，刊载《文史哲》1990 年第 5 期。

③ 与《两都》相比,《二京》的语言词汇有了较大的发展。这一方面表现于张衡超越班固,效法马、扬,在口语词汇、联绵词、复音词更加着力。如形容山之高大,则云"隆崛崔崒,隐辚郁律";形容殿基之广峻,则云"坻崿鳞眴,栈齴巉崄";形容台殿之高峻深邃,则云"焘昪桔桀,睽罛庨豁",虽多有堆砌聱牙之感,然象形谐声,却是对汉赋正格的归复与发展[①]。另一方面,张赋因词汇丰富,故其描写一场景或一事物,尤为细腻逼真。比如《西京赋》写百戏表演,其中描绘化装歌舞云:"洪涯立而指麾,被毛羽之襳襹。度曲未终,云起雪飞。初若飘飘,后遂霏霏。复陆重阁,转石成雷。礔砺激而增响,磅礚象乎天威",极生动形象,而无虚词滥说的冗沓。

④ 如果说张赋"辞务日新"是文字形体的求变,则其"珠联偶对",又属文字修辞上的讲究;如此增添藻采,强化汉赋描绘性特征,也正是《二京赋》成为大赋极轨一要因。近人陈去病认为:"平子《两京》实仿班氏,然字琢句炼,烹鲜炙腴,涌全神于开局,殚余力于通篇,纯是子云一派格调,其篇首议论处,丰骨苍然,寄浓腴于古峭,尤为独绝。……特微露轻靡,渐开魏晋之风。"[②]所谓"轻靡",即指东汉兴起的渐事藻采、讲求对偶的文风。如《东京赋》有:"迁邑易京,则同规乎殷盘;改奢即俭,则合美于《斯干》;登封降禅,则齐德乎黄轩"类的三联偶句,实与西

---

① 刘勰《文心雕龙·练字》谓西汉"多赋京苑,假借形声,是以前汉小学,皆多玮字",至魏代"陈思称扬、马之作,趣幽旨深,读者非师傅不能析其辞,非博学不能析其辞"。刘师培《论文杂记》亦云:"扬、马之流,咸能洞明字学,故选词遣字,亦能古训是式,非浅学所能窥。"张衡大赋追慕扬、马玮字,亦与其博学有关。

② 陈去病《辞赋学纲要》第十章。按:陈著初版于本世纪二十年代,现有台湾文海出版社 1971 年印行本。

汉"扬马之赋，语皆单行"（李调元《赋话》卷一）已多悬殊。《文选》李善注引杨泉《物理论》有"平子《二京》，文章卓然"语，结合刘勰所说之"宏富"，似可看出张衡《二京赋》系兼擅骈语偶对、辞采艳富之描写与博物骋学、包罗万象之内涵而为一整体艺术的。

（二）抒情小赋之杰思

汉赋固以骋词大赋为主构，尤以京殿长篇为"正宗"，然他体如楚骚、四言、六言、杂言等亦众，举其大要，如相如有《子虚》、《上林》，亦有《长门》、《哀二世》；扬雄有《羽猎》、《长杨》，亦有《反骚》、《太玄》等等，似乎显示出与大赋骋词并行的骚体抒情。缘此两大系列创作，班固即有"贤人失志"之赋（《汉书·艺文志》）与"润色鸿业"之赋（《两都赋序》）的提法，并经陆机《文赋》"缘情"、"体物"，刘勰《诠赋》"体物"、"写志"的划分而逐渐形成汉赋"二体"论。近人章炳麟《国学讲演录·文学略说》评述"士衡缘情、体物二语"云："盖体物者，铺陈其事，不厌周详，故曰浏亮。缘情者，咏歌依违，不可直言，故曰绮靡。然赋亦有缘情之作，如班孟坚之《幽通》、张平子之《思玄》、王仲宣之《登楼》，皆偶一为之，非赋之正体也。"章氏解说颇有发明，然其论有两处未备：第一，汉世骚体抒情之章，连绵未绝，非"偶一为之"，如贾谊《鹏鸟》、严忌《哀时命》、淮南小山《招隐士》、扬雄《反骚》、冯衍《显志》、班固《幽通》、张衡《思玄》等骚体抒情，实一脉相承。第二，汉赋除骚体抒情之外，尚有不以仿骚为形式的抒情小赋，张衡《归田》诸作，最为杰思，未可忽于"缘情"赋作之外。

张衡的抒情赋创作，固然有被前人奉为“二体”的长篇骚体《思玄赋》，但在抒情意义上开风气之先而更具有赋史价值的，无疑当推他的抒情小赋《归田》与《定情》类的创造。张衡的《定情赋》已残缺不全，仅见《艺文类聚》卷十八录九句及《文选·洛神赋》注引二句。在九句中，前四句赞“妖女之淑丽”，“叹曰”后四句写霜降草零之寒凉、美人未至之怅惘，抒发“思美人兮愁屏营”的情感。《洛神赋》注引二句为“思在面而为铅华兮，患离尘而无光”，此与张氏《同声歌》“思为莞蒻席，在下比匡床；愿为罗衾帱，在上卫风霜”的比喻同一思路。这种描写对美人的思念并因阻隔而产生的悲愁，以及由此生发的对爱情的大胆追求，确实开启了汉晋迄六朝一个言情文学的主题。继张作后，有蔡邕《静情》（一作《检逸》）、王粲《闲邪》、陈琳《止欲》、陶潜《闲情》等，论其思旨，陶氏《闲情赋序》记云：“初，张衡作《定情赋》，蔡邕作《静情赋》，检逸辞而宗澹泊，始则荡以思虑，而终归闲正。”尽管“闲正”为作者思想宗旨，然观陶赋中一气排陈的“愿在衣而为领”等“十愿”，确为源于张赋“荡以思虑”的衍发，客观上表达了对爱情的描绘与追求，是不能因“曲终奏雅”所能掩没的。与《定情》相比，《归田赋》为一完整篇章，且为文学史家公认开我国古代田园娱情文学先河，所以更具有了解与评估张衡抒情小赋成就的价值和意义。而探究《归田赋》在赋学史或文学思想史上的价值、地位，应该解决的是以下三个问题：

第一个问题是：《归田赋》究竟与汉代抒情小赋有什么样的承变关系。过去一些文学史著视张衡《归田》为抒情小赋之权舆，随着赋学研究的拓展与深入，抒情小赋的初造已上推至汉初。在西汉，小赋虽以咏物为主，但抒情小赋已大量出现，其中包括被王逸收入《楚辞章句》的作品(如贾谊《惜誓》、淮南小山《招隐士》、严忌《哀时命》)和一批仿骚作品(如贾谊《吊屈原赋》、相如《哀二世赋》、《长门赋》、汉武帝《李夫人赋》、董仲舒《士不遇赋》、司马迁《悲士不遇赋》、班婕妤《自悼赋》、扬雄《反离骚》、《太玄赋》等)。此外,《汉志》归于"屈原类"的赋,近人章炳麟、顾实认为属"言情"之赋①;而"杂赋类"中存目《杂中贤失意赋》十二篇、《杂思慕悲哀死赋》十六篇,或亦抒情之作②。然而,只要对汉代抒情赋作一整理,就会发现在张衡《归田赋》之前,抒情赋(长篇或短篇)均属仿骚之作,其形式、思想、情感皆不出已成为某种定势的"骚怨",这类作品在张衡赋作中可对应的是《思玄》,而非《归田》。而张衡《归田赋》之价值,也就首先表现在渊承汉世抒情赋的骚情,但却变其"自诉"式的形式和单一化的情感,而开以景衬情,因景生情的艺术之路。汉末魏晋时抒情小赋的勃兴(如王粲《登楼》、陆机《思亲》、潘岳《悼亡》、沈炯《幽庭》、谢惠连《雪》、谢庄《月》等),皆以明快的文字渲染景情融会之境,正以《归田》为转扭。

第二个问题是:《归田赋》与魏晋时代体物大赋衰落与抒情小赋兴起的关系。汉末魏晋抒情小赋的兴起,是以伴随汉帝国政治文化兴盛之大赋的解体为前提的。可以看出,与汉大赋汪秽繁富的表现形式相应的表现内涵明显以"京殿"、"都市"、"游猎"、"天象"、"地理"、"山川"诸题材为多,小赋表现内涵则不然,其绝少描写京殿明堂、都市风物、山川胜境、军国大事

---

① 章、顾之说分别见章著《国故论衡·辨诗》、顾著《汉书艺文志讲疏》。

② 对此,可参见王运熙《谈汉代的小赋》。按:王文在 1992 年香港召开的第二届国际赋学会上宣读,后刊于《新亚学术集刊》第十三期。

的作品，而多以一物一景，触泄情思，残山剩水，兴发意趣[①]。而由张衡《归田赋》的引领，魏晋时代赋学主潮表现出三大特征：一曰结构小品化。日本学者稻烟耕一郎列举张衡《归田》、王粲《登楼》、向秀《思旧》诸赋后云："赋的表现基点已从囊括宇宙、鸟瞰世界，转为以表现者自我为出发点感受到的天地。赋的表现形式，也就因而得以更多地抒发个人内心的细腻的感情。"[②]值得注意的是，汉大赋作综览时空的铺陈时，其表现手法却是极为实在精细，是大中见小；小品赋在局限于一事一物的具象描写时，表现手法却因其情感流动而显得空灵超越，乃小中见大，并观张衡《二京》、《归田》，极易领悟。陈去病《辞赋学纲要》引胡蕴玉说："平子《归田》，寥寥二百字，而有无尽之藏，眇沧海于一粟，小泰岱于秋毫。而沧海之洋溢，泰岱之峥嵘，未尝少减。论者谓其辞藻清丽，短而弥工。吾谓其气宇宽洪，小而弥大也。"评价或高，却也不无道理。二曰内涵情感化。观《归田》之赋，虽亦描写"仲春令月，时和气清。原隰郁茂，百草滋荣。王雎鼓翼，仓庚哀鸣；交颈颉颃，关关嘤嘤"的景物，然此仅为烘托，其思想主旨则在"于焉逍遥，聊以娱情"。正是这种弃物取情的创作方式，与汉大赋划出疆界，魏晋赋学以个性情感取代汉大赋的物态描写和政教意识，诚与此肸蠁相承。三曰语言诗歌化。纵观赋史，如果说战国末世辞赋文学的初成意味着作为文体游离于诗歌而走向独立，那么，汉大赋的出现，则以散文化的特质加大了诗、赋的疏隔，章学诚谓汉赋属"纵

---

① 详见许结《论小品赋》，载《文学评论》1994 年第 3 期。

② 稻畑耕一郎《赋的小品化初探》，引见《杭州大学学报》1980 年 2、3 期陈植锷译文。

横之派别，而兼诸子之余风”（《文史通义·诗教下》），当着意于此。同样，至东汉中叶文风潜移，文坛中心又由辞赋向诗歌转移，赋家创作亦缘此主潮影响，出现了靠拢诗歌的审美形态，《归田赋》以简短的篇幅、活泼的语言展现出犹如一首抒情诗、田园诗的境界，亦具开风气的意义。

第三个问题是：《归田赋》表现出的审美趋向与魏晋文学思潮衍变发展的关系。对此，我们将在有关张赋的艺术思想中加以探讨，这里仅梳理其三条线索，以观其概：一是张衡《归田》表达前此赋家罕见的“归田”之思和隐逸之趣，这便是他所说的“谅天道之微昧，追渔父以同嬉。超尘埃以遐逝，与世事乎长辞”的理想。此对魏晋时代田园文学和隐逸文学的长足发展，是不能没有关系的。二是缘自田园之思的山水之乐，在赋中有明显的表现：“尔乃龙吟方泽，虎啸山丘。仰飞纤缴，俯钓长流。……落云间之逸禽，悬渊沉之鲨鰡。”这种在自然描写中注入主观情愫，形成山水之美与哀乐之情的交织，与魏晋之世文人山水畅情自有内在的审美联系。三是在明畅自然之风格的基础上，多用偶句俪词表现景物和情感，尤其是“龙吟方泽”六句对仗自然工整，亦开六朝文士审美观好尚骈俪之风。

综此三个问题，可以得出一个结论，即张衡《归田赋》作为抒情小赋之杰思，在其文学思想中是最具有开创意义的审美实践。

（三）言志赋的新理性

言志赋的划分，由萧统《文选》辟“志”类收录班固《幽通》、张衡《思玄》《归田》、潘岳《闲居》四赋肇端，后世承其分类之法，至清人陈元龙编《历代赋汇》已收录崔篆《慰志》等六卷22篇，又《补遗》增录曹丕《感物》等3篇。然从创作实况看，言志实为一宽泛概念，比如居"天象"、"地理"、"情感"、"旷达"甚至"咏物"类的一些作品，就很难与"言志"区分。仅据汉代言志述理赋作，我以为至少有三类较为明显：一是纯粹仿骚类，如贾谊《吊屈》、严忌《哀时命》、扬雄《反骚》、梁竦《悼骚》以及"九"(刘向《九叹》等)、"七"(东方朔《七谏》等)体创作；其言志之法，皆吊屈以自悲。二是答难论辩类：有东方朔《答客难》，扬雄《解嘲》、《答难》，班固《答宾戏》，张衡《应间》，蔡邕《释诲》，赵壹《解摈》；其言志之法，设驳论以自解。三是咏事明理类，此类内涵最为丰富：或写不遇(如董仲舒《士不遇》)，或兼述行(如刘歆《遂初》)，或论玄理(如扬雄《太玄》、刘驹駼《玄根》、张衡《思玄》、蔡邕《玄表》、潘勖《玄达》)；然其言志之法，又均以赋体之铺陈描写，兼取骚辞之婉曲笔法，述心明理，体达人生哲学境界。

对照张衡的言志赋作，他的《七辩》、《应间》，一摹《七谏》，一仿《解嘲》，属上列一、二类，创意不多。属第三类的《思玄》、《归田》、《髑髅》中，《归田》开田园、抒情小赋先声，其价值已如上述；《髑髅》演衍《庄子》，诠解哲学，缺乏情思，因此对张衡言志赋的理性精神的认识，当以《思玄》为中心。探究其因，尚有三点说明：第一，《思玄赋》是张衡人生处于极为复杂而困惑时期的创作，故为其"宣寄情志"的代表性成果。第二，《思玄赋》是汉代唯一的以大赋规模、骚辞情绪阐发"玄理"的文学作品。第三，范晔《后汉书》选文极为审慎，其于班固传记选其《两都》，不选《幽通》，而于张衡传记则不选《二京》，全录《思玄》，也是值得重视的[1]。而对《思玄赋》的言志价值，陆机曾于《遂初赋序》中从汉晋言志赋史的角度作了粗浅的评述："昔崔篆作诗以明道述志，而冯衍又作《显志赋》、班固作《幽通赋》，皆相依仿焉。张衡《思玄》、蔡邕《玄表》、张叔《哀系》，此前世之可得言者也。崔氏简而有情，《显志》壮而泛滥，《哀系》俗而时靡，《玄表》雅而微素，《思玄》精炼和惠欲丽前人，而优游清典，漏《幽通》矣。"其于《思玄》的言志内涵及于汉晋言志赋的承变意义，均未论及。我认为，张衡以《思玄赋》为代表的言志赋创作，最大的贡献在于"以文传意"，折映了当时政治、哲学思想的新理性。

1. 张衡言志赋具有明显的现实针对性和强烈的政治批判意识，这与前此仿骚言志之赋有很大的不同。范书本传记衡迁侍中作《思玄》本事："帝引在帷幄，讽议左右。尝问衡天下所疾恶者。宦官惧其毁己，皆共目之。衡乃诡对而出。阉竖恐终为其患，遂共谗之。衡常思图身之事，以为吉凶倚伏，幽微难明，乃作《思玄赋》，以宣寄情志。"尽管畏祸"诡对"，尽管文学作品以含蓄言事，然观《思玄》全赋，其忧"宦"之思，反"宦"之志，是一以贯之。在赋中，张衡一则通过大量的宦竖乱政的史实警示帝王，所谓"穆负天以悦牛兮，竖乱叔而幽主；文断祛而忌伯兮，阉谒贼而宁后"；"嬴擿谶而戒胡兮，备诸外而发内"，即通过"寺人勃鞮"、"赵高"的故事，以表达对宦官乱政的愤懑

① 按：范书选文标准，论见其《狱中与诸甥侄书》（引见中华书局版《后汉书》附录。《南史·范晔传》引作《后汉书·自序》），其意有三：1. "情志所托，故当以意为主，以文传意"；2. "言之皆有实证，非为空谈"；3. "赞自是吾文之杰思，殆无一字空设"。按：范书《张衡列传》赞云："三才理通，人灵多蔽。近推形算，远抽深滞。不有玄虑，孰能昭哲"，重其"玄虑"，录其《思玄》，自为深思。

之情。一则又"取则天象",通过"出紫宫之肃肃兮"一段神游星空,表达了对"宦者之星,实在帝座之侧"之阻隔的怨怒(详前述政治观之"反宦"思想)。正是面对如此政治日趋腐化的现实,张衡《归田赋》才感叹"俟河清乎未期"、"谅天道之微昧",油生归隐之志。继后如赵壹《刺世疾邪赋》对世俗的全面揭露,虽根源汉末社会的进一步腐朽,但从文学的传承来说,也应考虑到张衡言志赋的现实批判精神。

2. 张衡言志赋中呈现的科学精神,也是其新理性的表征之一。试观作者《思玄赋》中通过幻想太空星际游历,以拟状超俗的情志云:

> 出紫宫之肃肃兮,集太微之阆阆。命王良掌策驷兮,逾高阁之锵锵。建罔车之幕幕兮,猎青林之芒芒。弯威弧之拨刺兮,射嶓冢之封狼。观壁垒于北落兮,伐河鼓之磅硠。乘天潢之泛泛兮,浮云汉之汤汤。倚招摇摄提以低回剹流兮,察二纪五纬之绸缪遹皇。偃蹇夭矫娩以连卷兮,杂沓丛颉飒以方骧。戫汩飂戾沛以罔象兮,烂漫丽靡藐以迭逿。凌惊雷之砊礚兮,弄狂电之淫裔。逾庬澒于宕冥兮,贯倒景而高厉。廓盪盪其无涯兮,乃今穷乎天外。据开阳而俯盼兮,临旧乡之暗蔼。

这里连用了"紫宫"、"太微"、"王良"、"驷"、"罔车"、"青林"、"威弧"、"封狼"、"壁垒"、"北落"、"河鼓"、"天潢"、"招摇"、"摄提"、"二纪"、"五纬"、"开阳"等星座名,充分显示了张衡神游路线的科学性及征实特点。当然,张衡在赋中有关"玄道"与

“北极”的通合，还寓示了他“北度而宣游”的社会含义，即通过“望寒门之绝垠”的怅惘，表达自己身居朝廷而为宦者所阻的痛苦情境，这是颇具匠心的。张衡《应间》对“孤技”的自信之词，特别是《冢赋》中所云“幽墓既美，鬼神既宁，降之以福，于以之平。如春之卉，如日之升”，对死亡表现出的自然达观，也是一种科学精神的体现。

3. 对玄理的阐发，同是张衡言志赋超越前人的新理性。张氏《思玄》从大体上看是对扬雄《太玄经》之“玄”的文学化诠释，但由于他的玄理有着天文科学的支撑，故又不限于扬雄“知阴知阳，知止知行，知晦知明者，其惟玄乎”的抽象解释和循环推理，而更多地包涵了对天地之学的实测意义。就社会性的情志而言，张衡思“玄”，亦出求实心理由“物理”、“事理”而进于“玄理”。所以在赋文中，作者大量使用自然物态词语（如天象、地理、星座、植物、动物）及其属性（如幽兰秋花、冥翳哀鸣），以拟状人事；尤其对玄本身的理解，他也不限于“章玄妙之思”（冯衍《显志赋》），而是具象于自然的、人事的现实，所以他一方面改变《离骚》飘忽不定的神游方式，于取法《远游》有序的“曼荼罗”似宇宙图式之描写时①，又改变其缺少物质基础的作意，而更多地注入社会性，表现出明确的政治见解和人生意图。另一方面，张衡超脱汉代占主导地位之今文经学浓重的“神道设教”氛围和易、道学者“玄道”理论之虚妙，而能凝合儒（仁）道（玄），建构玄儒人格。后世有对老学玄道虚无之不

① 对《远游》所表现的宇宙图式，英人大卫·霍克斯《中国各体文学研究》（美国加州大学出版社 1974 年版）有论述，详见莫砺锋编译《神女之探寻》第 41 页，上海古籍出版社 1994 年版。

满，认为“以道为大，仁义为小，而不知道即仁义”（桑悦《思玄庸言》），这一观点早在《思玄赋》中已有形象表述。迨至汉末魏晋赋家笔下，那种“至理归于浑一兮，荣辱固亦同贯”；“兀与自然并体兮，融液忽而四散”的玄儒人生已司空见惯，其由物象体达玄理的创作方式以及折射社会现实的精神，实与《思玄》通契。

4. 在言志赋的描写中表现出一种逍遥，是张衡的又一创造。关于这一点，拟于对张赋审美情感的分析时予以阐发。但值得首先提出的是，张赋中反复言及的“与仁义乎逍遥”（《思玄赋》）、“与焉逍遥，聊以娱情”（《归田赋》）、“逍遥乎陵冈”、“况我已化，与道逍遥”（《髑髅赋》），无论包涵着儒家的仁义思想，还是应合于庄子的逍遥境界，其在东汉中叶的出现，实为一重要之新理性，并对魏晋文境之变起着重大影响。

汉末文士祢衡《吊张衡文》云：“清和有理，君达其机：故能下笔绣辞，扬手文飞。”（《太平御览》卷五百九十六）其对张衡文学之理智与文采的把握，借以评述言志赋，也是十分精妙的。

三、波澜壮阔的时代画卷

张衡的辞赋创作不仅内涵丰富，而且注重在对现实事物进行直观描绘和理性归纳的基础上，作进一步的艺术提升。如他的《七辩》虽祖述《七发》，然赋中通过假设的七人对“宫室之丽”、“滋味之丽”、“音乐之丽”、“女色之丽”、“舆服之丽”、“神仙之丽”的描绘以寓教训，得出“汉虽旧邦，其政维新”的结论，则异于前人。又如他的《温泉赋》描写游客之盛：“殊方跋涉，骏奔来臻；士女晔其鳞萃，纷杂沓其如烟。”短短二十字，极凝练地展现了骊山温泉游人如织、色彩缤纷的热闹景象。再如他的《舞赋》(残篇)系仿傅毅同名之作，然从傅赋的“雍容惆怅，不可为象”，到张赋的舞姿描绘：“搦纤腰而互折，嬛倾倚兮低昂；增芙蓉之红花兮，光的皪(张辑作“灼烁”)以发扬；腾嫮目以顾眄，盼烂烂以流光。连翩骆驿，乍续乍绝，裾似飞鸾，袖如回雪。”显然进行了大量的艺术加工。当然，张赋的主要艺术成就并不在这类局部的描写，而更为重要的是通过辞赋创作，展现了一幅幅波澜壮阔的时代画卷。这又比较突出地表现在都市风貌、宫殿描写、百戏表演、田园情趣、玄理沉思五个方面。

(一) 都市风貌

张衡的都市文学，主要为《南都赋》与《二京赋》。[①]《隶释》卷十九载晋人夏侯湛《张平子碑》云：“《二京》、《南都》，所以赞美畿辇者与雅颂争流，英英乎其有味与。”所指“畿辇”，即京都地区。而张衡以恢宏、壮观、华美的艺术形式，铺叙与盛赞汉代京都地区的宏大规模和壮丽建筑等，并取得极为丰厚的成就，实出于他的三重积愫：一是亲历考察，这表现在他早岁居家南阳对乡梓文化风俗的了解、少年游历三辅之地和久居京师诸方面。二是长期积学，这是张衡对经考察所得资料的整理和研究，所谓“精思傅会，十年乃成”正为雄辩的说明。也正因为他

---

① 据《世说新语·巧艺篇》：戴安道有《南都赋图》；《贞观公私画史》：史文敬有《西京赋图》，杨修有《两京图》。引见骆鸿凯《文选学·征故第七》。由此亦可见张赋于都市描写的地位。

对都市的认识来自长期的考察和研究，所以我们合观有关汉代京城的史志著作如两《汉书》、《三辅黄图》、《长安志》、《洛阳县志》等①，不仅可以印证张衡都市赋的文献成就（上引诸书多引张衡《二京》以为证），而且还可用张赋补充历代史志的不足。三是以史鉴今的观念，这使张衡出于历史的考虑而拥有大量的京都史料，又出于现实的考虑而于城市管理学、社会学等方面做出了超越前人的贡献。

在张赋中，对都市风貌的展示首先表现在对两京形势、规模的实录与描绘。对两京地理形势，两《汉书》的《地理志》均未作详尽说明，而其生动真实的写照，则在班固《两都赋》与张衡《二京赋》中。如《西京赋》记长安周遭形势：

左有崤函重险、桃林之塞，缀以二华，巨灵赑屃，高掌远跖，以流河曲，厥迹犹存。右有陇坻之隘，隔阂华戎，岐梁汧雍，陈宝鸣鸡在焉。于前则终南、太一，隆崛崔崒，隐辚郁律，连冈乎嶓冢，抱杜含鄠，欱沣吐镐，爰有蓝田珍玉，是之自出。于后则高陵平原，据渭踞泾，澶漫靡迤，作镇于近。其远则九嵕甘泉，涸阴沍寒，日北至而含冻，此焉清暑。尔乃广衍沃野，厥田上

① 按：《三辅黄图》初载录《隋志》，不记撰者，晁公武《郡斋读书志》署梁、陈间人作，程大昌《雍录》以为掺合唐人增续文字，明清间刊本或题汉人撰，今人张宗祥《校正》本（上海古典文学出版社 1958 年版）认定六朝人撰。该书内容主要记载西京长安及三辅之地宫观、陵庙、明堂、辟雍、郊畤诸事。《长安志》系宋人宋敏求以唐人《西京记》（已佚）为底本增辑而成，较《三辅黄图》内容丰富，其中增辑尤以唐代事物为多，今有清《经训堂丛书》本。今本《洛阳县志》是清乾隆年间纂修，内容系记载东都洛阳事类沿革，其中多东汉旧事，今有《中国方志丛书》本。

上，实为地之奥区神皋。

又《东京赋》写"皇城"所处形势：

> 溯洛背河，左伊右瀍，西阻九河，东门于旋。盟津达其后，太谷通其前，回行道乎伊阙，邪径捷乎轘辕。太室作镇，揭以熊耳；砥柱缀流，镡以大伾。

其帝城所居山川形胜，昭然若揭。以此对照史书《地理志》，可补其阙；对后世《三辅黄图》诸书，亦可参实。据此形势，张赋继写"皇城"规模，论西京，则谓"观其城郭之制，则旁开三门，参涂夷庭，方轨十二，街衢相经"；论东京，则谓"经途九轨，城隅九雉"。前者对应班固《西都赋》"立十二之通门"说与近代对长安故城遗址的发掘，均得到确切的印证。后者在北魏杨衒之《洛阳伽蓝记》有关洛阳城门与街衢的记述也得到准确的回应①。

我国古代都城制度历史悠久，然其间一大转变，则在东汉洛阳建城一改前此坐西朝东为坐北朝南，这除了洛阳所处地理形势之外，主要有两大原因：一是推行尊崇皇权的礼制，以南向为尊，因为古代皇帝祭天之礼在国都南郊举行，所谓"兆于南郊，就阳地也"（《礼记·郊特牲》）②。二是为了适应举行

---

① 按：历代注释《洛阳伽蓝记》即多引张衡《东京赋》以证。参见周祖谟《洛阳伽蓝记校释》，中华书局 1963 年版。

② 据杨宽《中国古代都城制度史研究》考论："西汉以前都城布局坐西朝东，是继承过去维护宗法制度的礼制，以东向为尊"，是信而有征的。

盛大的元旦朝贺皇帝仪式(即"元会仪")的需要,其目的仍在推崇皇权,巩固王朝的统一。考东汉推尊皇权,要在两汉之际皇祚中断,所以尊皇权、重礼制为压抑外戚、宦官以及地方势力所必需。而从张衡所处时期以及他个人心志来看,尊道重礼,维护皇权,反对戚宦干政、乱政,既为和、安时期的政治形势,亦为他一生奉行的思想,因此他对东京改制,持赞美态度,尤其是对"元会仪"记载最详:

> 孟春元日,群后旁戾;百僚师师,于斯胥洎;藩国奉聘,要荒来质;具惟帝臣,献琛执贽。当觐乎殿下者,盖数万以二。尔乃九宾重,胪人列,崇牙张,镛鼓设。郎将司阶,虎戟交铩;龙辂充庭,云旗拂霓。夏正三朝,庭燎晢晢。撞洪钟,伐灵鼓,旁震八鄙,軯礚隐訇,若疾霆转雷而激迅风也。是时称警跸已,下雕辇于东厢。冠通天,佩玉玺,纡皇组,要干将,负斧扆,次席纷纯,左右玉几,而南面以听矣。然后百辟乃入,司仪辨等;尊卑以班,璧羔皮帛之贽既奠,天子乃以三揖之礼礼之,穆穆焉,皇皇焉,济济焉,将将焉,信天下之壮观也。(《东京赋》)

据文献记载,东汉元会仪参加官员上至公侯,下至四百石,还包括少数民族使者、各郡国的上计吏、宗室亲属在内,达万人以上。为了适应这一隆重典礼,都城必须坐北朝南,并在北宫建适合举行元会仪的德阳殿,于北宫南门建铜驼街为集合广场,南宫南门外开辟平城门作为南北进城大通道。张衡身历其盛,且此典礼与其礼制思想吻合,故视为"天下之壮观",详加描绘，为后世留下了珍贵而翔实的资料。

张衡在赋中除对尊皇权的如朝觐、郊祀、藉田、大射等隆重典礼进行颂赞与描绘，于京都民间习俗的上巳节祓禊礼仪、岁终大傩逐疫礼仪以及有关歌舞娱乐活动，亦多有描写，以展现帝都的风采。如叙述“大傩”情形，极为生动活泼：

> 尔乃卒岁大傩，驱除群厉。方相秉钺，巫觋操茢。侲子万童，丹首玄制。桃弧棘矢，所发无臬。飞砾雨散，刚瘅必毙。煌火驰而星流，逐赤疫于四裔。然后凌天池，绝飞梁；捎魑魅，斮獝狂；斩蜲蛇，脑方良。囚耕父于清泠，溺女魃于神潢；残夔魖于罔像，殪野仲而歼游光。八灵为之震慴，况魃蜮与毕方。度朔作梗，守以郁垒，神荼副焉，对操索苇。目察区陬，司执遗鬼。京室密清，罔有不韪。（《东京赋》）

此述“逐疫”过程，颇为细密精彩。他如《南都赋》对“上巳节”华服男女水边游春娱乐情景，亦明丽可爱。张衡重视民俗，要在契合礼仪，《周礼·天官·大宰》：“以八则治都鄙……六曰礼俗，以驭其民。”作者深于《周礼》之学，正有鉴于此。

都市风貌之盛，还在各类人物竞逞异采，其中有“击钟鼎食，连骑相过”的公侯贵族，有“都邑游侠”、“辩论之士”，有汇集于“廓开九市，通阛带阓；旗亭五重，俯察百隧”、“瑰货方至，鸟集鳞萃；鬻者兼赢，求者不匮”的富商大贾和“鬻良杂苦，蚩眩边鄙”的“裨贩夫妇”，均在张衡笔下栩栩如生，再现了一幅幅风俗画。相对而言，张赋对都市描写最为突出的，还在宫殿建筑和百戏表演两方面。

（二）宫殿描写

京都大赋的描写是以宫殿为中心的。张衡京都赋对宫室的长篇描述，虽然寄托了作者的礼制思想和讽喻精神，然其穷形尽相地对汉代雄壮华丽的宫殿的再现，表现的也正是一种具有时代风采的巨丽之美，其中包括了汉世高远雄峻的建筑艺术。

在西汉都城长安，相继建造的长乐宫、未央宫、建章宫，构成了都市建筑群的主构。其中的未央宫，筑于龙首山之上，地崇势高，由南往北，又次第筑三大台面，仅一“前殿”，据《三辅黄图》，即“东西五十丈（合今117.5米），深十五丈（合今35.25米），高三十五丈（合今82.25米）”。对此壮大华美的建筑，张衡于《西京赋》由外形之势到内殿之景，作了全方位的描写。如言“未央”之外势：

> 乃览秦制，跨周法，狭百堵之侧陋，增九筵之迫胁。正紫宫于未央，表峣阙于阊阖。疏龙首以抗殿，状巍峨以岌嶪。亘雄虹之长梁，结棼橑以相接。蔕倒茄于藻井，披红葩之狎猎。饰华榱与璧珰，流景曜之韡晔。雕楹玉磶，绣栭云楣。三阶重轩，镂槛文梍。右平左墄，青琐丹墀。刊层平堂，设切厓隒。坻崿鳞眴，栈齴巉崄。襄岸夷涂，修路陵险。重门袭固，奸宄是防。仰福帝居，阳曜阴藏。洪钟万钧，猛虡趪趪。负笋业而余怒，乃奋翅而腾骧。

言“未央”之内殿：

> 朝堂承东，温调延北，西有玉台，联以昆德。嵯峨崨嶫，罔识所则。若夫长年、神仙，宣室、玉堂，麒麟、朱鸟，龙兴、含章，譬众星之环极，叛赫戏以辉煌。正殿路寝，用朝群辟，大夏耽耽，九户开辟。嘉木树庭，芳草如积。高门有闶，列坐金狄。

至于“兰台”、“金马”、“天禄”、“石渠”，或武或文，雄张之势，彬彬之盛，前所未有。而后宫“昭阳”、“飞翔”、“增成”、“合欢”、“兰林”、“披香”、“凤皇”、“鸳鸾”诸殿，是“采饰纤缛，裛以藻绣，文以朱绿，翡翠火齐，络以美玉。流悬黎之夜光，缀随珠以为烛”；其间“群窈窕之华丽”，更是光彩照人，达到“瑰异日新，殚所未见”的程度。

西京如此，东京宫殿亦甚闳丽。《东京赋》描述“崇德”、“德阳”诸殿：

> 其内则含德、章台，天禄、宣明，温饬、迎春，寿安、永宁。飞阁神行，莫我能形。濯龙、芳林，九谷、八溪。芙蓉覆水，秋兰被涯。渚戏跃鱼，渊游龟蠵。……于南则前殿灵台，和欢、安福。謻门曲榭，邪阻城洫。奇树珍果，钩盾所职。西登少华，亭候修饬。……于东则洪池清籞，渌水澹澹。内阜川禽，外丰葭菼。献鳖蜃与龟鱼，供蜗蠯与菱芡。其西则有平乐都场示远之观，龙雀蟠蜿，天马半汉。瑰异谲诡，灿烂炳焕。

围绕以宫殿为主构的建筑，张衡赋还对亭台池苑进行了细致的刻画形容，从而构成都市风貌的完整艺术形态。这不仅反映了张衡治赋对考察实物和占有资料的重视①，而且说明其对宫殿建筑艺术进行文学化处理的表现能力。

在我国建筑史上，从远古到东汉，其主流是以帝王为核心的宫室、苑囿、庙社、陵墓等一整套宫廷建筑体系的发展和完成。从东晋始，表现士大夫情趣的私家园林风行，南北朝寺庙建筑大兴，自此，我国古建筑体系即在宫殿、陵墓、寺庙、园林这一框架内运作。作为建筑之首的宫殿，素有高、大、深、庄四大特色，故既以规模宏大给人庄重静雅的肃穆之感，又表现出节奏起伏的飞动之美，读张赋中的宫殿描写，实有得于此双重观照。宗白华在《艺境》中认为：世界上最抽象的艺术形式（如建筑）"乃最能象征人类不可言不可状之心灵姿式与生命律动"。如果我们暂时撇开张衡都市赋中内含的讽谏精神，仅观其有关两汉宫殿的精彩描绘，同样可以透过此抽象艺术领悟汉人的心灵姿式和生命律动。

（三）百戏表演

张衡京都赋中保存汉代艺术史料及其真实再现都市风情最精彩的部分，还在对"百戏"表演的详明记述。考汉世百戏，始称"角抵"，源自民间摔跤类游戏，后汲取外邦戏法，始蔚然大观。据《汉书·刑法志》："战国稍增讲武之礼，以为戏乐，用

① 按：张衡游三辅后，即"入帝京，观太学"，故对汉宫布局情形十分熟谙，乃至后任公车司马令，为宫门传达之官，可窥一斑。

相夸示。而秦更名角抵。”可知角抵之戏在先秦已有。又，据《史记·大宛列传》载，汉武帝时：“(安息)以黎轩(按：罗马帝国)善眩人献于汉；……是时上方巡狩海上，乃悉从外国客，……大角抵，出奇戏诸怪物”，“及加其眩者之工，而角抵奇戏岁增变，甚盛益兴，自此始。”《汉书·张骞传》：“大宛诸国发使随汉使来，观汉广大，以大鸟卵及犛靬(黎轩)眩人献于汉。”①《汉书·武帝本纪》：“(元封)三年春，作角抵戏，三百里内皆观。”由此可见，角抵戏至汉武帝时因表示国力强大，经接受外域幻术等法改造，而成规模宏大之戏剧。缘此，王国维《宋元戏曲史》引应劭“角者，角技也；抵者，相抵触也”、文颖“名此乐为角抵者，两两相当，角力角技艺射御，故名角抵，盖杂技乐也”诸说，以为角抵“所包颇广，后世所谓百戏者是也”。角抵戏规模宏大，演出一场耗资甚巨，有乖恤民之旨，故西汉元帝初元五年、东汉安帝延平元年曾罢“鱼龙曼延百戏”(详《汉书·元帝本纪》、《后汉书·安帝本纪》)，然皆不久因庆典或外事又恢复，所以张衡在东汉之世，犹能详悉其内涵。

值得注意的是，汉代演百戏于平乐观，史料有载，然皆粗率不详，唯张衡《西京赋》与李尤《平乐观赋》的描写，则于研究汉代百戏最有裨益。而从文学作品来看，张赋的刻画也是十分精美。《西京赋》于游乐、歌舞之间，插入“角抵之戏”：

大驾幸乎平乐，张甲乙而袭翠被。攒珍宝之玩好，纷瑰丽以侈靡。临迥望之广场，程角抵之妙

① 《汉书》颜师古注：“眩，读与幻同。即今吞刀吐火，植瓜种树，屠人截马之术皆是也。”

戏。

至于百戏的具体描绘，张赋则是根据演出程序，使一幕幕表演逐次展开，给观众以精彩纷呈、身临其境之感。试据张赋程序，列百戏表演场次如下①：

1. 举重表演："乌获扛鼎"。《史记·秦本纪》：战国时秦"武王有力好戏，力士任鄙、乌获、孟说，皆至大官"。《孟子·告子下》疏引《帝王世纪》："秦王于洛阳使举周鼎，乌获两目血出。"

2. 爬竿表演："都卢寻橦"。《汉书·地理志》：合浦南"有夫甘、都卢国"；师古曰："都卢国人，劲健善缘高。"

3. 钻刀圈表演："冲狭"。《文选》引薛综注："卷簟席，以矛插其中，伎儿以身投，从中过。"

4. 翻筋斗表演："燕濯"。薛综注："以盘水置前，坐其后，踊身张手跳前，以足偶节，逾水，复却坐，如燕之浴也。"

5. 硬气功表演："胸突铦锋"。《文选》张铣注："胸突刀上。"

6. 手技表演："跳丸剑之挥霍"。张铣注："跳，弄也；丸，铃也。挥霍，铃剑上下貌。"

7. 双人走绳表演："走索上而相逢"。薛综注："索上长绳系两头于梁，举其中央，两人各从一头上，交相度。"按：此即今之走钢丝。

---

① 以下鉴赏分析，参见叶大兵《中国百戏史话》（浙江人民出版社 1985 年版）、刘斯翰《汉赋：唯美文学之潮》（广州文化出版社 1989 年版）有关汉代百戏和《西京赋》的论述。

8. 化装歌舞幻术表演:“总会仙倡,戏豹舞罴。白虎鼓瑟,苍龙吹篪。女娥坐而长歌,声清畅而蝼蛇。洪涯立而指麾,被毛羽之襳褷。度曲未终,云起雪飞。初若飘飘,后遂霏霏。复陆重阁,转石成雷。礔礰激而增响,磅礚象乎天威。”根据赋文描写,此场景颇为宏大:先以华山为背景,显其高峻,群峰列峙,有神树、仙草、佳果点缀其间;继由演员登台,有动物“戏豹”、“舞罴”,有神兽“白虎”、“苍龙”,有仙人“娥皇”、“女英”、“洪涯”;终以烟雾、霏雪、飞石、滚雷诸幻象收幕,极浑茫迷离之状。

9. 大型多幕歌舞、杂技、幻术综合表演:“鱼龙曼延”。赋云:“巨兽百寻,是为曼延。神山崔巍,欻从背见。熊虎升而拏攫,猨狖超而高援。怪兽陆梁,大雀踆踆。白象行孕,垂鼻辚囷。海鳞变而成龙,状蜿蜿以蝹蝹。舍利飏飏,化为仙车。骊驾四鹿,芝盖九葩。蟾蜍与龟,水人弄蛇。”①据张赋所述,曼延之戏有三大特点:一是为综合性的多幕表演,并有幻术配合;二是演员众多,其巨兽皆为演艺人化装扮成;三是布景、道具、特技表演均达到较高水平(参见叶大兵《中国百戏史话》)。

10. 魔术、幻术表演:“奇幻倏忽,易貌分形。吞刀吐火,云雾杳冥。画地成川,流渭通泾。”《文选》吕延济注:“谓幻

① 《后汉书·礼仪志》注引蔡质《汉仪》:“正月旦,天子幸德阳殿……舍利从西方来,戏于庭极,乃毕入殿前激水,化为比目鱼。跳跃嗽水,作雾障日。毕,化成黄龙,长八丈,出水游戏于庭,炫耀日光。以两大丝绳系两柱中,头间相去数丈,两倡女对舞行于绳上,对面道逢,切肩不倾。又蹋局出身藏形于斗中,钟磬并作。乐毕,作鱼龙曼延。”按:此记录了东汉曼延之戏一些情节,可与张衡赋对参。

人能分一身作数人，或吞刀，或吐火，或起云雾，或画地成川河。”其迅速分身、吞刀、吐火诸术，为魔术家绝技，而“画地成川”，势必借助物理、化学现象方成，尤见当时技艺之高超。

11. 驯兽表演：“东海黄公，赤刀粤祝。”薛综注：“东海有能赤刀禹步、以越人祝法厌虎者，号黄公，又于观前为之。”又，《西京杂记》卷三：“有东海人黄公，少时为术，能制龙御虎，佩赤金刀，以绛缯束发，立兴云雾，坐成山河。及衰老，气力羸惫，饮酒过度，不能复行其术。秦末，有白虎见于东海，黄公乃以赤刀往厌之。术既不行，遂为虎所杀。三辅人俗用以为戏，汉帝亦取以为角抵之戏焉。”可见此驯兽表演，实兼取幻术，且为谐谑，具有一定的故事性。张衡在赋中虽根据传说“冀厌白虎，卒不能救”，而批评其“挟邪作蛊，于是不售”，以示科学态度，但其描写本身，却为后世保存了这一戏剧节目。

12. 马戏表演：“尔乃建戏车，树修旃，侲僮程材，上下翩翻。突倒投而跟结，譬陨绝而复联。百马同辔，骋足并驰。……弯弓射乎西羌，又顾发乎鲜卑。”其写童男童女马上表演，或上下翻滚，或竿头作技，或并驰骑射，真是伎态不可究极。

从以上诸幕表演，可见张赋对角抵杂技、曼延幻术的生动记载非常完整；其中女娥长歌、洪涯指麾、黄公厌祝白虎诸故事，有人物、情节、扮演，是汉代重要的戏曲史资料。作为记叙文字，张赋有描写，有形容，词采缤纷，韵调铿锵，令读者如睹昔日盛大场面，不禁惊叹。对汉代角抵戏描写比较生动的还有《汉武故事》和李尤《平乐观赋》。《汉武故事》以记史为主，兼及戏法“云雨雷电，无异于真，画地成川，聚石成山，倏忽变化，无所不为”；李赋则专门描绘其戏法，其中写戏车高橦、鱼龙曼延、陵高履索、飞丸跳剑，亦精彩生动，唯仅存残篇（《艺文类聚》六十三），故远不及张赋所记完整而细密[1]。

汉代百戏表演，至汉末乱世逐渐衰损，虽到魏明帝时复修汉平乐故事，“引谷水过九龙殿前，水转百戏；岁首，建巨兽，鱼龙曼延，弄马倒骑，备如汉西京之制”（《三国志·魏志·明帝纪》裴注引《魏略》），然已难复其旧。至晋朝优戏无考，百戏角抵更无复其盛。缘此，张赋对汉代京都作全方位再现过程中有关百戏的描写，于戏剧史、艺术史乃至文化史，均具有极为重要的史料价值和思想价值。

（四）田园情趣

与汉赋诸家不同，张衡在创作中既展示汉帝国壮丽之美，又于晚岁独创《归田》小赋，不仅充实了他赋艺的新内涵，同时亦开辟了赋写田园情趣、山水之美的新蹊径。

综观张衡赋作中的山水描写，非独《归田》。如其早岁游历三辅作《温泉赋》，即有“阳春之月，百草萋萋；余在远行，顾望有怀”、“殊方跋涉，骏奔来臻。士女晔其鳞萃兮，纷杂沓其如烟”的观感。在《南都赋》描写暮春祓禊，亦有“方轨齐轸，祓于

---

① 将张赋与我国出土的汉画像石、画像砖及陶俑等实物上“百戏”图比较，亦可见其真实性。如山东沂南北寨村画像石中《百戏角抵图》，即由四部分组成：一是“跳丸”、“跳剑”、“戴竿”和“七盘舞”表演情况；二是乐队演奏情况；三是“走索”与大型拟兽舞“鱼龙曼延”情况；四是“马戏”和“戏车高橦”表演情况。其画面虽有蚀损，且不及《西京》描写详尽，然主要情节，是基本对应的。

阳濒。朱帷连纲，曜野映云。男女姣服，骆驿缤纷。致饰程蛊，偠绍便娟。微眺流睇，蛾眉连卷”的形容。但是，这类山水描写，类同于大多数汉赋家作品中的山水，只起着排比壮势的作用，而真正以山水之美、田园之趣为专一而直接的描写对象，则始于张衡的《归田赋》。

《归田赋》篇幅虽短，却围绕田园情趣分四层次展开：

第一层次是，作者感于当世政治的晦昧而生出“归田”之想。赋云：“游都邑之永久，无明略以佐时；徒临川以羡鱼，俟河清乎未期。感蔡子之慷慨，从唐生以决疑。谅天道之微昧，追渔父以同嬉。超尘埃以遐逝，与世事乎长辞。”

第二层次是，描写田园春景，油然而生摆落世俗尘网的怡悦之情。赋云：“仲春令月，时和气清。原隰郁茂，百草滋荣。王雎鼓翼，仓庚哀鸣；交颈颉颃，关关嘤嘤。于焉逍遥，聊以娱情。”

第三层次是，描写弋钓之乐，寄情山水。赋云：“龙吟方泽，虎啸山丘。仰飞纤缴，俯钓长流：触矢而毙，贪饵吞钩；落云间之逸禽，悬渊沉之鲨鰡。”

第四层次是，于极游至乐之后，作者收其放逸之心，归驾蓬庐，以展示人生的玄儒境界。赋云：“于时曜灵俄景，系以望舒。极般游之至乐，虽日夕而忘劬。感老氏之遗戒，将回驾乎蓬庐。弹五弦之妙指，咏周孔之图书。挥翰墨以奋藻，陈三皇之轨模。苟纵心于物外，安知荣辱之所如？”

从以上四层次的描写看，张衡的归田意念是源自政治的浑噩，是一种在社会尘网的束缚中寻求的自我解脱。虽然，张衡一生始终未真正归田，但他于理想中构建的这一幅宏展个性、归心田园的充满人生情趣的画图①，则凝定了一种永恒的艺术审美价值。将此田园情趣放置于张衡生平思想中予以考察，我们又会发现他在晚年人生观、艺术观发生了两重转变：

一是从入仕朝隐到隐逸归田的转变。朝隐思想产生于西汉盛世，士人一则受帝国恢宏雄壮之现实的激励，一则受帝国专制压抑之现实的痛苦而表现出的双重人格的调和，东方朔"如朔等，所谓避世于朝廷间者也"（褚少孙补《史记·滑稽列传》）即为典型②。就张衡一生思想的主流，是主张"朝隐"的，所谓"庶前训之可钻，聊朝隐乎柱史"（《应间》），表现其入世态度。但到他晚年作《思玄赋》表惆怅心绪，迨至创作《归田赋》追求田园情趣时，他的人生观也发生了变化，即从主观方面试图由朝隐之现实向野隐之理想的转移。尽管早在如冯衍《显志赋》中表达的慕庄周垂钓、学於陵子灌园之思想，已显露了汉人朝隐观通过隐逸之趣向田园文学转变的契机，然在张衡《归田赋》的理想化创造中，我们又看到这种艺术思想转变由萌芽渐至完形。

二是从山水比德到山水怡情的转变。在张衡之前，汉赋中

---

① 李调元《赋话》卷七引《避暑录话》："张平子作《归田赋》，意兴虽萧散，然所序怀，乃在仰飞纤纤，俯瞰清流。吾谓钓弋亦何足为乐，人生天地间，要与万物各得其欲，不但适一己也。"按：读《归田赋》，可于"俯瞰清流"的情境间从反面暴露出政治昏乱的社会危局和作者由此树立起的人格理想，谓之仅"适一己"，实为偏见。

② 晋人王康琚《反招隐诗》："小隐隐陵薮，大隐隐朝市。""大隐"即"朝隐"意，与隐于山林之"小隐"（野隐）迥异。唐人白居易《中隐》诗又倡"中隐"之说："大隐住朝市，小隐入丘樊，丘樊太冷落，朝市太嚣喧；不如作中隐，隐在留司官。"论其人生态度，"中隐"与"朝隐"仅有程度之差，殊无本质之别。

有关山水的描写，基本上取法孔、孟“山水道志”（详《孟子》的《尽心》、《离娄》篇）和董仲舒“山水比德”（详《春秋繁露·山川颂》）的思想模式，即使在张衡其它赋作中，山水描写的比德现象亦颇明显。但在《归田赋》中，他对春景的自然描写，对弋钓的心理刻画，确实透露了一种由隐逸之思而来的山水怡情趣味，这是东汉后期文学情感表现艺术的进化、文学个体意识自觉的鲜明标识。继张赋以后，仲长统赋体《乐志论》所写“良田广宅，背山临流，沟池环匝，竹木周布，场圃筑前，果园树后。……蹰躇畦苑，游戏平林，濯清水，追凉风，钓游鲤，弋高鸿”的场景与情趣，已将山水之美与哀乐之情自觉地交会融织，达到“优游偃仰，可以自娱”（《后汉书·仲长统传》）的人生境界。魏晋赋家徜徉山水、游戏田园之作日多，且将光景迟暮之情消溶于自然情境，实由此滥觞。

（五）玄理沉思

关于张衡文学创作中的“玄理”意识，我在张氏人生的玄儒境界与言志赋创作部分已有论析，这里仅从作为辞赋创作之艺术内涵，对其好为“玄思”再作进一步的说明。

张衡好玄，通贯一生，晚年尤盛，诚为史实。然观其玄理，又包括天文、哲学、人生、艺术多重层次。从文学艺术来看，张衡的玄理沉思最典型的仍在其《思玄赋》的创造。通观《思玄》之赋，由“玄训”肇端，至“玄谌”终结①，言玄寄意甚明。倘从作

① 《后汉书·张衡列传》李贤注：“‘谌’或作‘谋’。谌亦谋也，音基，字从‘其’。”

者的创作思路观之，其艺术内涵又颇为丰富。首先，赋标先哲“玄训”以领起，明思玄之意。其二，继以作者自诩“不群而介立”之孤高人格与“俗迁渝而事化兮，泯规矩之圆方”之混乱世道形成鲜明对照，激活起“唯天地之无穷兮，何遭遇之无常；不抑操而苟容兮，譬临河而无航”的人生忧患。其三，再由“惘后辰之无及”、“悲淑人之稀合”的深沉苦闷浮生出尘外之思、神游之想：“凭归去而遐逝”渐达“神化而蝉蜕”的“精粹”、“脱俗”之境，试图摆落一切明与暗、吉与凶、是与非、荣与辱的缠绕。其四，经星际逸游而进入“载太华之玉女兮，召洛浦之宓妃”的神话境界。其五，在众仙侣“咏诗而清歌”的讴吟声中，作者神游之“精魄回移”，进入一种既虚且实、既幻又真的归途。其六，“回移”的“精魄”带着强烈的回归意念休止于与“仁义”“逍遥”的当下“仙界”，这也是作者赋末“系诗”最后点明的“回志朅来从玄谋，获我所求夫何思”的精神世界①。对此，钱穆《读文选》认为：“班张之作，虽曰思古怀旧，力追昔人之前轸，而实有其开新之一面。前汉诸赋，大体多在铺张揄扬，题材取诸在外。至于班张，始有叙述自我私生活与描写一己之内心情志者，如孟坚《幽通赋》、平子《思玄赋》，此皆体袭楚骚，义近灵均，此乃班张作赋之另一面也。而平子《归田》一赋，尤为杰出。”（《中国学术思想史论丛》三）考班固《幽通》与张衡《思玄》虽体制相近，然内涵不侔：班赋作于早岁（约 30 岁前），以炫耀家世显赫、嫌

① 按：对《思玄赋》的段落划分，姚鼐《古文辞类纂》卷七十将赋中神游部分即分为“东方”、“南方”、“西方”、“中央”、“北方”、“入地”、“仙居”、“登天”八段；曾国藩《经史百家杂钞》卷四《词赋》又分全赋为“自修”、“伤不遇”、“卜筮”、“东方”、“南方”、“西方”、“中央”、“北方”、“入地”、“升天”、“反本自修”十一段，可参考。

恶群小幸进，非其人生思想之主流；张赋不然，其作于晚岁，亲历东汉帝国由盛入衰，为人生忧患情绪之集中反映，此亦范书取《思玄》而漏《幽通》之因。清人吴汝纶亦云："孟坚笃志为己，平子则忧伤不遇，所守不同，其遭世亦异"(《古文辞类纂·评点》)，甚见卓识。然钱氏之论，要在说明东汉老庄思想与骚学精神之复兴对文学个性崛起之影响，这是应无疑义的。但平情而论，东汉初班氏一门固受道家思想沾溉甚深，可经班固尊汉思想的淡化和神学气氛的涂饰，很少有个情自觉的表现，相对，这种个情到东汉中叶以后一批文士笔下，始蔚然成风。钱氏推崇《思玄》、《归田》之个情，正是指在正统儒学氛围中因老庄思想的抬头带来的思理转变，这在《思玄赋》中即是"御六艺之珍驾，游道德之平林"的艺术化的玄儒人生。

如果说张衡艺术化的玄儒人生在《思玄赋》中是通过缠绵悱恻的骚情曲折表现，那么《归田赋》"纵心于物外"的人生境界则是通过田园自娱、山水畅情烘托而出；而《髑髅赋》又将此人生以哲理论辩形式予以表达，即假托"髑髅"所言之"与阴阳同其流，与元气合其朴。以造化为父母，以天坠为床褥。……合体自然，无情无欲；澄之不清，浑之不浊"的境界。当然，在《髑髅赋》中，张衡表现出的艺术人生已明显由玄儒向庄学之"齐物"、"逍遥"的思想潜移，这只要对照当时太学生高彪《清诫诗》中"涤荡弃秽累，飘邈任自然；退修清以净，吾存玄中玄"的摒弃外物而求取内心自乐之境，即可知正是汉晋艺术嬗变的合理走向。

尤其应当注意的是，张衡于赋作表现出深沉的人生哲思，标志了东汉思想中神氛的淡退与理性的扬升。汉晋赋风之变，与经学之衰、玄学炽盛相关，究其文化内涵，又在神学思维向理性思维的转变。考汉晋学风的早期转变，有三人最值得重视：一为扬雄制《太玄》，开启汉晋谈论玄理之风[①]；二为王充作《论衡》，以疾虚求实成汉晋间秘传“异书”[②]；三为张衡的浑天理论，予陆绩、王蕃、祖暅、何承天等天文科学思想的形成影响极大。其中，张氏在推举扬、王“妙极道数”（《与崔瑗书》）、疾虚求实的同时，更重以科学实验阐发理性精神，以技、器测量天道，这一特色落实于《思玄赋》类创作，即为扬弃了神氛的虚无，而始终表现出天道自然与人生哲思一体的理性精神。继后，魏晋赋家或辨物（如张华《鹪鹩赋》“类有微而可以喻大”），或言情（如阮籍《清思赋》“恬然无欲，则泰志适情”），或登览豁意（如孙绰《游天台山赋》“骋神变之挥霍，忽出有而入无”），或田居憩心（如张华《归田赋》“眇万物而远观，修自然之通会”），无不象物以明理，托事以述心；而纵观汉晋言志赋渐重“穷理尽性，以究万物之宜”（挚虞《文章流别论》）的发展心迹，是不难看出这一新理性与新精神的。

四、幽深逸迈的审美情感

张衡赋艺术世界的展开，并不是一种敷衍凑泊的表象描

① 仅传注《太玄经》的著述，明人胡应麟《少室山房笔丛》卷二十八·丙部《九流绪论·中》即列魏晋至唐宋注家 31 种书目，并题语云：“扬子云撰《太玄》，惟桓谭以绝伦必传。尔后玄学中微，儒者动资笑噱。然晋唐间注此书者，殆至数十家，故不甚寂寞也。”按：张衡好玄，尤过桓谭，胡氏疏略，当为补正。

② 见《后汉书·王充传》李贤注引谢承《后汉书》有关蔡邕、王朗重其书之说。

述，而是具有内在审美情感的支撑，并由此比较鲜明地显现其文学创作论思想。将张衡辞赋创作思想作一归纳，又主要表现在颂德、讽谏、骚怨、逍遥四个方面。

(一) 颂　　德

评价张衡赋学思想，近人颇重其生于东汉中叶由盛而衰之世，以发现其批判功能，这固然是正确的。但是，从张衡一生积极入世的思想主流来看，他的文学作品，尤其是大赋创作，同样表现出汉代文人普遍存在的揄扬圣德、颂美教化的精神。这一精神的理论支撑，实质在先秦诗学的颂赞思想已见端倪，而到汉儒言《诗》，尤重美刺两端，所谓盛德形容，亦汉赋家颂美之意。迨至东汉，因汉祚经王莽新朝中衰，维护刘汉正统与皇权至尊思想的确立，催发了士阶层依附王朝的感情，而文学与政治在皇权下的联系，既修饰了王朝的中兴气象，又提高了文士自身的社会地位。所以班固论赋以为“或以抒下情而通讽喻，或以宣上德而尽忠孝，雍容揄扬，著于后嗣，抑亦雅颂之亚也”(《两都赋序》)。而结合班氏赋作观其赋论思想，偏重揄扬颂美，又十分明显。张衡赋学颂德，是与班固尊汉文学观一线相传，表达了对东汉帝国复兴与人伦教化实施的歌颂。当然，张衡赋作的颂德与班赋一极大不同之处则在社会历史意识的变迁，即班氏处汉室中兴之时，张氏处东汉渐衰之际，这不仅决定二人赋的篇幅在美、刺比例方面发生了颠倒(班赋美多刺少，张赋颂少讽多)，而且就美颂而言，二人审美观亦产生了相当的距离。质言之，张赋改变班赋中那种对汉室中兴所作的诸如“天人合应，以发皇明”(《西都赋》)、“嘉祥阜兮集皇都”、“彰皇德兮侔成周”(《东都赋》)的虚妄礼赞，而是针对东汉中叶社会现实的矛盾倡导德化思想。

针对外戚、宦官乱政，皇权旁落而倡导礼制德化，是张衡赋学颂美观的主要内容。如《南都赋》歌颂光武奋起南阳，要在：“奉先帝而追孝，立唐祀乎尧山。固灵根于夏叶，终三代而始蕃。非纯德之宏图，孰能揆而处旃。”意美追法唐尧、三代之礼，以恢复汉世帝统。在《东京赋》中，作者继《西京赋》中“凭虚公子”的夸饰描写，假托“安处先生”以为驳论，其思想核心即在“不能节之以礼，宜其陋今而荣古”。因此，赋中言汉明帝时宫室之美，亦归于颂德崇礼：

> 奢未及侈，俭而不陋。规遵王度，动中得趣。于是观礼，礼举仪具。经始勿亟，成之不日。犹谓为之者劳，居之者逸。慕唐虞之茅茨，思夏后之卑室。

言帝王勤政，则云：

> 乃羡公侯卿士，登自东除。访万机，询朝政，勤恤民隐，而除其眚。……命膳夫以大飨，饔饩浃乎家陪。春醴惟醇，燔炙芬芳。君臣欢康，具醉熏熏。千品万官，已事而踆。勤屡省，懋乾乾，清风协于玄德，淳化通于自然。

颂德之风，在治国以礼。尽管这种颂德崇礼思想有现实针对性以及反讽意识，然其彰善瘅恶，衡之以礼，又是非常明确的。

张赋之颂德特征，还在于退神氛、重人事，表现其征实的审美观念。例如班固《东都赋》写光武起兵戡乱，定鼎中原云："圣皇乃握乾符，阐坤珍，披皇图，稽帝文，赫而发愤，应若兴云。霆发昆阳，凭怒雷震。遂超大河，跨北岳，立号高邑，建都河洛。"或言符瑞之兆，或假图谶之文，全为凭虚颂赞。张衡则不然，其《东京赋》同颂光武中兴，则写道：

> 巨猾间亹，窃弄神器。历载三六，偷安天位。于时蒸民，罔敢或贰，其取威也重矣。我世祖忿之，乃龙飞白水，凤翔参墟。授钺四七，共工是除。欃枪旬始，群凶靡余。区宇乂宁，思和求中。睿哲玄览，都兹洛宫。曰止曰时，昭明有融。既光厥武，仁洽道丰。登岱勒封，与黄比崇。

由乱而治，颂德之崇，或借史事，或论现实，毫无蹈虚之语。这无疑是班、张颂德之风的一大区别。正因重在人事，张赋之所咏颂，皆有史可稽。如其言明帝行大射礼，"奉觞豆于国叟"，《后汉书·明帝纪》即有永平二年"三月，临辟雍，初行大射礼"、永元二年"冬十月，壬子，幸辟雍，初行养老礼"的记载。又《东京赋》言明帝重农事而三推于田，《明帝纪》亦有永平四年"春二月辛亥，诏曰：'朕亲耕藉田，以祚农事'"的历史依据。

（二）讽　谏

汉代赋家承先秦诗人遗意，寄讽于文，正得失，明教化，亦为常例，然其讽谏的程度、方法及作用，则因时而变，因人而异，有较大的悬殊。在张衡之前的赋家，如枚乘作《七发》，铺排六段欢娱之事，收以一段含讽之意，开汉大赋铺张扬厉，曲终奏雅之风气。司马相如赋也“显侈靡”而寓讽，但因渲染过度，所谓“极丽靡之词，闳侈巨衍”，“既乃归之于正，然览者已过”（《汉书·司马相如传赞》）。扬雄生于西汉末年，赋作明显增添了议论与讽刺的成份，但他本人对此亦甚矛盾，即一方面他作《甘泉》、《长杨》，感到“欲讽则非时，欲默则不能”，故采取“推而隆之”法假托鬼神以寄讽，一方面又感到假赋寄讽是无能为力，所谓“劝百讽一”。班固居东汉盛世反对“劝百讽一”说，以为相如赋虚词滥说，然旨归于节俭，当与“《诗》之风谏”无异（同前）。但观班赋创作，如前所述，诵颂多讽少，所以张衡仿其《两都》为《二京》“因以讽谏”，庾信于是又说“张平子见而陋之（指《两都》），固其宜矣”（《哀江南赋序》）。与班赋相比，张衡赋讽世的倾向性极为鲜明，如对长安城市、街衢、人物的描写，班氏《西都》“建金城而万雉”一段，皆客观铺陈，不设议论；而张氏《西京》“尔乃廓开九市”的一段类似描写，则多以“何必昏于作劳”、“丽美奢乎许史”、“结党连群，实藩有徒”、“所好生毛羽，所恶成创痏”等主观讽词表达情绪。

张衡大赋创作以讽为美的主旨，在《东京赋》中有段最明白的宣言：

> 夫水所以载舟，亦所以覆舟。坚冰作于履霜，寻木起于蘖栽。昧旦丕显，后世犹怠。况初制于甚泰，服者焉能改裁？故相如壮《上林》之观，扬雄骋《羽猎》之辞，虽系以隤墙填堑，乱以收罝解罘，卒无补于风规，只以昭其愆尤。臣济奢以陵君，忘经国之长基。

也就是说,张衡认为赋作不达到劝美刺恶的目的,不起到讽谏统治者的作用,则虽有美词,于世无补。所以他在辞赋创作中接受扬雄"讽乎,讽则已;不已,吾恐不免于劝也"(《法言·吾子》)的教训,一则明确讽谏为大赋的审美主干,一则又在讽谏的艺术方法上尤多创新①。而在张赋诸多讽谏方法之中,我认为最能体现作者讽谏思想精神的,主要有两点:

一是以厚实的历史观引领现实的讽谏思想。读张衡赋,一方面感到议论风生,一方面则发现其用典极多,而每用一历史典故,都配合议论,表讽喻现实之情。比如他在《东京赋》中于批评扬、马"无补于风规"后,即云:

> 故函谷击柝于东,西朝颠覆而莫持。凡人心是所学,体安所习。鲍肆不知其臭,翫其所以先入。《咸池》不齐度于蠅咬,而众听或疑。能不惑者,其唯子野乎!

即连用数典,夹叙夹议,以表达他对奢靡乱政的讽刺和对勤政爱民的期盼。对当时外戚干政,摇撼国基的现状,张衡在《西京赋》中连续排比了诸如"后宫嬖人昭仪之伦,常亚于乘舆。慕贾氏之如皋,乐北风之同车,盘于游畋,其乐只且"、"增昭仪于婕妤","许赵氏以无上"等西京旧事,借武帝、成帝沉湎后宫女色的可笑情形,戟刺当时的昏庸政治。这种方法在作者晚年创作《思玄赋》时仍大量运用,其中特别是"牛哀病而成虎兮,虽逢

① 可参见刘周堂《论张衡〈二京赋〉对汉大赋讽谏艺术发展的贡献》,载《中国文学研究》1987年第4期。

昆而必噬”一段，对汉顺帝无能政治的反讽，对东汉中叶宦官政治的鞭笞，是极为沉痛而深刻的。

二是以诗人的比兴观寄托讽喻的情感，亦即以“讽兼比兴”减损汉大赋特有的铺排气势，使作者的思想更为鲜明地显露出来。如《西京赋》云：“趫悍虓豁，如虎如貙；睚眦虿芥，尸僵路隅”，以虎狼之形比五陵恶少，以讽乱政。《东京赋》云：“水所以载舟，亦所以覆舟”，以水舟之喻比君民关系，讽时政之酷。《南都赋》云：“帝乱其政，豺虎肆虐”，以豺虎之贪残比王莽之篡，讽当世外戚、宦官之乱政。《思玄赋》云：“不抑操而苟容兮，譬临河而无航”，以临河无舟比喻不随俗浮沉的操守，讽小人当道，阻塞贤路。至于《思玄》所云：“恃己知而华予兮，鶗鴂鸣而不芳”；“感鸾鷖之特栖兮，悲淑人之稀合”，皆为兴起，一讽宦竖擅权，一讽世事浑浊，词婉而意直，与前此赋家或异。

刘熙载论汉赋，认为“至班、张则揄扬之意胜，讽谏之义鲜”（《艺概·赋概》），殊未知张赋揄扬，多含讽谏。尤其是《西京赋》宫室、游猎、宠幸诸夸饰，至《东京赋》逐一收意，归于反对戚、宦，重礼尚俭，其中讽意是不言而喻的。

（三）骚　怨

张衡处于汉代文学思想的衍变期，在这一阶段那种沉沦于经学思潮的审美个性、创作情感的苏醒，最突出的现象即是“骚怨”精神的复归，如马融《琴赋》的失志之悲，张衡《四愁》仿屈骚之美人香草和王逸《九思》之“逢尤”、“怨上”、“疾世”、“悯上”、“遭厄”、“悼乱”、“伤时”、“哀岁”、“守志”的九曲回肠，均可窥其意。

“骚怨”情感在张衡文学作品中的体现，主要在《四愁诗》、《鸿赋》、《思玄赋》，且多为后期创作，由此亦可见楚骚精神在他思想中的映示，颇类似老庄精神，皆为儒学入世思想淡退后而凸现的。如《四愁诗序》记张衡为河间相时，“天下渐弊，郁郁不得志，为《四愁诗》。依屈原以美人为君子，以珍宝为仁义，以水深雪雰为小人，思以道术相报贻时君，而惧谗邪，不得以通”[①]；《鸿赋序》记作者借鸿“偶影独立”喻自己“慨然其多绪”，皆表骚人情怀。而《思玄赋》创作，尤为张衡借骚怨以表心的思想典型。[②]

从《思玄赋》二千七百余字的篇幅来看，征引文献达 29 种，158 处，其中引《楚辞》就有 63 处[③]，主要内容又不出《离骚》、《远游》两篇。这不仅因为张赋引屈辞多神游描写，更重要的是取意于《离骚》“忧愁”“风谏”、《远游》“悲时俗”之心。王逸《离骚经章句》谓“屈原执履忠贞而被谗邪，忧心烦乱，不知所诉，乃作《离骚经》……中心愁思，独依道径，以风谏君也”。又，

① 逯钦立《先秦汉魏晋南北朝诗》注云：“此序乃后人伪托，王观国《学林》辨之甚详。”按：此序虽伪托，然所言情事基本与张衡生平相符。唯序中“阳嘉中出为河间相”，李善注已辨误，兹不赘。

② 朱熹《楚辞后语》列汉代楚辞作品，于张衡仅收《思玄赋》，并在《序》中明其收录标准：“必其出于幽忧穷蹙怨慕凄凉之意，乃为得其余韵。而宏衍钜丽之观，欢愉快适之语，宜不得而与焉。”由此亦可见同为大赋的《二京》与《思玄》，其审美情感是颇有差异的。

③ 按：《思玄》征引文献 29 种、158 处，即：《楚辞》63；《毛诗》20；《韩诗》1；《周易》9（含今文易 1）；《尚书》5；《礼记》4；《左传》10；《公羊传》1；《国语》1；《论语》2；《孟子》1；《尸子》2；《老子》3；《庄子》4；《列子》1；《山海经》6；《淮南子》10；《吕氏春秋》2；《周髀》1；《史记》1；《汉书》1；《逸诗》1；《太玄》1；方士书 1；纬书 1；宋玉赋 1；司马相如《上林赋》、《大人赋》各 2；扬雄《甘泉赋》1。

钱澄之《庄屈合诂》解《远游》开篇“悲时俗之迫厄兮，愿轻举而远游”云：“‘悲时俗’二句，是赋《远游》之本怀，非真欲延年上升也。”二说甚是。观《思玄》通篇心绪，皆假“骚怨”道破，兹举要如次：

> 伊中情之信修兮，慕古人之贞节；竦余身而顺止兮，遵绳墨而不跌。

按：此仿《楚辞》“苟中情其好修”、“遵绳墨而不颇”句，破开篇之意，以明作者贞洁的人生与美好的愿望。

> 何孤行之茕茕兮，孑不群而介立……增烦毒以迷惑兮，羌孰可为言己。

按：此仿《楚辞》“既惸独而不群”、“独便悁而烦毒”、“中瞀乱兮迷惑”句，表对世道乱真的困惑和介立不群的艰危。

> 惟天地之无穷兮，何遭遇之无常；不抑操而苟容兮，譬临河而无航；欲巧笑以干媚兮，非余心之所尝。

按：此仿《楚辞》“惟天地之无穷，哀人生之长勤”、“昔余梦登天兮，魂中道而无航”、“处浊世而显荣，非余心之所乐”句，寓在主客交悖之矛盾中的自坚之意。

> 旦余沐于清源兮，晞余发于朝阳；漱飞泉之沥液兮，咀石菌之流英。……抨巫咸作占梦兮，乃贞吉之

元符。……百神森其备从兮，屯骑罗而星布。

按：此仿《楚辞》“朝濯发于旸谷，夕晞余身乎九阳”、“吸飞泉之微液兮，怀琬琰之华英”、“巫咸将夕降兮，怀椒糈而要之”、“百神翳其备降”句，畅述超脱世俗之神游。

据开阳而頫盼兮，临旧乡之暗蔼。悲离居之劳心兮，情悁悁而思归。

按：此仿《楚辞》“忽临睨夫旧乡”、“将以遗夫离居”句，写上下求索、然情眷难舍的怀归心情。

苟中情之端直兮，莫吾知而不恧；默无为以凝志兮，与仁义乎逍遥。

按：此仿《楚辞》“苟余情之端直”、“国无人兮莫知我”、“超无为以志清”句，再次突显其孤高的人格与异俗境界。而从开篇之“伊中情之信修”经迷惑、烦闷、愤俗、超升、神游，到篇末之“苟中情之端直”，完整地展示了作者的“骚怨”心迹。

“骚怨”作为中国文人创作中的一种情绪，以其特有的审美内涵千年传嗣，成为在时代衰变中文学发展的特殊动力。张衡“《思玄》本骚”（俞樾《湖楼笔谈》六），却又不乏新思，展示了符合时代精神的骚学思想：

1. 《思玄》始终灌注骚人的忧患意识，以体达东汉帝国由盛而衰的时代特征。倘若说这种衰变意识在《二京赋》中主要表现于讽谏精神，则《思玄赋》之描述，已更多对王朝积弊难拯的失望与怨愤。在赋末系诗中，张衡一则谓“天长地久岁不留，俟河之清只怀忧”，借老子与周谚语意表其久远的历史忧患；一则谓“天不可阶仙夫稀，柏舟悄悄吝不飞”，借《周髀》“天不可阶而升”的科学思想与《诗·鄘风·柏舟》篇意，再述现实悲情，使全赋精神成为楚骚“贤人失志”的传响。

2.《思玄》内涵的作者仕隐交互的心理，为其赋中骚情婉曲的重要原因。张衡一生，既有端直淡泊的一面，也有软弱韬晦的一面，所以这种矛盾而痛苦的心态表现于文学思想，自然缺少前汉赋家的纵横宏肆，而转为内杂道家思想的骚怨之情。于是在《思玄》中他反复推诉“悲淑人之稀合”、“患众伪之冒真”、“曾烦毒以迷惑”、“恒反侧而靡所”的困惑心境，并衍生出乐时避害观，宣露出作者晚年由骚入庄的创作心态。

3.《思玄》仿骚精神与当时王逸《楚辞章句》的理论主旨“依经立义”相符，所谓“匪仁里其焉宅兮，匪义迹其焉追”、“御六艺之珍驾兮，游道德之平林”，皆立圣美贤以拯衰世①；但在其创作思想中，又受时代大潮的影响，表现出向老庄的隐遁，有明显的凝合庄、骚的情感色彩。

4. 与屈原之诗人情感颇为不同，张衡多学者气质，所以《思玄》于仿骚神游述志、婉曲抒情之时，却将全赋的感情推至一种境界，即玄理精神，成为赋学史上仿骚入玄的早期作品。这也使《思玄》不同于《离骚》“总杂重复，兴寄不一”（王世贞《艺苑卮言》卷一），而是在冷静的抒情中始终贯穿着理性思考。

---

① 孙梅《四六丛话》卷三云：“若夫《幽通》、《思玄》，宗经述圣，《离骚》之本义。”其说可参。

（四）逍　遥

逍遥的审美理想出于庄子，而在张衡文学思想中的呈现，亦缘自他儒道互补的人生观之玄儒境界，只是到了他的晚岁，这种观念进一步向老庄倾斜。钱穆《读文选》即举张衡《思玄赋》、《归田赋》为例，以为“宗老子更显”，“时命屯邅，儒术难施，遂逃而从玄，情趣显然”。如果说在张衡后期文学创作中，“骚怨”更表现于情绪化，则“逍遥”正由消释强烈的怨情而达致的理性思考。

考察张衡文学的逍遥之境，亦含有三个层次：首先是全身避害之政治意识的反映。这在他作《应间》因“时有遇否，性命难求”、作《思玄》因“思图身之事，以为吉凶倚伏，幽微难明，……以宣寄情志”的说明中已揭破其意。张衡由骚入庄，很大程度是社会忧患与矛盾心态的曲折反映，亦即于幽忧怨情中寻求解脱之路。如在《思玄》中，作者于感愤胶葛的骚怨情绪间不时以“游尘外而瞥天”（用庄子“彷徨尘垢之外”语）、“惟般游之无斁兮，惧乐往而哀来”（用庄子“乐未毕也，哀又继之”语）、“默无为以凝志”（用老子“上德无为”语）的达观之语调剂，力求臻达超俗玄远的逍遥之境。这种由骚入庄的思路，一则与张衡缺少屈原“九死未悔”之坚韧性格、矢志精神相关，一则又与东汉中后期政治现实紧密维系。范晔在《后汉书·荀韩钟陈传论》中认为：“汉中世以下，阉竖擅恣，故俗遂以遁身矫絜放言为高。……故时政弥惛，而其风愈往”，堪称的论。而张衡晚年诸赋中包含的庄学思想，以及向适性逍遥的发展，亦势所必然。

其二是与田园情趣相应的隐逸思想。在东汉文学衍变期,文士一方面在尚未丧失的"尊汉"意识下为挽救政体颓废和世道浇漓作出包括以文学形式进行讽劝颂德类的努力,一方面又在反思历史,面视现实之斑剥漫漶的忧患中寻找自护身心、保全清誉的方法,其中包括归田隐处一途。这种心灵的隐逸企向在难以吻合于儒教群体意识时,自然倾向于老庄人生观中的自我意识在山林中的实现。换言之,像张衡这样一位久居仕途、勤黾入世的人物,其心灵中产生的隐归山林的倾向,不仅是一痛苦的选择,而且必须有一种人生哲学意识的支撑,这便是《庄子·天地篇》中描绘的那种"万物复情"的"混冥",即并非一味超越,而是强调既与世俗浑融且又摆落世俗缠绕的境界。张衡取材于《庄子·至乐》的《髑髅赋》,即为将庄子"死与生与,天地并与,神明往与"(《天下篇》)、"其生若浮,其死若休"(《刻意篇》)的哲理文学化、艺术化的典型,所表达的正是作者假"髑髅"之口"死为休息,生为役劳"、"况我已化,与道逍遥"的混冥之境。同样,他的《归田赋》取意庄子"就薮泽,处闲旷"(《刻意》)的田园闲情,向往"谅天道之微昧,追渔父以同嬉,超埃尘以遐逝,与世事乎长辞"的超俗,无疑是具有道家生命哲学支撑的隐逸思想。

其三才是作者力求达到的逍遥自娱的解脱。在《归田赋》中,作者将这种超俗之境寄托于双重逍遥:一是形体(身)的逍遥,即"仲春令月,时和气清"、"仰飞纤缴,俯钓长流"、"于焉逍遥,聊以娱情",求得身与物融;一是精神(心)的逍遥,即"感老氏之遗戒,将回驾乎蓬庐。弹五弦之妙指,咏周孔之图书。挥翰墨以奋藻,陈三皇之轨模。苟纵心于物外,安知荣辱之所如",求得心与物化。尽管张衡的追求仅属于"苦于时政,欲以此辞自解”(《文选》吕向注)的理想,但他所描述的身心与自然同化之境界,却是取意庄子的逍遥之游,表现了“与物为春”、“与物有宜”的审美趣味。晋人张华复作《归田赋》,欲于“藉纤草以为茵,援垂阴以为盖”的自然风物中,求达“眇万物而远观,修自然之通会”的人生境界,取意衡赋,名实可考。即如陶渊明的“久在樊笼里,复得返自然”(《归园田居》五首之一)、“结庐在人境,而无车马喧”(《饮酒》二十首之五)、“善万物之得时,感吾生之行休”(《归去来兮辞》)类的适性逍遥之趣,亦与衡赋有契翕意会,未可轻忽。

五、哀怨缠绵的诗歌创作

在“词赋竞爽,而吟咏靡闻”(钟嵘《诗品序》)的汉代,张衡文人诗创作的出现,以及其情感化、艺术化的特征,是弥足珍贵的。张衡今存诗作不多,却已兼涉“四言”、“五言”、“七言”体裁。四言诗如《怨篇》(“猗猗秋兰,植彼中阿”)、《思玄赋系歌》(“天地烟煴,百卉含蘤”)、《东巡诰系诗》(“皇皇者凤,通玄知时”),皆取法《诗》三百篇体势,以发抒情感。前人对张衡四言评价甚高,如颜延之云:“至于五言流靡,则刘桢、张华;四言侧密,则张衡、王粲”(严可均《全宋文》卷三十六);刘勰云:“张衡《怨篇》,清典可味;仙诗缓歌,雅有新声”(《文心雕龙·明诗》);范晞文《对床夜话》亦云:“张平子诗云:‘我闻其声,载坐载起’……情人之意,尽于此矣”[1],其赞许态度甚明。但是,倘

① 按:范氏所引张诗,今存《文选》王粲《赠士孙文始诗》注。

若从我国古代诗歌艺术发展史的角度来看，张衡以《同声歌》为代表的五言诗和以《四愁诗》为代表的七言诗创作，对五、七言诗体的成熟与发展起了明显的作用，具有重要的诗史地位。同时，从《同声》、《四愁》看张衡诗作的主体情感，其哀怨缠绵之风格，又与大汉帝国由盛入衰的历史现实切切相关。

（一）《同声歌》与文人五言诗

五言诗继四言体诗而兴，初见于民间歌谣，且因入乐得以流传，今存西汉之世的乐府歌谣，已为明例。然推究文人五言诗的出现，则在东汉之世，首发主名之作者为班固《咏史》，今存的第二首，即为后班氏四十余年之张衡的《同声歌》。对此，罗根泽《五言诗起源说评录》曾罗列自古及今十三种说法，并作两种区分：一是非纯粹五言歌谣与纯粹五言歌谣之分，结论是纯粹五言歌谣起于西汉末成帝时的《黄爵谣》与长安《为尹赏歌》[①]；二是歌谣与文人诗之分，结论是文人五言诗始于东汉班固，可谓辨析清明[②]。然对照班、张两诗，班氏《咏史》记叙汉文帝时孝女缇萦救父故事，“质木无文”（钟嵘《诗品》），亦缺乏诗歌的形象与情感。相对而言，张衡《同声歌》更多取法民歌情韵，兴寄高妙，非班诗所能相

① 《黄爵谣》见载《汉书·五行志》，词有“邪径败良田，谗口乱善人”；《为尹赏歌》见载《汉书·酷吏传》，词有“安所求子死，桓东少年场”，皆纯五言体。

② 罗文原载《河南大学文学院季刊》第一期，后收入《罗根泽古典文学论文集》，上海古籍出版社 1985 年版。

比。张诗并见《玉台新咏》、《乐府诗集·杂曲歌词》，词云：

> 邂逅承际会，得充君后房。情好新交接，恐懔若探汤。不才勉自竭，贱妾职所当。绸缪主中馈，奉礼助蒸尝。思为莞蒻席，在下比匡床；愿为罗衾帱，在上卫风霜。洒扫清枕席，鞮芬以狄香。重户结金扃，高下华灯光。衣解金粉卸，列图陈枕张。素女为我师，仪态盈万方。众夫所希见，天老教轩皇。乐莫斯夜乐，没齿焉能忘。

此诗题取意《易·乾卦·文言》“同声相应，同气相求”，全用比兴手法。诗中描写，如《乐府解题》所云：“言妇人自谓幸得充闺房，愿勉供妇职，不离君子。思为莞簟在下以蔽匡床，衾帱在上以护霜露，缱绻枕席，没齿不忘焉。以喻臣子之事君也。”然结合张衡所处时事，诗中所及“妇职”含义，当有两端：一喻帝、妃关系，以后妃之德警示当时帝权旁落，后党势盛的政治现实；二仿屈骚以美人为君子之意，寄托贤士不遇的缱绻悱恻之心。张溥以为“《同声》丽而不淫”（《汉魏六朝百三家集·张河间集题辞》），正就其创作心志而言。

《同声歌》作为一篇抒情诗，在汉代诗史上的艺术价值也不可低估。首先，这是一篇纯粹五言体诗，其不著虚词衬字，与民歌的粗率划出疆界，标志了汉代五言诗文人化程度的提高。其二，该诗一韵到底，音律谐美，语言流畅，显示了五言诗体的成熟。其三，诗中描绘感情热烈，词采绮丽，其中对男女私情的摹写亦极为大胆，如“衣解”以下六句，皆为汉代流行之房中术的表白，这与张衡熟谙汉代方术有关①。尽管张诗所述男女之情或有寓意，但客观上则开启了男女欢情描写之风，这也是东汉经学失衡、文风递转的一个象征。其四，全诗通篇比兴，既有民歌情调，又重艺术技巧。如"情好新交接，恐懔若探汤"的心理描写，将为臣之心刻画的惟妙惟肖。又如"思为莞蒻席"四句写情，比喻贴切，形象生动，与他的《定情赋》"思在面而为铅华兮"相类，惟意趣更为优美。《西溪丛语》以为"陶渊明《闲情赋》必有自，乃出张衡《同声歌》"。即指陶赋"愿在衣而为领"的"十愿"描写源自张诗。陈绎曾《诗谱》评张诗"兴寄高远，遣词自妙"，自是恰当。

继张衡《同声歌》之后，东汉文人五言诗创作日丰，如秦嘉、徐淑夫妇赠答诗、赵壹的《穷鸟诗》、郦炎的《言志诗》，以及汉末出现的《饮马长城窟行》等诗作，皆突出其情感意识。特别是代表汉末诗潮主流的《古诗十九首》，不仅以其形式的完熟表其五言成就，而且还在于"言之令人悱恻"（陆时雍《古诗镜总论》）的真情见其价值，由此回顾张衡五言诗的言情艺术，流溉未远，有迹可寻。

（二）《四愁诗》与七言诗之成熟

晋人傅玄《拟四愁诗序》云："张平子作《四愁诗》，体小而

---

① 按：诗云"列图陈"即"春图"。张衡《七辩》："假明兰灯，指图观列。蝉绵宜愧，夭绍纡折，此女色之丽也。"黄节《汉魏乐府笺注》引此云："盖即所言列图陈、仪态万方也。"又，素女，即古传能房中术之神女；天老，据《帝王世纪》：为黄帝的辅佐之一。传言天老曾授黄帝以男女秘术。

俗，七言类也。”已明其为七言体诗。有关七言诗的起源，亦众说纷纭。《汉书·东方朔传》载朔有“八言七言上下”，可知西汉文士已有七言韵语。考汉代文体之论，常将“六言”、“七言”、“八言”同“诗”别立，或因七言尚非独立诗体之故。而汉代七言虽出现较早，但因入乐府较五言晚，故未能光大，也是事实。在独立的文人七言诗问世之前，据罗根泽《七言诗之起源及其成熟》的看法，在西汉通篇成功的七言主要有“镜铭”、“纬书”和“史游《急就篇》”三种，此着实于具体作品之论。余冠英《七言诗起源新论》则从诗史的角度，分辨“骚辞”与“歌谣”两说，并主张源自“民间歌谣”①，就导源而论，余说可信。至于我国最早的一首完整的文人七言诗的归属问题，自古即有两种见解：萧子显《南齐书·文学传论》称“魏文之丽篆，七言之作，非此谁先”，此视曹丕《燕歌行》为七言之祖；许学夷《诗源辩体》则云：“张衡乐府七言四愁诗……当为七言之祖。”②值得注意，谓曹丕诗为七言之祖，主要在张衡《四愁诗》每段首句夹一“兮”字，颇类骚诗。其实，平情而论，从张衡《思玄赋系诗》，已能看出他创作七言诗体的娴熟程度。诗云：

天长地久岁不留，俟河之清只怀忧。愿得远度以自娱，上下无常穷六区。超逾腾跃绝世俗，飘摇神举逞所欲。天不可阶仙夫稀，《柏舟》悄悄吝不飞。松乔

---

① 余文收载《古代文学杂论》，中华书局 1987 年版。

② 按：视张衡为文人七言诗之祖者，或以为《思玄赋系诗》为最早创作。余冠英《七言诗起源新论》认为“就是诗，不过名称还不是诗罢了。所以选汉诗的往往收入此篇，题曰：‘思玄诗’”。明人冯惟讷即将此系诗收入《诗纪》。今人刘岸挺《我国第一首完整的七言诗辨》(载《齐鲁学刊》1987 年第 1 期)立论更加明确。

高跱孰能离？结精远游使心携。回志朅来从玄谌，获我所求夫何思！

此诗以写超俗玄理为主，固乏情韵，但论其体式，自为完整七言。

与前引系诗相比，张衡《四愁诗》缘情而作，韵趣尤佳。试举四章之一如次：

我所思兮在太（泰）山，欲往从之梁父艰，侧身东望涕沾翰。美人赠我金错刀，何以报之英琼瑶。路远莫致倚逍遥，何为怀忧心烦劳！

从内容来看，张衡《四愁》已改变了前人七言韵语的单调[①]，而组成一完整的艺术结构。据诗前小序，《四愁》因“惧谗邪，不得以通”而作，然观诗中意义，则有双重思想：其一，作者见汉帝国积衰致弱，外患重重，故其所“忧”，或在东岳泰山，以盛世封禅旧事喻皇基危艰之状；或在南方桂林，西方汉阳，北方雁门，以南蛮、羌人、鲜卑内侵之现实，寄托愁情，此为忧国之思。其二，作者见朝中戚、宦乱政，贤人退避，自己身处危境，进退两难，故“泰山以喻时君，梁父以喻小人”（《文选》李善注），由“思”而“望”，由“望”而

---

① 在张衡之前，无论是“镜铭”中的七言，还是“纬书”中的七言，其韵语的排列仅为说明一个道理，故意象单一。在张衡同时极流行以七言韵语品评人物，如“道德彬彬冯仲文”、“万物不理问伯始，天下中庸有胡公”、“关西夫子杨伯起”（见《后汉书》冯衍、胡广、杨震诸传）云云，也无诗的意境。

“忧”，愁绪满怀，难以自遣，此为忧身之思。正因张诗一唱三叹，反复吟咏，宋人魏泰评曰“诗者，述事以寄情，事贵详，情贵隐，及乎感会于心，则情见于词，此所以入人深也”（《临汉隐居诗话》）。从形式来看，张衡《四愁》语言整齐，呈上四下三的典型句式，韵随意转，音节清亮，旋律谐婉，既显出由七言韵语发展而来的早期七言诗体形态，又标示了由粗率七言向成熟之七言诗体的演进。同时，张诗每首七句，前三句一韵，后四句一韵，亦开后代诗人“换韵体”之先河①。郑振铎插图本《中国文学史》认为：“张衡《四愁诗》之不朽，在于它的格调是独创的，音节是新鲜的，情感是真挚的。杂于冗长浮夸的无情感的诸赋中，自然是不易得见的杰作。”郑氏钟情民间俗文学，其论或有偏激，但对《四愁》格调、音节、情感的三点评价，并不过誉。

（三）哀怨诗风与衰汉情结

汉代诗歌的主流是经乐府机关加工而成的民间歌诗（后称汉乐府），这类诗虽多半来自民间，然经乐府官在“厚人伦，美教化”的道德思想下的加工，只能使读者在政教帷幕之中感受到“缘事而发”的普遍的人文精神，因此很少有个性情感的凸现。真正以表现为艺术特征，以抒发诗人真情实感为旨归的诗歌，只有在世情骤变的汉末，才显出强大的、具有更新意义的审美力量，其中一主要标志，即为由诗的叙事功能向以抒情为主的转变。而这一维系于时序衰变情结的变化，

① 详见吴讷《文章辨体序说·古诗·七言》的有关论述。

固然于汉末诗潮(古诗十九首)及建安诗人感于“世积乱离,风衰俗怨”(《文心雕龙·时序》)的创作最为明显,但东汉文人五、七言诗的哀怨情绪,实已见其征候,张衡即为典型。

与赋创作相比,张衡的诗作更多骚怨精神,这一则源于他的创作情感由早期的颂德与讽谏交互为主流向后期讽谏与哀怨交互为主流的转移,一则又源于诗主缘情与赋主体物的文体相殊之因素。胡应麟曾说:“平子《四愁》,优柔婉丽;百代情语,独畅此篇。其章法实本风人,句法率由骚体,但结构天然,绝无痕迹,所以为工。后人句模而章袭之,适为厌饫之余耳。”(《诗薮·内编》卷三)陈懋仁《续文章缘起》引《竹林诗评》:“张衡《四愁》,遥衷耿慕,犹风骚之遗韵也。”张衡诗之创意,要在“情语”二字,所谓“实本风人”,即在诗之“怊怅述情,必始乎风”(《文心雕龙·风骨》)之精神;“遥衷耿慕”,亦即骚心之婉曲缠绵。换言之,张诗已不限于汉诗中浓重的政治教化之义,而是有一种主体情感与衰汉现实相触发的心灵感动,一种心与物碰撞而产生的情感力量,此不独在《四愁》一篇。观其残诗《怨篇》,所云“同心离居,绝我中肠”,写相思之苦;“我闻其声,载坐载起”,述怀人之意,起汉末诗潮以游子、思妇为中心的创作情思。在《同声歌》中,那种“情好新交接,恐慄若探汤”、“愿为罗衾帱,在上卫风霜”的描写,以缠绵之意表忠贞之心,执着与悲愤交融,亦衰世情感的表白。他的《思玄赋系诗》虽表玄理,然所云“《柏舟》悄悄吝不飞”,则取《诗·邶风·柏舟》“言仁而不遇”(《诗序》)、“喻仁人之不见用而与群小人并列”(《毛诗·郑笺》)的悲心,以寄乱世的忧患意识。特别是他的《四愁诗》,以四组意象表现哀伤怨情,令人悱恻。再以第一组为例:

我思→泰山→欲往→梁父艰→东望→涕沾翰→美人赠物→报之→路远莫致→逍遥→怀忧→心烦劳

从全诗由“东望”而到“南望”、“西望”、“北望”的总体结构看，表现的是诗人博大的胸襟和深远的忧患；而从每一组意象来看，又表现了一种由“理想”（所思）→“实践”→“阻厄”→“感伤”→“希望”→“无奈”→“忧怀”→“哀怨”、“失望”、“惆怅”构成的完整而曲折的心灵历程，其中衰汉情结，既婉曲，又深透。清人沈德潜评《四愁》：“心烦纡郁，低徊情深，风骚之变格也。少陵《七歌》原于此。”（《古诗源》卷二）可以说，《四愁诗》能够浓缩屈子《离骚》深隐变幻之思于此七言短章，以为衰汉哀歌，王世贞谓“千古绝唱”（《艺苑卮言》），是指艺术的，亦为情感的。

自张衡《同声》、《四愁》创作之后，汉末诗人蔡邕、郦炎、赵壹诸家，以及无名氏创作的《古诗十九首》和“五言腾跃”时期的“建安七子”，其诗作或论世，或言志，或慷慨，或哀怨，注重个性与情感的表现，诚为时代之主潮。倘进一步探讨诗情与衰汉的关系，尚有两点宜为说明：其一，随汉代帝国政治的削弱与解体，作为经学的《诗》学研究也由社会伦理向个性情感转移，此在与张衡同时的马融解《诗》已见端倪，迨至郑玄言《诗》，则尤重那种“舒己愤，尽己情”（《诗·邶风·燕燕》笺）、“极之以尽情”、“义之至，情之尽”（《诗·唐风·葛生》笺）的情绪。从这层意义来说，张衡诗情中已兆衰汉意识，实与汉世经学失衡相关，并形成理论与创作的共时交互。其二，自张衡到汉末诗人的主情创作，多以复归骚怨为表征。但亦有辨：东汉后期情诗在形式上不仅改变楚骚长篇而为五、七言短章，而且承骚之意亦变汉世仿骚赋体，颇有新的创造。在内容方面，此类情诗也改变了楚骚描写英雄情感而为面向广泛的社会现实，以描写凡人情感为主，亦即以“人同有之情”（陈祚明《采菽堂古诗选》卷三）表现时代的情感与悲哀，这也是张诗创作与衰汉情结相关的且值得深思的问题。

六、诗赋英杰与文风潜变

刘勰《文心雕龙·时序》云：“文变染乎世情，兴废系乎时序”，此概述之论，自为不易；又云：“自安、和已下，迄于顺、桓，则有班、傅、三崔，王、马、张、蔡，磊落鸿儒，才不时乏”，此专论东汉中叶风气，亦可资鉴。然观张衡诗赋文学，他在创作形态上，一则集汉大赋之成，而作宏规巨篇，一则又启抒情小赋、五七言抒情小诗之新制；在创作思想上，一则欲归复先儒道德轨辙，重道而尊礼，一则取意老庄，心骛玄远，求达逍遥之境，充分显示出处文风衍变期的矛盾心态。或许也正因此因染于世情的矛盾心态，使张衡的文学创作显得广博而复杂，特别是他在丰富多彩的艺术世界展示中表现出的趋新精神，决定了他在文坛卓越的地位。

对汉魏文学之变，沈约《宋书·谢灵运传论》有则广为引证的意见：“自汉至魏，四百余年，辞人才子，文体三变：相如巧为形似之言，班固长于情理之说，子建、仲宣以气质为体，并标能擅美，独映当时。”就体气而言，“三变”不无道理，若论整个文风的转移，忽略东汉中后期尤其是张衡的文学，难免粗率。

当然,沈约史识非凡,他在言“三变”之前,即于评骘汉世作家时已予张衡以高度重视:“若夫平子艳发,文以情变,绝唱高踪,久无嗣响。至于建安,曹氏基命,二祖陈王①,咸蓄盛藻,甫乃以情纬文,以文被质。”这里注意到张衡诗赋的“情”、“艳”特征和对建安文学情采的影响,极为中肯。而围绕“情”、“艳”为中心观照张衡文学的创作思想和语言艺术,其于汉魏文风潜变的作用是不难昭示的。

从张衡诗赋创作的思想风格来看,其最突出之处即为“文以情变”。如果说在政治思想方面张衡因长期供职朝中,故因维系统治利益倡扬礼制的同时,也必然地受到了礼制和名利的束缚,那么,在作为表情艺术和摹写心志的文学创作中,他则能较大程度地摆脱名缰利锁,抒发其染于时变的个性情感。这种变世之情在张衡诗赋创作中可以归纳为三点:其一,通过文学作品表达与统治集团的抗争。如张衡《二京赋》谓“彼肆人之男女,丽美奢乎许史”,表面写商贾富豪,实质是借喻以批判后妃奢侈之风。他的《思玄赋》于“心犹与而狐疑,即岐趾而摅情”后转入神游描写,然其中对戚、宦乱政的批判,是极为深刻而沉痛的。这种出于衰汉心理的文学抗争精神,改变了东汉初文风之温厚、平缓、雅赡,而转向汉末之激切、峻急、暴露。其二,在难以排解的社会政治忧患中,借文学形式抒发离俗情怀。这种文学创作观所反映的学术思想,又具有汉文化衰落过程中两重意义:一则由儒学的外王精神向内圣的转化,一则由儒学的致用观向老庄的隐逸观的迁移。范书《儒林传》载:“自安帝览政,薄于艺文,博士倚席不讲,朋徒相视怠散。学舍颓

① 按:“二祖”,指操、丕。《文选》所载作“三祖”。

敝，鞠为园蔬，童儿荛竖，至于薪刈其下。”就张衡而言，对当时儒学浸衰的现实，时有拯衰起废之心，故多复古崇礼之论；但同时他又必然处于世风学风的迁转氛围，他人生的玄儒境界又恰是对经学化的儒学之超脱。这种超脱反映于表达个情的文学创作，正是张衡诗赋中反复推述的骚怨和理想化的逍遥，其对魏晋豁情山水、明达玄理的文学创作之影响，是显而易见的。其三，由于主情文学观的兴隆，张衡诗与赋的创作出现了一定程度的艺术合流，反过来说，张氏晚年小赋的诗化，根柢在文学的情感意识。到汉末建安以后，文学史上诗赋同体现象的普遍，是以赋之体物向诗之言情靠拢为标识，且必以作家个性情感之自觉为支撑的。观张衡以情为主的五、七言诗的创作，以及诗情与赋情的融通，视为汉晋文风潜移的前奏，当不为无据。

从张衡诗赋创作的语言艺术来看，首先给人的感觉是处于文学衍变期的矛盾状态。这主要表现在他一方面发挥汉大赋铺陈描绘的功能，尽力运用繁文缛词，尤其是玮字的大量使用，令其成为“盛极而衰”的典型。另一方面，他在诗赋语言的表情艺术上，又力求简明清通，其《同声歌》、《四愁诗》、《归田赋》之述情思，《思玄赋系诗》、《髑髅赋》之言心志，皆主旨显明，一目了然。如果说前者属于对宏丽博大之汉文的总结，则后者无疑具有开启魏晋诗赋先声的意义，陆机《文赋》倡导的“无取乎冗长”的赋风，正是与清通之文学创作实践相应契的理论自觉。此外，在声律与对偶方面，张衡辞赋作品亦肇造魏晋。张衡赋用韵，虽属自由，如或句句押韵，或隔句押韵，虚字入韵与否亦极灵便，堪称天籁；然至于对韵字的选择，又极严谨。如“之”、“脂”、“支”三部，前人不拘，张氏分辨则严，无通押之例。又如“侵”部韵字皆单用，不与其它韵部相通[①]。这种用韵方式的灵活与押韵字的严谨，成为魏晋以降声律学研究与效法的审美对象，无怪精于声律的沈约谓之“艳发”、“绝唱”、“高言妙句，音韵天成”了。张衡文学创作尚对偶，既为东汉文风所致，亦有开启魏晋六朝文体的作用。刘师培云：“西汉之时，虽属韵文，而对偶之法未严。东汉之文，渐尚对偶。”(《论文杂记》)考东汉对偶大家，张衡自为先导。其《四愁诗》通篇排偶，《同声歌》亦多对句。至于辞赋作品，对偶俯拾即是，且颇精整。试观散体大赋之《西京》，首节句法全为偶式：

在阳时则舒，在阴时则惨，此牵乎天者也；处沃土则逸，处瘠土则劳，此系乎地者也。

惨则少于欢，劳则褊于息。

帝者因天地以致化，兆人承上教以成俗。

秦据雍而强，周即豫而弱；高祖都西而泰，光武处东而约。

骚体赋之《思玄》，对偶亦夥。试举一段如下：

出紫宫之肃肃兮，集太微之阆阆。命王良掌策驷兮，逾高阁之锵锵。

建罔车之幕幕兮，猎青林之芒芒。弯威弧之拨刺兮，射嶓冢之封狼。

---

① 参见罗常培、周祖谟《汉魏晋南北朝韵部研究》第一分册及廖国栋《张衡生平及其赋之研究》。

观壁垒于北落兮，伐河鼓之磅硠。乘天潢之泛泛兮，浮云汉之汤汤。

倚招摇摄提以低回剹流兮，察二纪五纬之绸缪遹皇。

短章小赋，也重骈偶：

（尔乃）龙吟方泽，虎啸山丘。仰飞纤缴，俯钓长流。触矢而毙，贪饵吞钩。落云间之逸禽，悬渊沉之鲨鰡。（《归田赋》）

（张平子将）游目于九野，观化乎八方。星回日运，凤举龙骧。南游赤岸，北陟幽乡；西经昧谷，东极扶桑。（《髑髅赋》）

以上诸例，足见张赋骈偶对仗之法，已臻工整严谨，其为汉散体赋到魏晋骈体赋之艺术桥梁，于此昭然。就文学审美思想之变迁言，刘勰认为"造化赋形，支体必双，神理为用，事不孤立。夫心生文辞，运裁百虑，高下相须，自然成对"（《文心雕龙·丽辞》），溯骈俪之源，且赞美汉代扬、马、张、蔡"丽句与深采并流，偶意共逸韵俱发"，洵为至论。然"扬马之赋，语皆单行"（李调元《赋话》），文无轻重悉称；张、蔡骈俪，工整对仗，偶意逸韵，诚系由汉而晋文风转变过程中的一个重要现象。

结束语

公元一世纪张衡生，仿佛为中国古代科学思想史、文学思想史开辟了一新纪元。张氏逝后未久，友人崔瑗为题碑记，即作出“道德漫流，文章云浮，数术穷天地，制作侔造化”、“焉所不学，亦何不师？盈科而逝，成章乃达”、“包罗品类，禀受无形。酌焉不竭，冲而复盈”的高度评价。汉末学者蔡邕对张衡也非常景仰，《太平御览》卷三百六十引《裴子语林》载：张衡初死，蔡邕母胎孕，此二人才貌相类，时人云：“邕是衡之后身。”此虽神话，亦可见后世并美张、蔡之意。至公元五世纪，史家范晔为张衡作传，谓其“囿范两仪，天地无所蕴其灵；运情机物，有生不能参其智。故知思引渊微，人之上术”，且誉之曰“三才理通”。唐代诗人骆宾王《张平子墓》诗有云“西鄂该通理，南阳擅德音；玉卮浮丽藻，铜浑积思深”，兼美其学术文章；郑谷《张衡庙》诗有云“江烟日午无箫鼓，直到如今咏《四愁》”，尤寄哲人远逝的怀想。清人刘青黎有过《张平子墓》诗云“炎正昔衰微，新都诡图谶，奈何中兴后，亦有邪说浸；……独有平子疏，排诋请纠禁；狂澜虽未息，歧舌能无噤”，其于张氏排诋图谶推崇有加。到本世纪，受科学思想之影响，张衡的学术地位日隆，近人郭宝钧《张中孚先生传略》论及其乡先贤张衡时谓“东京文章，西鄂平子”，“此学术之荣兮，岂止闾里之光”①，堪称的论。建国后1955年国家邮电部发行纪念张衡的邮票。1956年中央和地方政府拨款重修张衡墓和平子读书台，墓前新立石碑，上刻郭沫若题词：“如此全面发展之人物，在世界史上亦所罕见。万祀千龄，令人景仰。”1968年国外出版《恒星物理》，认为张衡的科学实验在人类早期文化发展过程中为一奇迹。1970年国际天文组织用张衡名字命名月球背面一个环形山；1977年又把太阳系中编号为1862的小行星命名为“张衡星”，成为我国科学家中以名命星的第一人。

对张衡文化学术成就的总体评价，我十分赞成中国古代一贯遵循的诸如“知人论世”（孟子语）、“文变染乎世情，兴废系乎时序”（刘勰语）的历史还原法批评，也非常信奉当代西方学者对历史现象的生动理解和充满个性的内在分析。如伽达默尔在《真理与方法》中指出：“艺术的万神庙并不是一个纯粹审美意识呈现出来的永恒的现在，而是某个历史地积累和汇聚着的精神活动。”这种不存在的“永恒的现在”和汇聚着的“精神活动”，可借鉴于对张衡思想之形成与发展的认识。同样，韦勒克·沃伦《文学理论》对一艺术品的分析作出这样的

① 引自张清涟辑录《南阳张氏先芬录》，陶然斋丛刊之一，民国三十六年刻本。

要求，即“最好不要把它看成一个包含标准的体系，而要把它看成是由几个层面构成的体系，每一个层面隐含了它的自己所属的组合”。依此，我们推论对张衡科学的和文学的作品所体现之思想的研究，就不难看出他思想中呈现的属于历史与时代的流动精神和属于作家个性的特殊组合（层面体系）。概言之，无论由历史的还原看张衡的思想形成，还是由张衡的思想形成看历史现状，他的多种创造和各方成就均可视为一浑成的精神实体，在映示时代的同时展现出生动活泼的、充满个性的思想价值。这种思想价值的体示，最明晰地表现在三个方面：

一是时代性：这落实于张衡的思想精神，就是他圣于时而又变于时的人生态度。也就是说，他针对东汉中叶的历史社会现状，才在人生观方面提出尊道重礼的思想，在政治观方面提出非谶反宦的主张，在文学观方面表现出道德与礼制思想和讽谏的精神，在科学观方面总结浑天理论，创制候风地动仪等。论其思想本质，张衡的一切创造和成就，均非架空行危和超脱时代，而是植根于社会土壤并为解决当时迫切的现实问题（包括政治的、人生的、科学的）而感而发的。同样，张衡人生观中的仕、隐矛盾心态和谏诤与畏葸交互的政治态度，甚至受当时浓重的神学思维的因染，反映的正是当时的政治忧患和学术思潮。值得注意的是，张衡的思想在真切地反映社会现实的同时，能够敏锐地把握时代的变兆，而提出处当时学术前沿的科学见解（如宇宙无限论）和人生观念（如玄儒境界），这也是他作为思想家所表现出的根于现实却引领社会、推动历史前进的贡献。

二是征实性：这落实于张衡的思想精神，就是他反对神学图谶的礼治观与科学观。汉代学术之成就，在阴阳五行的类比思维和与之相符的科学精神，汉代学术之大弊，亦在因阴阳五行的比附而导致的神学虚妄。张衡在受阴阳思想因染的同时，其学术思想主流却承继了当时自由学派的求实精神，并将此精神大力推广并运用于实践，是为其最重要的贡献。他在科学思想方面对天体运动实测的重视，在文学思想方面表现出驱虚求实的社会价值和人生意义，尤其是在机械制造方面对其"孤技"的自信和付诸实践的操作，均明确地表现了反对神灵意志的现实理性。

三是综合性：这落实于张衡的思想精神，就是他不拘一学与反对笺注主义的学术博通特征。汉代学术之贡献，在于建立了涵盖天人的经学系统，然其局限亦在经学自身师法、家法传统的长期流延形成的排他性的专制与褊狭。张衡则不然，他的学问是以善者为师，广征博采，成为中国历史上罕见的通人。这里还宜重视两点：其一，张衡是处汉代经学与政治、神学紧密结合而腐朽败坏之后，而跳出其文牍与窠臼，治现实之学问，且取得广泛而卓越之成就。这与当时学术思潮由专习一经向通学演变是相适应的。其二，张衡久居太史令之职，通晓天文地理，且天姿浚哲，好学尚文，故能渊博宏大，成为汉代科学史和文学史上集成式的人物。所以对张衡思想成就的认识，宜于他兼综前人成果之基础上观其新创。

从历史发展的眼光看张衡，他又是汉代学术思想剧烈交变中的人物，他对归复旧有礼制的强烈意念，对玄远人生的好尚，既表现出一种特有的"礼·玄"思想结构，又揭示出他思想内部存在的旧观念与新思潮的冲击和矛盾。尽管张衡对玄理的认知和理解还不具备魏晋中人的哲学思辨，而更多的是落点于具体的人生修养和科技创造，但从中亦可窥探其处经学向玄学嬗变的新思想与新精神。

附　录

主要参考书目

《周易》（中华书局影印阮刻《十三经注疏》本）
《尚书》（中华书局影印阮刻《十三经注疏》本）
《诗经》（中华书局影印阮刻《十三经注疏》本）
《周礼》（中华书局影印阮刻《十三经注疏》本）
《春秋左传》（中华书局影印阮刻《十三经注疏》本）
《论语》（中华书局影印阮刻《十三经注疏》本）
《孟子》（中华书局影印阮刻《十三经注疏》本）
《尔雅》（中华书局影印阮刻《十三经注疏》本）
《开元占经》　瞿昙悉达辑　（文渊阁《四库全书》本）
《七纬》　赵在翰辑　（小积石山房刊本）
《玉函山房辑佚书》　马国翰辑　（清光绪十五年章邱李氏重校本）
《皇极经世书》　邵　雍撰　（中州古籍出版社 1993 年卫绍生校理本）
《经典集林》　洪颐煊撰　（丙寅陈氏慎初堂影印本）
《乾元秘旨》　舒继英撰　（《丛书集成初编》本）
《经学历史》　皮锡瑞撰　（中华书局 1959 年版）

《新学伪经考》 康有为撰 （古籍出版社 1956 年版）
《两汉经学今古文平议》 钱　穆撰 （东大图书公司 1983 年版）
《谶纬论略》 钟肇鹏撰 （辽宁教育出版社 1991 年版）
《算经十书》上册 钱宝琮校点 （中华书局 1964 年版）
《史记》 司马迁撰 （中华书局 1982 年排印本）
《汉书》 班　固撰 （中华书局 1962 年排印本）
《后汉书》 范　晔撰 （中华书局 1965 年排印本）
《续后汉书》 郝　经撰 （《丛书集成初编》本）
《后汉书集解》 王先谦撰 （商务印书馆 1959 年排印本）
《东观汉纪》 刘　珍等撰 （武英殿聚珍版书木活字本）
《八家后汉书辑注》 周天游辑注 （上海古籍出版社 1986 年校点本）
《东汉会要》 徐天麟撰 （中华书局 1955 年校点本）
《补后汉书艺文志》 顾櫰三撰 （《二十五史补编》本）
《晋书》 房玄龄等撰 （中华书局 1974 年排印本）
《宋书》 沈　约撰 （中华书局 1974 年排印本）
《隋书》 魏　徵撰 （中华书局 1973 年排印本）
《旧唐书》 刘　昫撰 （中华书局 1975 年排印本）
《宋史》 脱　脱撰 （中华书局 1977 年排印本）
《资治通鉴》 司马光撰 （中华书局 1956 年排印本）
《读通鉴论》 王夫之撰 （中华书局 1975 年校点本）
《史通通释》 刘知几撰　浦起龙释 （上海古籍出版社 1978 年版）
《文史通义校注》 章学诚撰　叶瑛校注 （中华书局 1985 年版）
《二十二史札记》 赵　翼撰 （《四部备要》本）
《日知录集释》 顾炎武撰　黄汝成集释 （清同治 8 年广州述古堂刊本）
《帝王世纪辑存》 徐宗元辑 （中华书局 1964 年版）
《两汉博闻》 杨　侃编 （《丛书集成初编》本）
《金石录校证》 赵明诚撰　金文明校证 （上海书画出版社 1985 年版）

《通典》　杜　佑编纂　（商务印书馆 1935 年版）
《文献通考》　马端临编纂　（商务印书馆 1936 年版）
《畴人传》　阮　元撰　（清光绪 8 年常惺斋张氏重校本）
《新修南阳县志》　潘守廉总纂　（清光绪 30 年刊本）
《张衡年谱》　孙文青撰　（商务印书馆 1956 年版）
《两汉三国学案》　唐　晏撰　（中华书局 1986 年吴东民点校本）
《汉晋学术编年》　刘汝霖撰　（商务印书馆 1935 年版）
《历代职官表》　黄本骥编　（上海古籍出版社 1980 年版）
《中国思想通史》　侯外庐等撰　（人民出版社 1975 年版）
《秦汉史》　吕思勉撰　（上海古籍出版社 1983 年版）
《两汉思想史》　徐复观撰　（台湾学生书局 1985 年版）
《剑桥中国秦汉史》　[英]崔瑞德　鲁惟一编　（中国社会科学出版社 1992 年版）
《中国通史简编》第二编　范文澜撰　（人民出版社 1949 年版）
《中国理学史》　贾丰臻撰　（《民国丛书》本）
《中国天文学史》　陈遵妫撰　（上海人民出版社 1980 年版）
《中国天文学史》　中国天文学史整理研究小组编　（科学出版社 1981 年版）
《中国天文学史文集》　第三集、第四集、第五集　（科学出版社 1984. 86. 89 年版）
《中国地质史料》　王嘉荫撰　（科学出版社 1963 年版）
《中国地震史话》　唐锡仁撰　（科学出版社 1978 年版）
《中国机械工程发明史》　刘仙洲撰　（科学出版社 1962 年版）
《中国古代地理学史》　中国科学院自然科学史研究所编（科学出版社 1984 年版）
《地理学思想史》　[英]詹姆斯撰　李旭旦译　（商务印书馆 1982 年版）
《中国科学技术史》第四卷　[英]李约瑟撰　（科学出版社 1975 年版）

《中国宦官制度史》 余华青撰 （上海人民出版社 1993 年版）
《中国古代数学史话》 李俨 杜石然撰 （中华书局 1964 年版）
《中国百戏史话》 叶大兵撰 （浙江人民出版社 1985 年版）
《古代社会》 ［美］摩尔根撰 杨东莼等译 （商务印书馆 1995 年版）
《老子注》 王 弼注 （世界书局《诸子集成》本）
《庄子集解》 王先谦撰 （世界书局《诸子集成》本）
《荀子集解》 王先谦撰 （世界书局《诸子集成》本）
《墨辩发微》 谭戒甫撰 （中华书局 1964 年版）
《韩非子集解》 王先慎撰 （世界书局《诸子集成》本）
《吕氏春秋》 吕不韦撰 高 诱注 （世界书局《诸子集成》本）
《淮南子》 刘 安等撰 高 诱注 （世界书局《诸子集成》本）
《春秋繁露》 董仲舒撰 凌 曙注 （中华书局 1975 年版）
《京氏易传》 京 房撰 陆 绩注 （《四部丛刊》本）
《太玄经》 扬 雄撰 范 望注 （《四部丛刊》本）
《法言义疏》 汪荣宝撰 （中华书局 1987 年版）
《论衡集解》 刘盼遂撰 （中华书局 1959 年版）
《白虎通疏证》 陈 立撰 （中华书局 1994 年版）
《潜夫论》 王 符撰 汪继培笺 （上海古籍出版社 1978 年版）
《抱朴子》 葛 洪撰 （世界书局《诸子集成》本）
《刘子集校》 林其锬 陈凤金集校 （上海古籍出版社 1985 年版）
《西京杂记》 （旧题）刘 歆撰 （《四部丛刊》本）
《世说新语笺疏》 余嘉锡撰 （中华书局 1983 年版）
《洛阳伽蓝记校释》 杨衒之撰 周祖谟校释 （中华书局 1963 年版）
《长安志》 宋敏求撰 （经训堂丛书本）
《三辅黄图》 张宗祥校证 （上海古典文学出版社 1958 年版）
《历代名画记》 张彦远撰 （《丛书集成初编》本）
《艺文类聚》 欧阳询等编 江绍楹校 （上海古籍出版社 1982 年版）
《初学记》 徐 坚等编 （中华书局 1962 年版）

《北堂书钞》 虞世南编　（文渊阁《四库全书》本）
《太平御览》 徐　昉等编　（中华书局 1960 年影印本）
《玉海》 王应麟撰　（文渊阁《四库全书》本）
《困学纪闻》 王应麟撰　翁元圻注　（商务印书馆 1959 年校点本）
《梦溪笔谈》 沈　括撰　（《四部丛刊》本）
《容斋随笔》 洪　迈撰　（上海古籍出版社 1978 年校点本）
《翼玄》 张行成撰　（《丛书集成初编》本）
《义门读书记》 何　焯撰　（文渊阁《四库全书》本）
《北墅绪言》 陆次云撰　（清康熙二十二年宛羽斋刊本）
《浑盖通宪图说》 李之藻撰　（《丛书集成初编》本）
《四库全书总目》 永　瑢等撰　（中华书局 1965 年版）
《自然辩证法》 [德]恩格斯撰　（人民出版社 1972 年《马、恩全集》本）
《中国地震地质概论》 中国科学院地质研究所编　（科学出版社 1974 年版）
《中国历史上的宇宙理论》 郑文光　席泽宗撰　（人民出版社 1975 年版）
《钱宝琮科学史论文选集》 钱宝琮撰　（科学出版社 1983 年版）
《检论》 章炳麟撰　（上海人民出版社《章太炎全集》本）
《秦汉方士与儒生》 顾颉刚撰　（上海古籍出版社 1978 年版）
《魏晋玄学论稿》 汤用彤撰　（中华书局 1983 年《汤用彤学术论文集》本）
《中国古代元气学说》 程宜山撰　（湖北人民出版社 1986 年版）
《士与中国文化》 余英时撰　（上海人民出版社 1987 年版）
《中国古宇宙论》 金祖孟撰　（华东师范大学出版社 1991 年版）
《中国都城制度史研究》 杨　宽撰　（上海古籍出版社 1993 年版）
《贞元六书》 冯友兰撰　（华东师范大学出版社 1996 年版）
《十八世纪科学、技术和哲学史》 [英]亚·沃尔夫撰　周昌忠等译（商务印书馆 1995 年版）

《风俗论》 ［法］伏尔泰撰 梁守锵译 （商务印书馆1996年版）
《楚辞章句》 王 逸撰 （《丛书集成初编》本）
《楚辞补注》 洪兴祖撰 （中华书局1983年校点本）
《楚辞集注》 朱 熹撰 （文渊阁《四库全书》本）
《文选》 萧 统编 李 善注 （中华书局1977年影印本）
《六臣注文选》 （上海古籍出版社1993年影印本）
《文选学》 骆鸿凯撰 （中华书局1989年版）
《文选李注义疏》 高步瀛撰 （中华书局1985年版）
《玉台新咏》 徐 陵编 （中华书局1985年校点本）
《古文苑》 佚 名编 章 樵注 （《四部丛刊》本）
《事类赋注》 吴 淑撰 （中华书局1989年校点本）
《历代赋汇》 陈元龙等编 （清康熙扬州诗局刊本）
《七十家赋钞》 张惠言编 （清道光合河康氏刻本）
《古诗源》 沈德潜编 （中华书局1963年排印本）
《古文辞类纂》 姚 鼐编 （《四部备要》本）
《全上古三代秦汉三国六朝文》 严可均编 （中华书局1958年影印本）
《先秦汉魏晋南北朝诗》 逯钦立辑校 （中华书局1983年排印本）
《张河间集》 张 衡撰 （《汉魏六朝百三家集》本）
《张衡诗文集校注》 张 衡撰 张震泽校注 （上海古籍出版社1986年版）
《文赋集释》 陆 机撰 张少康集释 （上海古籍出版社1984年版）
《文心雕龙注》 刘 勰撰 范文澜注 （人民文学出版社1958年版）
《文心雕龙札记》 黄 侃撰 （中华书局1962年版）
《诗品注》 钟 嵘撰 陈延杰注 （人民文学出版社1980年版）
《乐府古题要解》 吴 兢撰 （津逮秘书汲古阁本）
《临汉隐居诗话》 魏 泰撰 （《历代诗话》本）
《文章辨体序说》 吴 讷撰 （人民文学出版社1962年校点本）

《诗薮》 胡应麟撰　（上海古籍出版社 1979 年校补本）
《艺苑卮言》 王世贞撰　（《历代诗话续编》本）
《诗源辩体》 许学夷撰　（人民文学出版社 1987 年校点本）
《庄屈合诂》 钱澄之撰　（黄山书社 1995 年校点本）
《鲒埼亭集》 全祖望撰　（《四部丛刊》本）
《青溪集》 程廷祚撰　（《金陵丛书》本）
《随园诗话》 袁　枚撰　（人民文学出版社 1982 年校点本）
《赋话》 李调元撰　（《丛书集成初编》本）
《复小斋赋话》 浦　铣撰　（槜李遗书本）
《读赋卮言》 王芑孙撰　（国朝名人著述丛编本）
《艺概》 刘熙载撰　（上海古籍出版社 1978 年排印本）
《论文杂记》 刘师培撰　（人民文学出版社 1959 年校点本）
《宋元戏曲史》 王国维撰　（《王国维遗书》本）
《辞赋学纲要》 陈去病撰　（台北文海出版社 1971 年版）
《文学理论》 [美]韦勒克·沃伦撰　刘象愚译　（三联书店 1984 年版）
《中古文学系年》 陆侃如撰　（人民文学出版社 1985 年版）
《罗根泽古典文学论文集》 罗根泽撰　（上海古籍出版社 1985 年版）
《艺境》 宗白华撰　（北京大学出版社 1987 年版）
《中国辞赋发展史》 郭维森　许结撰　（江苏教育出版社 1996 年版）

索 引

人名索引

A

B

C

D

F

G

H

J

L

S

T

W

词语索引

F

G

H

Z

文献索引

后　记

“我所思兮在泰山，欲往从之梁父艰”，张衡这一吟咏高蹈之理想与人生之困苦的诗句，不知怎的在我进行他的评传写作时，却给了我一种学理的感悟；而此感悟与其说是在经历艰辛的研究过程中得到，倒不如说源于对自己戋戋之识且“好高骛远”的自嘲更为真切。

当我接受这本评传的撰写任务时，想法很多，但均属单纯而幼稚。举要有三：一是这套“中国思想家评传丛书”为迄今最大的系统研究中国传统文化的工程，高规格的吸引，使我有附骥尾而彰名之想。二是这套书装帧精美，看到它就触动了我出版第一部著作时因其书纸张焦黄、多处裂破而羞于赠人的怅惘情绪，所以暗下决心要跻身评传作者行列，也在书架上风光一番。三是我治学弱点，颇如梁任公自谓“移时而抛故”、“入焉而不深”（《清代学术概论》），而传主张衡对科学技术史的贡献，多为我不曾涉足的领域，移情于此，实缘好奇，诚未顾及入焉不深、将取其侮的结果。

幸运的是科学研究有着自身的近乎严酷的规则，且往往很不迎合人们的激情或兴趣，所以当我进入研究张衡生平、学术的轨道时，真没有朱熹当年著书立说那种"昨夜江头春水生，蒙冲巨舰一毛轻"(《观书有感》)的潇洒与快适，而仿佛是背上了一个沉重的包袱，使我不敢苟且，掉以轻心。于是在"误"签合同之后，便一拖再拖，拖到凡遇见"中国思想家研究中心"的师友或接到有关会议、活动的通知，就惶惶如负债之徒。有一天，我为学生上"中国文化"课讲到禅宗"云门三语"时，其"截断众流"句一下断开了那如丝如絮的烦恼，评传从资料整理、文献考订到系统研究、着手撰写，虽历时三年之久，而那一瞬间的"截"意，却是我"破心中贼"面对"三才通人"张衡的开端。几阅寒暑，其中甘苦，自存于楮墨间。令人欣慰的是，自苦必有自得，当我对张衡的考察由表象渐于深入，由片段趋于完整后，竟惊异地发现在中国学术史上原来有两个张衡：一个是科学家的张衡，一个是文学家的张衡，就是没有一个思想家的张衡。缘此，我一改早已准备好的"扬长避短"战略，即拟写文学家张衡的初衷，从"思想"契入，盘桓于东汉中叶这一特定历史时期，升"天"入"地"，亦"文"亦"理"，于是《灵宪》中的文学才华，《思玄》中的科学精神，以及"地圆"与"地平"、"浑仪"与"浑象"、"候风"与"地动"、"尊道"与"崇礼"、"反宦"与"非谶"、"经学"与"玄学"、"圣德"与"机械"、"讽谏"与"逍遥"诸问题，蕴于中而发于外，良莠得失，已是无暇顾及。

说实在的，当我将评传"软盘"交到出版社后，心情并不轻松，因为我在成书过程中，曾得到许多先哲时贤研究成果的滋养启迪，尤其是身边师友的支持帮助，更使我“耿耿于怀”。我特别应该毫无客套而诚挚感谢的是：周勋初先生，是他的学术信任才使我得到撰此评传的机会；郭维森先生，他作为本书的审稿人在身患眼疾的情况下夜以继日审阅书稿，并提出精辟的意见；洪修平、巩本栋先生，他们作为本书的责任副主编和责任联系人，同样精心审读全稿，甚至连电脑误字也一一圈改；卢央、宣焕灿先生在天文学史研究方面对我所提问题的答疑；蒋广学、林德宏先生对书稿所提宝贵见解予我今后学术研究的启迪；史梅女士在我借阅图书资料时不厌其烦的热情支持；刘源先生帮助翻拍有关图片的真挚友情；本书责编金鑫荣先生在辛勤劳作中倾注的心血，均令人感佩。

《诗》云：“父兮生我，母兮鞠我。”（《小雅·蓼莪》）我三岁丧母，“生”、“鞠”之劳，皆由父亲一人承负，且数十年来，家君永璋先生以诗人的诚挚、良师的风范教我为人，以学者的胸襟示我以学术毋固、毋必的宽容，我的点滴成果，皆与此渊源深契。

值得一提的是，我完成这本评传撰写任务的时间，恰届“不惑”之年，今是昨非，倘或然欤！而张衡好其“孤技”，我亦爱己“陋学”，励大易“极深研几”之功，守孔门“先难后获”之训，或有所成，当俟诸来日。

许　结

1998 年 3 月 31 日记于金陵小陶园衡天阁

[补记]

是书三校，偶读《南大报》载张祥浩先生"绝句咏传主"《张衡》诗，触技痒处，因成五、七律各一章，以凝括传主文理兼美、道技并重之学术成就。

一、张衡像赞

吾爱张平子，通玄达道才。
仁心轻仕路，孤技烛灵台。
地动型模铸，天旋仪象裁。
恢宏情物赋，变幻出英瑰。

二、咏张平子

汉道经衰世事艰，明玄崇礼拯虚孱。
疏铖图谶平妖说，讽议中官敢犯颜？
滴漏浑天星象转，观风动地震源颁。
那堪赋颂灵台上，未觉归田在宇寰。

一气吟成，未敢自是，录呈方家，以祈教益。

许　结

1998年6月22日于"午夜生虚籁，风声似雨声"时

图书在版编目(CIP)数据

张衡评传/许结著. —南京:南京大学出版社,
1998.12(2010.4重印)
(中国思想家评传丛书/匡亚明主编)
ISBN 978-7-305-03266-0

Ⅰ.张… Ⅱ.许… Ⅲ.张衡(78~139)—评传
Ⅳ.K826.14

中国版本图书馆CIP数据核字(2001)第01987号

中国思想家评传丛书
张衡评传
许 结 著

南京大学出版社出版发行
社址:南京市汉口路22号 邮编:210093
电话:025-83596923 025-83592317 传真:025-83328362
网址:http://www.NjupCo.com
电子邮箱:Press@NjupCo.com
Sales@NjupCo.com(市场部)
南京爱德印刷有限公司
开本850×1168 1/32 印张13.125 字数286千
1999年1月第1版 2010年4月第4次印刷
印 数 4001—5000
ISBN 978-7-305-03266-0

定价:40.00元